大象学术译丛

大象学术译丛

主　编

陈　恒

王寅伟

希腊文明中的亚洲因素

Asianic Elements in Greek Civilisation

[英] 威廉·雷姆塞（William Mitchell Ramsay） 著

孙晶晶 译

大象出版社

图书在版编目(CIP)数据

希腊文明中的亚洲因素/(英)雷姆塞
(Ramsay,W.M.)著;孙晶晶译.—郑州:
大象出版社,2013.1
ISBN 978-7-5347-7423-2

Ⅰ.①希… Ⅱ.①雷… ②孙…
Ⅲ.①文化史—研究—古希腊 Ⅳ.①K125

中国版本图书馆 CIP 数据核字(2012)第 307901 号

大象学术译丛

希腊文明中的亚洲因素

[英]威廉·雷姆塞(William Mitchell Ramsay) 著
孙晶晶 译

出 版 人	王刘纯
特约编辑	王嘉黎
责任编辑	刘东蓬
责任校对	钟 骄
书籍设计	张 帆
监 制	杨吉哲

出版发行 **大象出版社**(郑州市开元路 16 号 邮政编码 450044)
　　　　　发行科 0371－63863551 总编室 0371－63863572
网　　址 www.daxiang.cn
印　　刷 河南新华印刷集团有限公司
制　　版 南京前锦排版服务有限公司
经　　销 各地新华书店经销
开　　本 787×1092 1/16
印　　张 16
字　　数 237 千字
版　　次 2013 年 5 月第 1 版 2013 年 5 月第 1 次印刷
定　　价 39.00 元

若发现印、装质量问题,影响阅读,请与承印厂联系调换。
印厂地址 郑州市经五路 12 号
邮政编码 450002 电话 (0371)65957860－351

大象学术译丛弁言

20世纪80年代以后，西方学术界对学术史、科学史、考古史、宗教史、性别史、哲学史、艺术史、人类学、语言学、民俗学等学科的研究特别繁荣；研究的方法、手段、内容也发生了极大的变化，这一切对我们相关学科都有着重大的借鉴意义。但囿于种种原因，国内人文社会科学各科的发展并不平衡，也缺少全面且系统的学术出版，不同学科的读者出于深化各自专业研究的需要，对各类人文社会科学知识的渴求也越来越迫切，需求量也越来越大。近年来，我们与国外学术界的交往日渐增强，能够翻译各类专业书籍的译者队伍也日益扩大。为此，我们组织翻译出版一套"大象学术译丛"，进一步繁荣我们的学术事业：一来可以为人文社会科学研究者提供具体的研究途径；二来可以为各门人文社会科学的未来发展打下坚实的基础；三来也可以满足不同学科读者的实际阅读需要。

"大象学术译丛"以整理西学经典著作为主，但并不忽略西方学术界的最新研究成果，目的是为中国学术界奉献一套国内一流人文社会科学译丛。我们既定的编辑出版方针是"定评的著作，合适的译者"，以期得到时间的检验。在此，我们恳请各位专家学者，为中国学术研究长远发展和学术进步计，能抽出宝贵的时间鼎力襄助；同时，我们也希望本译丛的刊行，能为推动我国学术研究和学术薪火的绵延传承略尽微薄之力。

编者

目 录

前 言
1

第一章
古爱奥尼亚人
1

第二章
神之山
9

第三章
埃匹门尼德
17

第四章
西亚的土地所有权法
32

第五章
涅美西斯与公正
41

第六章
特洛伊之门的两只秃鹰
46

第七章
狼祭司、山羊祭司、公牛祭司、蜜蜂祭司
57

第八章
村庄的权利
66

第九章
弗里吉亚挽歌
73

第十章
《伊利亚特》与特洛伊战争
83

第十一章
古代小麦贸易的流向
95

第十二章
希波纳克斯论吕底亚情景与社会
111

第十三章
四轮马车
144

第十四章
兄弟会与胞族
150

第十五章
天堂与尘世
168

第十六章
订婚与婚姻
180

第十七章
四个爱奥尼亚部落
192

目 录

**第十八章
安纳托利亚妇女**
212

**第十九章
卡比罗伊**
216

**第二十章
安纳托利亚的月亮女神**
221

**第二十一章
总则**
223

译后记
240

前　言

　　本书欲探索和论述希腊文化的经验而不是其具体特征。它是我多年工作的结晶，这项工作最早开始于 1874 年我购买《赫西基奥斯词典》(Hesychius)之时。那时，我还是一名大学生。如果一个人致力于研究《赫西基奥斯词典》，就意味着他正驶向一片未知的海洋。甚至于每个人打开那本书都随时可以发现新的东西。只有莫里兹·施密特(Moriz Schmidt)可以不费力地使用它，他正是这本书最新版本的编辑。在波利-维萨瓦(Pauly-Wissova)的《真实百科全书》(Real-Encyclopaedie)中给出了一个警告：使用这一版本时，必须谨慎。

　　我在小亚细亚(Asia Minor)搜寻希腊文化的源头。进口货物与它们的名字一同从其他地方传入，通过亚细亚传入希腊的语言保留了母语的形式。例如，居鲁士(Cyrus)和薛西斯(Xerxes)带来了阿拉伯的骆驼，印度或锡兰(Ceylon)传来了孔雀，安纳托利亚(Anatolia)并没有开采出锡矿。可见，这些名字都源自较远的地方。

　　虽然安纳托利亚语都是以希腊语的形式流传下来的，但是我习惯用拉丁字母来书写它们。因为拉丁字母比希腊字母更符合安纳托利亚语的发音。我经常有意地忽略重音，因为希腊语的重音并不适合亚洲人对这些词语的读音。

　　该书包括了 1915—1916 年间在爱丁堡大学的吉福德讲演(Gifford Lectures)。我已经对它们进行了修改，其中关于死亡和葬礼、祖先崇拜等方面仍没有涉及，但这些方面却占据了亚洲人生活和思想的很大部分。

　　感谢约翰·默雷爵士(Sir John Murray)，第三章是《评论季刊》(Quarterly Review)中的一篇文章；第一章是 1922 年在布鲁塞尔召开的历史科学讨论会

(Congress of Historic Sciences)上的一篇演讲稿；第四章是1924年在布加勒斯特召开的拜占庭研究第一次会议(the First Congress of Byzantine Studies)中的讲演稿。所有部分都经过了或多或少的修整。

现有条件迫使我根据记忆写作，没有更多可参考的数据。但是我写的东西在51年的研究中已逐渐成为我记忆的一部分。没有哪本书可以让我改变主意，除了那些权威们的发现，赫西基奥斯和第欧根尼(Diogenianus)从他们那里得到了很多知识。

我应该感谢很多朋友给我的帮助，但我特别要指出的是巴克勒(Buckler)和塞斯(Sayce)，他们的帮助与好意，我将铭记在心。时间飞逝，战争迫使研究工作辍笔，但我的学识依然在缓慢而稳定地增长。

这里说的有很多难以证明的东西。有谁能证明承载着五千年前的安纳托利亚人想法的那么多东西呢？如果不能领会其含义，他应该坚持自己的观点，将我的拙作丢在一边。

我只能详述经过长期的思考、旅行和探讨，甚至是争论所获得的东西。不幸的是，安纳托利亚史一直存在着争议。那些没有亲身游历，没有观察过的人，甚至可能比游历和考察了一点的人更有把握。带篷的马车遮住了旅行者的眼睛，使他们不能看清原野的真貌。然而，明智的学说逐渐得到普遍的接受，被创始人和其他人不断地修改。

但是它依然可以不断地接近事实。例如，关于赫梯(Hittite)的学说，赫梯的真相被不断地修改和完善。作为一名学者，我经历了整个争论的过程，从这个学说被首次提出，直到在很长时间里赫梯成为古典学者间的一个笑谈。现在那个学说已经成为一个重大的研究课题。那些曾经嘲笑它的人(如果他们有足够的资本嘲笑)也写关于赫梯历史的书和文章，并探寻赫梯的王系。他们关注的东西甚至超出了研究所需要的，因而，研究进程受到阻碍。

我可以有把握地谈论赫梯，因为我的书不涉及这个主题。我只涉及安纳托利亚，前赫梯时代在某种程度上淹没于赫梯、后来的征服及后赫梯时代中。信仰、习俗、思想和语言经过赫梯、弗里吉亚(Phrygia)、希腊和罗马时期一直持续到现在。如我所愿，它们构成了这本书和其他书的主题。我不是为了证实什么而写作，而是为了记录和唤起一些东西。时间会证明或修正一切。当我在《赫西基奥斯词典》、晚期弗里吉亚碑铭和在现代土耳其语中发现一组词"oa，oua，óba，ova"时，我认出了一个安纳托利亚词语，它可能表明，早期安纳托利亚语系在特性和语言上类似于古土耳其语。安纳托利亚人认为天上的东西与地上的东西属于同样的种类，例如运水船、山羊、狮子、蛇等。正如柏拉图所认为的那样，他们也认为大地是天国的模式不完善的复制品。我不相信这种想法源自安纳托利亚，但是因为它出现在那里，所以我还是要研究它。

每个问题中的着重点可能是在《赫西基奥斯词典》中的一个非希腊语，或者是一个现代地名（有明显的古代起源），或者是罗马时期的一种信仰，或者是基督教殉难者的传奇故事。在研究中，我假设并坚信安纳托利亚人的想法一开始就是这样的。我没有追溯到新石器时代。在我研究的时代之前，已经使用铁器，许多家畜已经出现，相当规模的社会组织和家庭手工业也已经建立。我所知道的史前时期的线索很少，要探索古代地志，在某些地方还必须深入地、系统地进行发掘，而不仅仅是游历。在本书中，以"Asianic"来代表小亚细亚半岛及它的许多部落和语言，其中有许多现在已经消失了。在古代，小亚细亚没有整体的名字，它从来都不是一个统一体。我几乎用安纳托利亚来代替它，但是从严格意义上说，安纳托利亚不同于小亚细亚南海岸的卡拉曼尼亚(Karamania)，而本书和我的研究主要限于中部高原。我专门游历了西里西亚(Cilicia)和潘菲利亚(Pamphylia)，我经常希望立刻研究许多与那里相关的问题。在页眉中的"Asian"一词，对于我的研究，也显得太宽泛，但是它只是本书中出现的"小亚细亚"的缩写。

作为小亚细亚研究的先驱者，历史学命名阿奇博尔德·亨利·塞斯(Archibald Henry Sayce)为palakinos(赫西基奥斯，被施密特标上了疑问号)。

我要为在不同章节出现的重复现象而道歉。不过，我是为了能够更好地讲清每一点。

威廉·米切尔·雷姆塞

爱丁堡

1926年10月18日

第一章
古爱奥尼亚人

20多年前，在给一位欧洲学者的信中，我曾说，现在摆在我们历史研究者面前的主要问题是要回答谁是雅完（Yavan）——古爱奥尼亚人的后裔，他们在早期闪米特的（Semitic）传说中代表希腊人（《创世记》第10章第4节）。在传说中，它们被称作伊莱沙（Elishah）、他施（Tarshish）、基提（Kittim）和多单（Dodanim）（在《历代记》第1章第7节中称作罗单）。[1]在这些描述中，这四个国家具有相似的特征，很早就与闪米特人有了联系。[2]它们经常被称作兄弟，或者是因为它们在民族上的联系，或许是因为它们居住在毗邻的地区。这些国家是根据它们的岛屿（或海岸？）来划分（或分配？）的，在每个民族中又根据它的语言、语系来划分。基提（Kittim）可能是塞浦路斯（Cyprus）的科新（Kition），他施（Tarshish）是塔尔苏斯（Tarsus），至于伊莱沙（Elishah），我不能贸然下结论，但塞斯确定它是阿莱西亚（Alêian）平原，在塔尔苏斯东部，最初是阿莱森（Alesion）。这个平坦而富饶的平原可能属于古老的城市马洛斯（Mallos或Marlos）。荷马提到这个平原时说它曾经是一个荒凉的、很难穿越的地区。毫无疑问，在早期它是个沼泽地（见《圣保罗之城》[Cities of St. Paul, p.99]）。

雅完和歌篾（Gomer）是兄弟，都是雅弗（Japhet）的儿子。歌篾的长子是亚实基拿人（Ashkenaz），从1878年开始研究安纳托利亚时，我就认为它是安纳托利亚的阿斯卡尼亚（Askania），这个词作为一个地理名字，在小亚细亚广为流行。迈恩·阿斯凯诺斯（Men Askaenos）与阿斯卡尼俄斯（Askanios）一同带领弗里吉亚人和迈奥尼亚人（Maeonians）去援助普里阿摩斯（Priam）。

作为一方人民的名祖（其姓名被用于命名地方或部落），在雅完（希腊的伊翁）和他的儿子们占领这个大半岛海岸之前，亚实基拿是小亚细亚大多数人的代表。《耶利米书》第 51 章第 27 节（Jeremiah. li. 27）中列举的亚拉腊（Ararat）、米尼（Minni）、亚实基拿（即亚美尼亚人[Armenian]、库尔德斯坦人[Kurdistan]和安纳托利亚人）证明了这一点。

弗里吉亚人的入侵比这个重要文献（《创世记》第 10 章和《历代记》第 1 章）的出现更晚些。荷马大概在公元前 820 年[3]创作的《荷马史诗》，在史诗中，他将阿斯卡尼俄斯描写成普里阿摩斯和特洛伊人的同盟者，在特洛伊战争中与亚该亚人（Achaeans 或 Achivi）为敌。

虽然每个学生都认识到爱奥尼亚人的文件——雅完的儿子们的"信件"的重要性，但是当权衡亚洲部分的希腊与欧洲部分的希腊时，却没有人确定它们总体的价值。在抒情诗中，阿尔凯奥斯（Alcaeus）与萨福（Sappho）几乎代表了人类所设想的可能取得的最高成就。在挽歌方面几位杰出的人物是米涅摩斯（Mimnermus）、卡利诺斯（Callinus）和阿尔克曼（Alcman）。

哲学和科学方面，泰勒斯（Thales）、阿那克西曼德（Anaximander）、阿那克西米尼（Anaximenes）、阿那克萨哥拉（Anaxagoras）和赫拉克利特（Heraclitus）被列入人类最伟大的思想家之列。泰勒斯掌握了日食的时间并预测了公元前 602 年的日食。阿那克西曼德设想地球是一个圆柱体，这种构想明显是对认为地球是一个平面的观点的改进。赫拉克利特是一个总能引起每个思想家兴趣的人物。他能够言简意赅地描述伟大的哲学和科学真理。除了他之外，还有谁能够用两个词语解释一个伟大的规律，即世界总是处于一个流动的状态。

史诗方面则以伟大的荷马和几个诗人为代表。从对希波纳克斯（Hipponax）的残篇的研究来看，他不仅是谩骂艺术和粗俗讽刺诗的名家，而且也是一个被赋予了真正天赋的诗人，这可以补救其粗俗的一面。

赫卡泰乌斯（Hecataeus）和希罗多德是优秀的历史学家。几个老的爱奥尼亚历史学家虽然被修昔底德所排斥，但是他们将传说以历史的形式进行了分类和整理。现在，古老的希腊传奇故事和传说获得它自身的价值，但它们

第一章 古爱奥尼亚人

的遗失却令人非常遗憾。

虽然几个最伟大的作者被计算在内,但基克拉底斯群岛(Cyclades)的作家被忽略了。例如,派罗斯(Paros)的阿尔基洛科斯(Archilochus)。但是,既然开俄斯岛(Chios)、科斯岛(Cos)和勒斯波斯岛(Lesbos)与安纳托利亚的亚洲希腊地区距离如此近,并且几乎像臂膀一样围绕在它们的周围,这几个岛的作家应该也包括在内。

在医学方面,希波克拉底(Hippocrates)作为医学科学的真正缔造者,在整个希腊历史上是非常著名的。罗马时期的盖伦(Galen)是在古代医疗方面唯一一个与希波克拉底齐名的人,他也是安纳托利亚人。他们的经验来自病人,他们或求助于科斯岛的阿斯克勒庇俄斯(Asklepios)神庙,或求助于许多其他的地方,在这些地方,有治病疗效的温泉彰显着掌管土地的仁慈女神的治疗能力。她们有的是被简单的称作女神,没有自己专有的名字,有的在更晚些时候的希腊世界被称作西布莉(Cybele 或 Anaeitis)阿耳忒弥斯(Artemis)。病人通常认为自己是被通过启示或托梦来传达的神圣预言治愈的(这些预言通常十分荒谬,并且仅仅是迎合大众的迷信心理)。但这些预言在各种圣地被预言家和医生解释和运用。在埃皮道拉斯(Epidaurus),许多病人的医疗记录包括了一些不科学的内容,但是医生的笔记里的描述则不同,记载着病人接受了医疗护理(正像在《使徒行传》第 28 章里那样)。

这些伟人们不仅在文学才能或学术上的能力令人惊讶,更惊人的是他们的创新素质。他们是创造新发现和揭开新思想体系的开拓者。作为希腊文学和科学的创造者,他们的杰出品质很少受到重视,主要因为除了荷马之外,没有人完全免于时间之手的毁坏,有的甚至没能留下足够的残篇来充分体现他们的成就。现代学校的古典学教育太专注于戏剧,戏剧作为真正文学的一个分支是阿提卡(Attica)创作的,但是它的起源必须被追溯到小亚细亚和雅典人中的爱奥尼亚因素。

在评价希腊思想时,现代人一般倾向于认为雅典是"希腊的眼睛,是雄辩艺术之母"。然而,几乎每一个文学或科学的分支真正本质的东西和每个领域中最早的伟大人物都属于古爱奥尼亚人的城市和殖民城邦。在戏剧方面,我们还保留异议，它可能起源于爱奥尼亚和安纳托利亚的丧葬习俗。我们也必须将演说词排除在外，不管它是政治家的演说，还是民众领袖或投机政客的演说，都是获取民主的一种方式。[4]

一个奇怪的事实引起了每个探寻者的兴趣，即在古代希腊神话中，希腊人的名字几乎都不属于希腊语。值得注意的是，在这些名字中，有很多在安纳托利亚出现，并且在形式上与欧洲希腊名字的形式一致或非常相似。

我们必须重视一种在晚期希腊化时代出现的很强烈的倾向，即将安纳托利亚名字翻译成希腊语或拉丁语。例如，我们在吕卡奥尼亚（Lycaonia）发现的一个叫隆格斯（Longus）的人和另一个叫德里克斯（Dolichos）的人，可以十分确定，名字是安纳托利亚词语，最初的含义为"高大的男人"，随着时间的推移，被译成了世界上两个高度文明化的语言。安纳托利亚高原的农民高大而强壮。正如马哈菲（Mahaffy）曾经说的，他们就像爱尔兰人，"是高原的牛奶养育的"。在希波纳克斯的第一个残篇中，我们读到，一个迈奥尼亚的旅行者沿着皇家道路（Royal Road）来到以弗所，文中对此逐步描述：他是一个男人，体格健壮[5]，腰围超过雅完的后代很多，雅完的后代是一个体型纤弱的民族。（虽然波利蒙[Polemon]描写的晚期爱奥尼亚人是体格健壮的人）

在文献中是这样，在战争中也是如此。从欧洲部分的希腊比亚洲部分的希腊强大时起，欧洲希腊每次欲作安纳托利亚海岸东部爱琴海的霸主或建立帝国的企图，最后对两部分希腊人来说都不仅是一个错误，而且也是一场灾难。当这种企图进入思想领域时，两部分人真正的历史混乱就出现了。虽然他们来自同样的祖先，但他们不是同一类人。欧洲希腊人血统十分混杂，安纳托利亚的希腊人也是如此。欧洲希腊人的混杂因素主要来自北方，安纳托利亚的希腊人的混杂因素在早期来自亚洲方面。爱奥尼亚人从亚洲向欧洲的大移民当然也会对欧洲希腊人的形成产生重要影响。亚历山大东征后，许多欧洲希腊人定居在亚洲城市，并在那些城市的钱币上留下痕迹。那些铭记他们城市的建城传说不是虚构夸大，而是隐含着事实。[6]

我记得在前面已经说过，亚洲海岸的希腊人是古爱奥尼亚人，是雅完的后代。那里有三个区域揭示了不同的血族，伊奥利亚（Aeolic）、爱奥尼亚和多利亚(Doric)可能会被质疑,但是正如前面解释的那样,我依然坚持认为这些人是真正的希腊人。古风时代的爱奥尼亚人可能比后来的人更接近伊奥利亚人和多利亚人。最典型的、最有势力的安纳托利亚希腊人无疑是爱奥尼亚人。他们的城市——从福西亚(Phocaea)到米利都(Miletus)是最大的移民中心。现在已经证明,它们的影响从西班牙海岸到黑海东岸几乎都是最大的。米利都的影响比黑海地区影响更大,北部福西亚超过了地中海西部地区。爱奥尼亚市场的繁忙可以被证明,其中离的最远的地方毗邻环地中海地区或是其中的一部分。[7]自然,在希腊人中,有地方情感和恩怨。荷马也会如此,很明显,米利都属于西海岸的北部地区,可能是古老的伊奥利亚城市士麦那(Smyrna),它到后来被爱奥尼亚化了。因此,他表现出反米利都的情绪。米利都是他所提到的唯一一个作为特洛伊同盟者的希腊城市。

荷马比其他所有描写雅完后代以及他们与亚实基拿关系的文学作家都早得多。他是我所知道的最伟大的文学家,他也是希腊主义(Hellenism)真正的缔造者。只要他们能向他学习,这个美好而精致的缔造物会一直存续于之后的时代并成为它们的老师。希腊主义产生于西部海区和安纳托利亚岛屿,并在它们的战争游戏里的军队冲突中得到哺育。

亚洲和欧洲之间存在不可避免的竞争观念和《伊利亚特》(Iliad)与希罗多德的《历史》所传达的观念。在《创世记》第10章中,雅完和亚实基拿首次出现。对雅完和亚实基拿之间的关系最早阶段的了解主要来自语言的研究。希腊语是一种高度复合的语言,大量与农业、园艺、金属发掘等相关的词语从安纳托利亚传入欧洲的希腊。随着艺术的传入,相关产品的名字也传入了。因此我们的研究必须主要以语言为基础。举几个例子会有所帮助。首先拟定三条原则:(1)在荷马史诗中的任何冷僻词语或在希腊语中仅仅来自荷马史诗而被后来的作者效仿的词语可能是安纳托利亚语;(2)希腊语中,任何与早期安纳托利亚的城镇或村落的原有名字一致的词语,任何根据安纳托利亚语模式组合而成的词语,同样可能是借用安纳托利亚语;(3)任何早期希腊或希腊神话中使用的安纳托利亚人名,也可能源自安纳托利亚语。

菲克(Fick)在他大胆的具有开创性的作品中,已经表明上面假设的分类,他指出了唯一的前进之路。他的代表作品(*Vorgriech. Ortsnamen* 和增补的 *Hattiden und Danubier*)现在在他的家乡几乎从未被提起。他首先叙述了许多有用的一般原则,提出了许多启发性的假设。他并非总是正确的:那是他作为先驱者必须付出的代价。有时这些书的后半部分与前半部分发生分歧,一些修正也并非总是奏效。然而他为后人留下了指明方向的火炬,他确立了安纳托利亚是东西方之间战场的原则。可能最初他几乎不是有意的,并且他在任何地方也不强调它,因为他仅仅是要搜寻和引导出词源学的趋势和倾向。大胆地使用 *Hattiden und Danubier*——亚洲和巴尔干(Balkanic)的题目时,他必定对这些有所了解。

但是哈梯(Khattiden)是否是在亚洲,一直不能确定,根据赫罗兹尼(Hrozny)和支持他的人所说,哈梯似乎暗示了某些古拉丁语的东西。我用了一个模糊的术语,而赫罗兹尼无疑作出了限定和转变。但他确定了哈梯是欧洲的,至少是非亚洲的,是西方的而不是东方的。

可能我开始于这样的假设:哈梯人或赫梯人不是原始的安纳托利亚人,而是一个征服者部落,来自东北方或巴尔干半岛。在我看来,如果再大胆一点说,更有可能来自后者。

但是马上就会有人问,雅完的后代是真正意义上的创始人和开拓者,还是被来自更远的东方的假设和观念混淆了?我认为,后者观点不仅更有可能,而且实际上更确定无疑。在每一次伟大的运动中,需要两种影响才能产生生命的火花。在这一个例子中,两种影响以两个名字——雅完和亚实基拿为代表。如我所相信的那样,后者所代表的是安纳托利亚高原的人,而不是西徐亚人(像一些学者最近所坚持的那样),他们属于黑海的北部和东北部,完全在文明成长边界之外。文明的成长在交往中获得动力,这种交往发生在东方和西方的桥梁地带,即小亚细亚高原。沿着这座桥梁,海岸的居民之间存在着不断的交往。这些人是雅完的后代和安纳托利亚高原的人。正如我们从希波纳克斯和其他文献中所获知的,他们带着大陆内部地区的产品,沿港口城镇进行贸易。我们最早的权威资料没有指出在进行贸易时,沿海的人进入内陆地区,而是内陆人向沿海城市流动。他们带着他们的产品,甚至包括他们的知识、艺术和记忆来到沿海地区。这种交往，刺激了爱奥尼亚文学、科学和艺术惊人的发展。随着他们带来的商品和宗教，安纳托利亚相关的名字也传入该地。这样，安纳托利亚词语渐渐大量地渗入希腊语中（参见第十九章）。

金属的认识和冶炼方法无疑源自安纳托利亚高原或可能更远些的东方。它穿过大陆桥传到西方。文明的运动似乎总是向西的。日耳曼人的向东进军（Drang nach Osten）是一个例外，但是它是短暂的，而且对双方产生的真正的益处并不多。俄罗斯人的向东运动则几乎不能被称作文明的运动，它很少或几乎没有作出任何努力促使文明发展。阳光与生命是自东向西的。

在宗教和社会制度领域中，希腊语从安纳托利亚语中借用词语最明显。这些制度有时是宗教性的，有时是社会性的。但是，在古安纳托利亚的神权政体中，宗教指导并控制着社会形式。因此，所有的社会组织都来自女神。她通过作为祭司的统治者教给她的孩子们正确的生存法则，教他们管理好农业、照料家畜及快乐地生活。当他们违反她的任何法则时，她会惩罚他们。[8]

女神的法规用来保持共同体的最佳状态，为的是保护作为一个整体的社会。当个体遭到一种疾病的困扰时，他扪心自问，就会发现自己违反过女神的法则。但是，所有这些惩罚中，最严厉的是使人消瘦的发烧的惩罚形式，它实际上深入人的骨骼中，它不是损伤人的任何部分或器官，而是毁坏他的整个身体。它被认为是女神所使用的最特别的武器。在《伊利亚特》（*Iliad*, I, pp. 49ff.）中描写了男神和女神用他们的箭杀死希腊人。虽然瘟疫是将许多人聚集在一个营地导致的自然结果，但是希腊人认为，是他们破坏女神祭司的家所犯下的罪孽所致，它引起了神的愤怒。公元前430年的可怕瘟疫是将阿提卡所有人带入长墙（Long Walls）内，完全忽视卫生所导致的结果。[9]

注 释

1. 可能罗单（Rodanim）是对的。罗得斯自然是雅完的儿子们接触闪米特人最早的地方之一。因此罗单是雅完的第一代后代。
2. 我推断，在这个意义上，小亚细亚的伊奥利亚人、爱奥尼亚人和多利亚人是兄弟。方言以一种值得注意的方式发生变化。希罗多德和希波克拉底都是多利亚人，却用爱奥尼亚语书写。这三种人的差别需要进行更细致的研究。士麦那最初是伊奥利亚人的，后来成为爱奥尼亚人的，这是由外来压力造成的。
3. 众所周知，荷马编著《伊利亚特》的时候与公元前 1194 年特洛伊陷落之间有很长时间的一段间隔。塞斯教授缩短了这个间隔，将荷马视为约是公元前 1000 年的人物。
4. 格罗特(Grote)已经在他的《希腊史》(*History of Greece*)中强烈地强调演说与民主的关系。
5. 希波纳克斯描写他是"扭曲的"，不是他的脸，而是"他的腹部朝向落日"。不应简单地认为诗人是暗示旅行者的大腹便便，而是在暗示他是腰围宽、体格健壮的人。较纤弱的爱奥尼亚人在嘲讽他们，希波纳克斯是本地人。1886 年，我曾有一个来自科尼亚(Konia)区的仆人。他是士麦那(Smyrna)最强壮的搬运工。我听说，他可以背起 4 吨重量(在一个马鞍上保持平衡)。这似乎不可信，但这是我听到的。他对马刻薄，马也对他刻薄。
6. 见作者在 *Strena Buliciana* 中的文章《弗里吉亚城市的铭文和钱币》(*Epigrams and Coins of Phrygian Cities*)(p.663)。
7. 一个勇敢的水手，他可以从那些最远的地方进入环地中海地区，出现在任何其他已知的海域，这也可以被证明。
8. 黑斯廷斯(Hastings)，《伦理学和宗教百科全书》(*Encycl. of Ethics and Religion*)中的"弗里吉亚"条目是对真正的、主要的早期安纳托利亚社会的一个勾画。
9. 据我所知，那些大约在 1891 年、1892 年，甚至更晚些时候住在雅典的人都知道那种忽视是多么的可怕。

第二章

神 之 山

在现代安纳托利亚,土地所有权有这样一个原则,未开垦或闲置的土地没有所有权。所有者必须耕作他的土地。当然,在古代,安纳托利亚的习惯和法律也是这样的。因此,通常那些山上不能耕种或荒废的土地都是无人区,是神的土地。这些山的范围构成了最好的边界,神之手在那里将村落同村落、人群与人群作出了划分。在早期社会,这是一种自然的风景。如果土地是荒漠或被认为没有什么用,原始的人就认为它归自己所有。在没有出现现代文明的地方,所有土地都有"不毛之地与可耕种土地"之分。现代文明已创造了人为的土地划分办法,使法律权力神圣化。

在托罗斯山脉(Taurus)已经有一个天然的边界,"托罗斯山这边"和"托罗斯山之上"是传统的术语。托罗斯山的一部分是终年为雪所覆盖的山脊,一直被称作安拉山(Allah-Dagh)。[1] 很明显,这是就科尼亚(Konia)北部而言;科尼亚南部大部分被较低的托罗斯山脉所覆盖,它形成了伊苏里卡(Isaurica)[2]的南部边界,即托罗斯主高原的北坡和凹凸不平的田地。托罗斯山不是群山中独立的山脊,而是一个高高的、不平坦的高原,通常宽度为80英里或更多一些。有时在北部,从中心高原或从南部海岸陡然升起,有时有一群交错的小丘,伊苏里卡就是这样的小丘群。在托罗斯山和西里西亚门(Cilician Gate)之间的山属于同样的类型。

高大的托罗斯高原作为"神之山"的特性和在两个不同国家间的划分在西里西亚和卡帕多西亚(Cappadocia)之间的两条路上表现得最为明显。最好的路是西里西亚门之路,它在一个狭窄的山峡蜿蜒于高大的山脉之间,向南通向 Mopsou-krene 周围的丘陵地带。Mopsou-krene 就是莫普苏斯泉（Fountain of Mopsus），它在马萨尔-奥鲁克（Mazar-Oluk）附近。北边是卡帕多西亚，一片高原土地，在南边是肥沃的丘陵和西里西亚低地。托罗斯山两边的边疆城镇的名字表明，路是一个边界。这些城镇在由阿达纳（Adana）到马洛斯（Mallos）的两条路上，这两条路都穿过柏赞提河谷（Vale Bozanti）。

从前，在我看来，从西里西亚到卡帕多西亚的较早期的交通路线是马洛斯—莫普苏斯—阿达纳—波丹多斯（Podandos）。后来（但是在公元前5世纪初之前很久）西里西亚门的切断和一条新马车路（Wagon-road）的形成使得塔尔苏斯—莫普苏斯泉—西里西亚门—波丹多斯这条线路比原来的旧线路更好些。结果马洛斯失去了它的优势（见 Cities of St. Paul, p.112）。马洛斯（Mallos）最初是马罗斯（Marlos），它比塔尔苏斯更早出现钱币。因此我从前称它是较古老的基地。然而，现在我对该观点产生了怀疑并倾向于认为，塔尔苏斯是非常古老的，它由珀尔修斯（Perseus）建立，被称作特索斯-塔索斯（Tarsos-Tersos），是旱地，在被联合起来的古爱奥尼亚和新来的安纳托利亚人（ἐπίκτισις）重建后，它变得重要起来。珀尔修斯是塔尔苏斯真正的建立者（一直被称作 Tersous）。

无论如何，这两条交通线路在很早就被使用了，它们分别穿过托罗斯山脉的无人之地，都向北延伸，进入外托罗斯山脉间的一个深深的椭圆形的小峡谷，在峡谷中坐落着一个小镇或村落，现在被称作柏赞提，即拜占庭的波丹多斯。路上有各种分叉，在托罗斯山下的南部丘陵经常出现。从柏赞提山谷有一条崎岖的路向北通向一个湖边的平原。在它的左边耸立着桑吉巴尔-卡利（Zengibar-Kale），即古老的齐资斯特拉（Kizisttra）（Djosastaraoun, ἐγγύς ἀστέρων），它的遗迹一直很引人注目。马车路向西和西北到塔赫塔-考普鲁（Takhta-Keupreu），在那里涉水（Strabo, p.587）到泰安那（Tyana）。马车路延伸到欧瓦齐科（Ovajik）和乌鲁-齐世拉（Ulu-Kishla），在劳伦-哈拉拉（Loulon-Halala）分叉，向北到泰安那，向西到齐比斯特拉（Kybistra）。

希洛克勒斯（Hierocles）将波丹多斯地区（Regepodandos）置于卡帕多西亚。恰恰是波丹多斯地区这个名字表明那里没有城市，甚至也没有一个

第二章 神之山

城镇,只有一个小峡谷。这是早在6世纪的情况,现在也是如此。凯撒利亚(Caesarea)的主教巴泽尔(Basil)任命格利高里·纳西安(Greggory Nazianzen)任该地区的第一任主教。正是教主职位的设置带来了后来的一些认识上的偏差。格利高里称波丹多斯是一个壕沟,这一称呼巧妙地描绘了这个小地方。现在这个峡谷中只有一个官吏(在1882年、1890年、1891年、1902年)和一些游牧民的帐篷(5英里内有两三个),周围都是高耸的、陡峭的群山。卡帕多西亚和西里西亚的边界后来在拜占庭时代发生了变化,变成了白桥(Ak-Keupreu)[3],仍然剩下了6英里长的边界向西北方向延伸。至少到1902年是这样(我最后一次到那里)。

塞尔柱(Seljuk)和奥斯曼(Osmanli)土耳其人在行政管理上有很多方面延续了拜占庭的体制。波丹多斯作为一个教区附属于西里西亚,因此它出现在附属于叙利亚的安条克(Antioch)的教区名单中,而不再附属于君士坦丁堡的教区名单中。这种变化可能是以塔尔苏斯为军事中心的阿拉伯人和拜占庭帝国之间常年战争的结果。将波丹多斯归属于西里西亚的这份名单出现于964年,是在西里西亚被重新收归拜占庭帝国之后。

在色诺芬的《远征记》(Anabasis)中,西里西亚的叙恩涅喜斯(Syennesis)决定守卫柏赞提和西里西亚之间的高地,对抗居鲁士的远征。然而,当叙恩涅喜斯听说来自吕卡奥尼亚的拉兰达(Laranda)的梅农(Menon)和他的军队已经进入西里西亚并威胁到西里西亚首府的安全时,他便放弃了山脉间的通道,退守塔尔苏斯。居鲁士的侦察兵看到至高点不再有人把守,便迅速地将消息传给了居鲁士。西里西亚门是一个狭窄的通道,长300—400英尺,穿过一个山脊,在山巅之下500英尺,在易卜拉欣帕夏边界(Ibrahim Pasha's Lines)南约3英里,位于海拔3750英尺的小溪旁边(无液气压计的估量,威尔逊用沸点估算的方式是3500英尺)。

正如在希腊文献和与西里西亚门有关的一个罗马铭文中所指出的,在罗马政府更精确的定义中,"西里西亚边界"确定在西里西亚门。[4]

就位置而言,波丹多斯在深入群山之中的一个小峡谷,除了在军事防御角度或作为一个道路交会点之外,它永远不会被称为一个具有重要意义的地方。如果一个军队要打开托罗斯山的通道进入西里西亚，它必须要有自己的作战基地，这个地方因作为居鲁士的军营而闻名，因为小居鲁士（Younger Cyrus）（正如《远征记》所描述的）在这里安营扎寨，做好进攻西里西亚的最后准备。一个历史的小事件一时间改变了外面世界用来称呼它的名字。但是在当地人中，古老的名字始终没有改变。

斯特拉博（从马萨卡-凯撒利亚［Mazaka-Caesarea］六天里程）似乎肯定居鲁士的军营是柏赞提峡谷（Strabo，p.539）。这表明军营几乎不可能（正如一位近来的德国学者所坚称的）是欧瓦齐科及劳伦-福斯提诺波利斯（Loulon-Faustinopolis）平原，它离河9小时路程远。的确，色诺芬的描述很容易使人联想到居鲁士驻军在欧瓦齐科，那是他自泰安那出发后的一个驿站。迄今为止，那个德国学者认为是正确的（我忘记列出他的著作）。但斯特拉博很清楚他自己时代的地点。色诺芬并没有描述自泰安那之后的时间或距离：向波丹多斯的进军是很慢的，还有一些等待的时间。从泰安那出发有两条通道：一条沿溪流而下，这条溪流在木桥（Takhta-Keupreu）穿过一条河流，然后通向波丹多斯，它被称作莫里安（Maurian）（$H.G.A.M.$ p.350）；另外一个通道是罗马大道（Roman road），它穿过一条河口与在乌鲁-齐世拉与欧瓦齐科之间的主干溪流相连。群山阻断了任何第三种可能的通道。前一条路在古代偶尔使用，因为它在斯特拉博著作中被提到（Strabo，p.568）。这条路不可能是现代或中世纪的，因为没有人知道这样的路。它的年代可能在阿拉伯时期，即当罗马大道为了阻止来自阿拉伯或拜占庭的军队的进攻而被毁坏时。从欧瓦齐科出发的这条路连同它的防御堡垒在对抗阿拉伯人的边疆战争中被毁坏之后，再没有重建。当斯特拉博说到马萨卡-凯撒利亚和居鲁士军营之间的距离是6天里程时，他指的是卡里迪翁（Karydion），一条从马萨卡经齐兹斯特拉（Kyzistra）到波丹多斯直接的路径，但是它很高，并且十分陡峭，位于安拉山和东部托罗斯山之间。尼斯福鲁斯（Nicephorus）（约960年）在莫里安农（Maurianon）与卡里迪翁之间作出选择，从前者进军，后者则作为退路。

如果一个旅行者向北走，柏赞提是他遇到的卡帕多西亚的第一个城镇。它被称作"卡帕多西亚之地"（Cappadocian-Place）并非是一个不切实际的假

第二章 神之山

设。塞斯教授告诉我，Katpatu-ka[5]或 Katpadu-ka 在早期波斯楔形文字铭文（约公元前 500 年）中是卡帕多西亚的名字，是凯特（Kat）的土地，加上共同的安纳托利亚语后缀后，形成了 Katpadu-ando-s。在这一长串名字中，第一个音节因它可分的特性被删掉了，名字变成了 Paduandos。毫无疑问，Kat 是一个独立的词语，可能是一个诸如卡塔奥尼亚（Kataonia）等词语相关的部落名称。这种形式的 Paduandos 在托勒密（Ptolemy）的著作和坡廷格尔（Peutinger）泥板中都有发现。这两种权威的一致性证明，这种形式适用于罗马帝国的测绘图中。这张测绘图是在阿格里帕（Agrippa）的指导下完成的，人们通常认为它完成于公元前 12 年。我们所知的 Paduandos 的形式，在罗马时代，通过"u"的字位转换变成 Paudandos，成为波丹多斯（Podandos）和现代柏赞提。

与在北部边陲城镇"卡帕多西亚之地"一样，当一个人从西里西亚门到托罗斯山时，在南部的一个站点也是如此，它的名字是莫普苏斯泉（Mopsoukrene），这表明此处人口有限。莫普索斯（Mopsos）和安菲罗科斯（Amphilochos）是两个预言家[6]，正如爱奥尼亚人所认为的，他们标志着古爱奥尼亚人对海岸的权力。对闪米特人来说，他们就是雅完。泉的位置是确定的，没有人会弄错。马萨尔-奥鲁克有一条大溪，在一条现代公路附近流向山外。这里是由古爱奥尼亚人把守的通向南方的最后一个站点。古爱奥尼亚人由阿波罗从克拉罗斯（Klaros）派出的神圣的领袖所领导。英雄莫普索斯代表了古爱奥尼亚人向西里西亚的极度渗透。在莫普苏斯泉和波丹多斯之间，自东北向西南蔓延着托罗斯巍峨的山脉。然而，可以确定，古代的军事要塞在西里西亚门。在现代，现代武器令西里西亚门不再具备任何防御功能。位于它北部 3 英里山巅的易卜拉欣帕夏边界，在大约 1832—1839 年成为防线，可能至今都具有这种功能。

莫普苏斯泉在坡廷格尔泥板中以克鲁尼斯（Crunis）的形式被提到。在帕蒂-品达的著作中（Parthey-Pinder），这个名字以 Mansucrine（Jerus. Itin.）和 Namposoucrone（即 Mosucroumi，Itin. Provinc. 145）的形式出现。在帕蒂-品达的附录 I 中，它被称作 Mopoucrenai，但在中世纪时，变换的名字已经遗失。

从马洛斯到阿达纳的道路与皮拉莫斯（Pyramos）的交叉处的莫普苏斯提亚（Mopsouestia）可以证实莫普苏斯泉是个引进的名字。马洛斯是古爱奥尼亚人在西里西亚早期的、较大的势力中心，它是这个地区有史以来最大的古爱奥尼亚人和希腊人势力的据点。因为离海岸还有一定距离，到后来，塔尔苏斯才在西部贸易中重要起来。钱币可以证明这一点（详见 *Cities of St. Paul*, pp.112ff.）。珀尔修斯是塔尔苏斯人早期历史和传说中的英雄，他在西部带着他的一百只船舶组成的舰队活动于卡拉曼尼亚南海岸[7]。他建立了特索斯－塔索斯－塔什伊什（Tarsos-Tersos-Tarshiish），与山地西里西亚（Cilicia Tracheia）的太阁（Tarku）人混杂在一起。特雷西亚（Tracheia）是一个艾安特－特乌克拉（Aiant-Teukra）王朝，即雅完－太阁。他很快渗透进去，建立了伊康（Iconium），成为传说中建城的英雄。

Mopsoustia 听起来是一个非常难以置信的名字，还像是要给一个本土名字以希腊语的含义。在中世纪，这个名字的结尾似乎是"stra"而不是"stia"，这可能是最近的。"stra"在安纳托利亚是一个常用的城镇名字的结尾。例如齐比斯特拉（Kybistra）、[8]齐兹斯特拉（Kyzistra）、克劳尼斯特拉（Kraonistra）、齐里斯特拉（Kilistra），可能吕斯特拉（Lystra）也算一个，这是希腊语形式，在拉丁语中，它是鲁斯特拉（Lustra）。鲁斯特拉是古代的泽尔德拉（Zoldera），现代转化成索尔特拉（Soltra）。

在后来的文献中出现了各种不同的形式：有 Mompsistea、Mampsysta、Mamistra、Malmistra，甚至还有 Mamista（Glykas, p.306, Anna Comnena, ii.126中去掉了安纳托利亚语中的"r"，帕蒂著作附录I中给出一个变化了的名字 Kastaballa, 即 Kastabala）和现代的 Missis（一个特殊的形式，可能同化了中世纪的 Sision 和现代的 Sis）。托马舍克（Tomaschek）给出了 Manistria 的形式（*Zur hist. Topogr. von Kleinasien*, p.106）。普林尼（Pliny）称它为莫普苏斯（Mopsus）：Μοψεάτης。

在安纳托利亚的地方名字中除希尼安多斯（Siniandos）外，没有一个比莫普苏斯提亚（Mopsouestia）更令人迷惑、更多变化形式的。在这两者中，我们发现,声调"r"有时出现,有时没有。这在别的地方被解释为安纳托利亚语言中的半元音"r"(就像英语中的 pretty)习惯。它的声调不同于希腊语中的"rho",在安纳托利亚名字的希腊语形式中有时出现,有时消失。不管权威如何,在当地的发音中,重音总是落在声母-is-上。因此,它的现代名字成为米西斯(Missis)。可能后来的形式更接近地方的发音,名字可能是 Mampsistra 或 Mopsistra。

在单词 Malmistra 中,"l"不可能是最初就有的。它出现在中世纪的拉丁语著作中。"l"出现在 Malmistra 与"l"出现在 Talbonda 中有些类似。这种现象类似于"r"的使用或省略的变化。[9]在两个例子中,"l"可能是新增加的,出现在"b"或"m"前(Tum-Taub-Talb)。Talbonda 的形式出现在托勒密的著作中,这一事实表明,它可能来自最古老的已知名字的权威性材料——阿格里帕名录。后期铭文和大多拜占庭文献中有了与 Tumandos 完全相同的形式或给出了 Tumandos 形式,但 Talbonda 出现在公元 448 年一个君士坦丁堡委员会的主教的拉丁语签字中(H. G. A. M. p.402)。主教的签名使用拉丁语和希腊语,都是官方的记载。在希腊语中,他签的是 Tumandos 主教。Talbond 最古老的形式变成了 Talmand 或 Tumand。

注　释

1. Ala-Dagh,被玷污或染色的山,是一个经常同 Allah-Dagh(安拉山)混淆的名称。
2. 伊苏里卡(Strabo, p.568)与伊索利亚的含义有很大不同,一个是罗马词语,一个是外来词,因为罗马人的粗心用在了一起(斯特拉博对此总是抱怨)。伊苏里卡是伊索利亚两个城镇的土地,被地理学家称作乡村,因为它们被按照安纳托利亚人而不是希腊人的体系组织起来。虽然它们与其他希腊城市一样重要,但它们不是城邦(poleis)。
3. 关于 Ak-Keupreu(白桥)在 Journ. R. G. S. (1903, pp.390ff)可能讨论得更多一些。
4. 在 A. A. S. S. (April 6, p.562)中,编者指出波利安多德·科曼诺鲁姆(Polyandod Comanorum)是波丹多斯(Padyandos),但是这几乎是不可能的,在希腊文献中有波丹多斯一词。
5. 卡特帕图卡(Katpatuka)是安纳托利亚的地方名字,类似于弥达斯之墓(Midas-tomb)附近的一个铭文中的本尼乌科(Benneueké)。本尼(Benni)或宙斯的土地,本尼厄斯(Bennios)或本尼乌斯(Benneus)。伊苏里卡也是如此,即两个伊索利亚村子的土地。
6. 这两个预言家是阿波罗的两条狗(Lycophron, 444f.),阿波罗经常被描绘成两手中举着两条狗的形象。他是狗的牵引者(dog-choker),即两条狗的主人(正如希波纳克斯称赫耳墨斯那样)。安菲罗索斯作为一个不知名的安纳托利亚人,退出了这个传说。莫普索斯(Mopsos)最初可能是莫科索斯(Moxos)。
7. 详见塞斯在 J. H. S. (Journal of Hellenic Studies, 1925)的文章。

8. 在晚期的 Notitiae X., XIII., 有一个 $Κύβιστα$ 的形式, 与马米斯塔(Mamista)类似。这个在 Parthey, App. I.-III. 中"变化的名字", 必定意味着, 在中世纪晚期科斯塔巴拉(Ksatabala)不再是一个基督教城市。在与教会相关的方面与马米斯塔融合在一起。
9. 在元音字母方面, 类似于 Paduandos 和 Podandos。类似的例子发生在现代苏格兰名字 Buchannan 上。它最早在凯尔特语中是 Bulquhennan, 后来的福斯谷(Forth Valley)的地名 Baquhan 是一个相同或相似的名字。在凯尔特语名字 Balquhidder 中的声母"l", 在苏格兰发音中消失了, 变成 Bawhidder。

第三章
埃匹门尼德

从爱琴海文明和安纳托利亚文明向希腊文明过渡的典型代表人物是伟大的克里特人埃匹门尼德(Epimenides)。克里特岛自东向西延伸,从南方穿越爱琴海的入口,它总是能为来自亚洲和欧洲的零散人群提供一个避难场所。自荷马时代以来,它成为爱琴世界的缩影。诗人说道:在酒黑色的大海中有一个叫克里特的地方,土地肥沃而富饶,它四面环水,有 90 个城镇,居住着许多人。在那里,不是所有人都讲同一种民族语言,而是各种口音混杂在一起。那里居住着亚该亚人(Achaean),也有心胸宽大的克里特人、库多尼亚人(Cydonian),还有挥舞着羽毛的多利亚人(Dorian)和美貌的皮拉斯吉人(Pelasgian)。

在中世纪,许多威尼斯殖民者在那里建立了自己的家。他们主要是些贵族冒险家,他们给中世纪和现代的克里特留下了很多印记,但历史的这一页未曾被书写。

埃匹门尼德像个巨人一样站在那里,一只脚踩着过去,一只脚迈入现在;一只脚在安纳托利亚文明,一只脚踏入希腊主义的发展。克里特就是自然缔造这种人物的地方。岛上混杂的人口使它在古希腊人的思想和习俗的形成中起到了很重要的作用。然而,虽然他是一个希腊主义和希腊统一情感的伟大创始人,但是埃匹门尼德在本质上是一个前古希腊时代的人。希腊主义和希腊统一情感将它们与孕育它们的爱琴文明区分开来。我们称之为希腊主义的美好成果,连同它在城邦和社会中的自由观念,在艺术和文学中对对称的精致的洞察力以及一个人成为自己生活的主宰的大胆与自信,都是在地中海东部诸岛和沿岸及爱琴海地区由许多分散的部落联合而成的国家之间的竞争中发展而来的。希腊主义是一个产物，它是如此多样化，以至于它不可能在同类民族中产生；它如此微妙，以至于造就它的各个民族的特性之间恰当的平衡不能持续很久；它在现代社会的发展中是如此重要，以至于对我们而言，它不会失去它的价值；它的类型如此独特，以至于受过教育的人永远不会对它失去兴趣。

埃匹门尼德作为克里特的预言者、诗人和宗法制定者，是一个迷一样的人物。在公元前6世纪，他在雅典的历史传说中非常有名。他的脚步从古老的宗教（让我们称它为希腊-安纳托利亚的）迈向了新的希腊的奥林匹亚（Olympian）宗教。二者都充满了自觉的特性，最终目的是一致的。他是一个精力充沛的人，身心都很健康。他很长寿，经历了一个快速发展的时代，品味了发生在他周围的伟大变革。否认他的历史角色的评论是拙劣的、吝啬的。因为他没有墨守成规，也没有在一个变革的世界中无动于衷，而是随着时代的变化而改变自己。埃匹门尼德生活于公元前6世纪，那是一个飞速发展的时期，他随着时代而成长，有助于引导历史发展的进程。但是某些批评者没有看到这一进程。

在一种肤浅的看法中，埃匹门尼德没有足够的自信，仅存的他的几个著作的残篇与他的声望很不相称，也不足以为传说中描绘的他的显赫地位提供充足证据。但它们从来没有被合理地根据早期思想的特性来加以理解。他的名字被赋予传说色彩（例如，他曾在一个山洞中睡了57年或60年），他成为一个集很多民间传说于一身的焦点人物。不管是在遥远的历史发端时代，还是在现在，在每个历史时期都会有同样的事情发生在某个杰出的人物身上。在牛津大学校园中，总是有一些这样的人物，他们被很多传闻所包围，其中有些故事孤立和夸大一个复杂人物的某个特点，其他的关于一个人的传闻则显示出对一个大学生身份的人来说是不可能具有的特性。然而，所有那些神话或半神话的描述总会有某种原因。批驳这位克里特诗人的历史真实性的一个重要论据是年代学证据。他在后来希腊人中享有不朽的荣誉，都是基于他对雅典的拜访，他被邀请去清除那个城市因大约公元前612年屠杀基伦

第三章 埃匹门尼德

(Cylon)的党徒而蒙上的罪行,为那个城市洗罪。有种观点逐渐形成,认为这种洗罪行为是紧随那些罪行之后而来。一般观念认为,埃匹门尼德大约于公元前600年到的雅典,甚至亚里士多德也持有这种观点,然而,柏拉图则认为他在希波战争爆发前10年,约公元前500年,到了雅典。那些坚称他较早到雅典的观点是基于对后来的古宗教观念的误解。那些罪行甚至一直延续到第三代和第四代人。在雅典,罪行一直延续,成为党派斗争的武器,在整个公元前6世纪的政治舞台中扮演了十分重要的角色。梭伦(Solon)试图弥补这一罪恶,但他失败了。他动用了法律武器,但这一罪恶是宗教事件,只有宗教方法才能弥补。

阿提卡传说中没有提到埃匹门尼德曾第二次来雅典,他来了一次,并且成功了。他的成功靠的是他在希腊历史记忆中的地位。他不是有着纯粹古希腊人生活观的发达的古希腊科学的代表人物,他被称作"医生"和预言家,这样一个人物不可能失败。一次显赫而迅速的成功成就了克里特预言者的声望。在希腊世界,没有必要再假设第二次到访雅典来弥补第一次拜访的失败。他一劳永逸,清除雅典历史上的一个阴霾——罪恶和恐怖,而且成就了比这更多的东西。

最显著的证据来自柏拉图。他在《法律篇》中两次怀着最高的崇敬之心提到这个克里特人。柏拉图描绘了这一事件,它发生在他出生前40年,具有划时代的意义,因为它开启了雅典与克诺索斯(Cnossos)之间的结盟,它还有新生的意义,因为这个克里特人是一个伟大的发明家,他在事件中开展了赫西俄德(Hesiod)所竭力推崇的事情,即用理性的箴言和关于健康生活的深沉的思考来改革雅典人的思想和行为。柏拉图清楚地指出了一个历史事实,只有最多疑的评论家才会猜想他编造了一个故事或寓言。没有人解释传奇的埃匹门尼德怎样如此迅速地让自己变成雅典人记忆中一个真实的名人,克里特人、斯巴达人和雅典人在谈到他时,都认为他不仅是一个值得与古代伟大的创始人相提并论的人,而且"实际上是昨天的一个人"。

普鲁塔克是我们信赖的权威之一。他非常强调埃匹门尼德对雅典的造访所产生的重要影响。他将这个克里特人描写成一个伟大的宗教人物,同时代的人认为他有神圣的或半神圣的出身。他净化雅典人,将阿提卡宗教中的半东方风格的特性改变为更优秀的、更严谨的古希腊风格的特性。他告诉人们,埃匹门尼德如何通过安抚、洗罪与建立宗教基础,在雅典建立了虔诚的标准,使公民遵守宗教法律精神,终止了党派斗争之风。他讲述了一个故事,虽然他没有从这个故事中得出年代学的推论,但是,这个故事将埃匹门尼德拜访雅典同大约公元前510年庇西特拉图家族(Pisistradae)被驱逐之后的一个时期联系在一起,描写了克里特预言家拜访雅典产生的巨大影响之后,他又开始描述内部的斗争,描写往日的党派斗争如何像从前一样继续着。

这种描述自相矛盾。普鲁塔克将两个故事混淆在一起,其中一个是真实的克里特人的故事,另一个则是100年前流行的一种错误的杜撰。如果我们以柏拉图的眼光来读普鲁塔克,将自己的思想融入柏拉图的时代,剔除其他传说,那么这个故事就变得清晰易懂,也不再那么自相矛盾了。

克里特人崇拜埃匹门尼德。作为一个人,他的"创造力远远超越了他们所有的伟人";作为历史中杰出的名人,他被神化的程度登峰造极,他被视为"一个神圣的人","一个受人爱戴的神"。人们愿意以诚相待,他被视为"一个新的教程"或传授宗教仪式的神的祭司。克里特人对被神化了的埃匹门尼德的崇拜是一个很好的证据,可以结合起来理解他留给雅典人的印象。对我们而言,"神一般的埃匹门尼德"这个短语透着传奇的意味,对早期希腊人来说,它则是事实。在他的崇拜者看来,一个人死后立即成为一个神。埃匹门尼德崇拜是一个城市共同的崇拜,在安菲波利斯(Amphipolis),布拉斯达斯(Brasidas)就被那些他在公元前422年拯救的人们所崇拜。

亚里士多德和普鲁塔克提到的一个早期的传说将埃匹门尼德列为"七贤之一",这可以单独作为一个历史性证据。"七贤"在古希腊历史中占有重要地位,在希腊主义形成时,他们是真正的代表人物。在早期传说中,"七贤"的身份是历史真实性的证据,因为他们是希腊传说与历史记载的体现,作为由一个城市构成的城邦的标志,他们在希腊历史上留下了深深的印记。他们必定被视为有泛希腊(Pan-Hellenic)性质的真实的名人。一些希腊人反对将僭主拍利安得(Periander)列入七贤,他们认为埃匹门尼德应该顶替他的位置,

第三章 埃匹门尼德

这种偏爱证明并造就了柏拉图所证实的希腊人对埃匹门尼德普遍的尊敬和赞美。

泰尔(Tyre)的马克西穆斯(Maximus)是公元 2 世纪的一个修辞家,他熟知柏拉图的典故,他用同样的方法来解读它们:

> 雅典也有另外一个被称作埃匹门尼德的克里特人……他令人惊奇地熟知上帝的事务,因此,当雅典人的城市被瘟疫和暴动所败坏时,他拯救了它。他擅长此事,不是他学会的,而是如他所讲,他经过长期的睡眠,在梦中受到了启示……他可以与神、神谕和真理、公正发生联系。

57 年睡眠的故事来自埃匹门尼德的《神谱》(Theogony)。诗人的词句被十分刻板地逐字逐句地分析了。年数是由想象定下的,马克西穆斯两次提到这个诗开头的一段。

这个传说也通过亚里士多德、普鲁塔克、斯特拉博、鲍萨尼阿斯(Pausanias)和后来无数的作家、年代学者和经典著作评注者传播着,例如,苏达斯(Suidas)。第欧根尼·拉尔修(Diogenes Laertius)给出了一个相当长的关于埃匹门尼德的描述。他的著作主要依据希腊哲学家们的传记,他引用了具有较高权威性的蒂迈欧(Timaeus)、泰奥彭波斯(Theopompus),也引用了现在还存疑的梅洛尼安努斯(Myronianus)和色诺芬的著作等所有最古老的权威著作。埃匹门尼德的著作被亚里士多德和许多后来的作家和评注者引用,但是所有这些都被一些近来的评注家及他们的弟子指责为伪造的,只有《神谱》和《三音节音步诗》(Cretica)除外。它们通常可以相互确认并与《神谕》(Orecles)相印证。如果这种证据被认为是不充分的而被搁置一旁的话,我们就等于放弃了研究希腊历史的努力。

在描述埃匹门尼德时,神话与历史事实的混淆引起了不合理的怀疑。怀疑由维拉莫维茨(Wilamowitz)提出,他是德国最有才华、最有说服力的希腊学者,他宣布,埃匹门尼德只是作为政治上的权宜之计而被捏造出来的,他诞生于公元前 6 世纪党派斗争的激情之中。

用几句话就将埃匹门尼德排除在世界历史之外,而置于政治争吵和谎言的世界中。这个理论已被近来的德国学者广泛接受。正如一个政治党派将女神引入了党派斗争,由一个高个子的雅典女孩穿上盛装,装扮成她,带领僭主返回雅典那样,(我们知道)同样一个党派捏造了一个模糊的被称作埃匹门尼德的地方英雄,一个只能偶尔从两三个评论者那里得到参考才得以被认识的人物。但是柏拉图所描述的伟大人物怎么可能以那种方式产生,怎么可能是一个荒谬的名字遗留到后来的历史中的呢?认为公元前600年的一个被杜撰出来的埃匹门尼德能够被柏拉图视为昨日的杰出名人的想法是不合理的,就像断言赢得伊索克拉底(Isocrates)和西塞罗(Cicero)尊崇的厄琉西斯秘仪(Eleusinian Mysteries)只不过是一个粗俗的迷信的产物一样不合理。

一些最主要的英国学者几乎坚定地接受了埃匹门尼德是一个真实的人物的观点。在这个故事中的某些东西唤起英国人历史性的判断力。英国学者不相信哈莫狄欧斯(Harmodios)和阿里斯托吉通(Aristogeiton)的故事,而相信克里特人拜访雅典的故事。从这种观点出发,历史站在了不同的一面,并且明显是更真实的一面。在庇西特拉图家族统治下,雅典从一个小镇成长为一个重要城市,但在这种快速的发展中,它丧失了健康的条件。那些由古老的宗教为小社会团体所规定的卫生法规,对一个大城市来说是非常不够的,雅典正在酝酿一场瘟疫。僭主被驱逐后,党派斗争又分散了人们的注意力,疏忽加重了城市管理的弊病,结果正如马克西穆斯、第欧根尼和其他人所记载的那样,瘟疫在城市中肆虐。一般来说,古希腊人不是完全的宗教信徒,他们将宗教视为地方性的骄傲和庄严的事务,神的一个重要功能是增添乐趣,他们几乎不能抵制拿最神圣的事情来逗乐的诱惑。希腊人的性格依然如此,不仅是因为祖先的遗留,而且还受到了他们的生存环境的影响。这种不敬有时会表现在对宗教观念的嘲笑,伴着严格的固守传统仪式及偶尔再现的纯粹的迷信,混合在一起,这代表了现在人们的特性。我曾经看到埃皮道鲁斯(Epidauros)附近的一个小乡村里,在教堂庆祝一个婚礼时,主持牧师故意推倒杯子,让圣礼酒洒到新郎胸前,他连续三次用圣书碰新婚夫妇的头,每次都碰的发出"砰"的声响,教堂中响起众人的笑声。然而,当希腊人遭遇到灾

第三章　埃匹门尼德

祸而面临死亡时候,宗教敬畏又会复苏。

　　古代宗教的特性就在于将所有疾病,特别是发烧(它的发病和病因都是模糊的)都归因于神的发怒,这种发怒是由某些违背那些彰显了神对人的仁慈的宗教律令的基本原则的行为引发的。在安纳托利亚人认罪和赎罪的记录中,雅典的发病事件会成为例证。人们开始审视他们的本性和他们的历史,探寻这次拜访的原因,并很快弄清事实。古老的罪孽没有被赎清,对乞援人获得庇护所的权力的破坏威胁了一代又一代人,最后,由女神惩罚这一暴行。被谋杀者的后代恢复担任官职,成为国家的领导者,另外,犯下罪行的家庭自愿被放逐,但这一切还不够,恐慌笼罩着这个城市,鬼怪出没其中。预言者宣称,必须用专门的净化仪式来清除罪行,清除人们的罪恶需要更充分的赎罪。但梭伦都失败了,谁又能成功呢?他们必须向神寻求保护(如柏拉图所提到的),只有他能够治愈这个病入膏肓的国家。

　　他们总是习惯于将重大政治问题和宗教问题求助于德尔菲神庙,这个事情不仅仅是宗教问题,雅典因长期的党派斗争而大伤元气,政治家已经察觉到来自东方的、日益强大的波斯的危险,联合统一势在必行,在太多危险来临时,党派斗争必须停止。神建议雅典邀请埃匹门尼德,他的长寿和神学著作及科学和政治知识令他成为希腊发展的一股力量。他成功了,因为他将古老宗教与新宗教结合在一起。他用古宗教的仪式满足了大众的内心需求,并涤荡了他们的罪责;他通过传授新的、更高的神的特性的观念以及它与人的关系,成为形成国家观念的一股力量,迈出了从古老宗教到新宗教的一步,领悟了二者,并令二者更真实。

　　改变大众对改进了的卫生措施的看法是必要的,但是没有比卫生管制更不受欢迎的,在印度的大英政府也遭遇过这样的困难。同样,在土耳其,40年前,一位著名的医生被请求对那里蔓延的疾病给出建议时,他说过,任何治疗方法都不能整治一个国家的社会习俗。埃匹门尼德改变了人们的思想,建立起行为标准,他不强加给人们卫生规则,而是提倡古老的希腊-安纳托利亚习俗,将社会组织规则和社会卫生规则同宗教仪式一样加以强调。这些规则形成了自我防护的标准,它由社会的集体经验发展而来,由女神通过她的代言人和祭司解释给她的人民。家庭宗教比社会组织更古老，也比国家法律更强大（正如安提戈涅所主张的）。家庭宗教不适合发展成城邦宗教，虽然它依然与国家不和谐，与之相分离，但是它必须服从整个有机体的利益与安全。希腊主义将个体视为城市的一员，它的权力和义务的总和就是国家宗教。埃匹门尼德建立了初期的雅典习俗，以适合这个成长中的城市关于安宁与卫生的法律。

他将一些黑色和白色的绵羊带到战神山（Hill of Ares），将它们留在那里，任其自生自灭，在每个绵羊死去的地方都建立一个知名的或不知名的地方神祇的祭坛。白绵羊对应的是希腊宗教的光明之神，而黑绵羊对应的是旧秩序中的黑暗之神，与死亡的世界相关联。他用这一策略不是为了通过提倡迷信来迎合大众的感情，他自己都认为迷信是粗俗的东西。这样做令他自己进入了宗教的舞台，对他来说，昭示神圣的意愿是一个正确的方法。因为它基于事实，即神的力量总是使人理解它的愿望和目的，人只能正确地看待它，以便能发现神的启示。另外，他建立各种宗教设施，在大街上建造了神的雕像，他的目的是让以许多形式出现的神圣的形象在雅典人的脑海中留下深刻的印象。因为在神面前不允许有无礼的行为，一切事情都必须是虔诚的、纯洁的。最后的目的和结果是让这个城市彻底的纯净，并建立社会生活的卫生规章制度。众神站在街道上，保护他们并使他们圣洁化，公民必须在神无处不在的环境中生活。

这种影响一直持续到伯罗奔尼撒战争（Peloponnesian War），那时在城墙间窄小的空间中的阿提卡人破坏了所有的秩序和纪律，就像在战争中通常发生的那样，对良好的生活规律的松懈招致一场恐怖的瘟疫，这就再次迫切需要实施埃匹门尼德的规则。

埃匹门尼德通过德尔菲（Delphi）神谕完成了赋予他的任务。如柏拉图所言，在古希腊的发展中，德尔菲神谕是一种指导性的力量。在人们的印象中强调了他的工作的宗教方面，但这只是他活动的一部分，来自柏拉图最好的证据更多强调他的行为的政治和社会影响。能对雅典产生这样影响的人，一定属于较高的知识分子阶层，虽然他以仪式的方式来触及大众的心灵，但他

第三章 埃匹门尼德

的行为在波斯的大入侵之前平定了恐惧,稳定了雅典人的心绪。他到访的传说开启了雅典的新时代,开启了新的问题,令人忘掉旧的问题。此前,在雅典,各党派站在各自的立场进行争斗;此后不久,虽然他们依然坚持用不同的方式来实现自己的目标,但却都在为国家的目标而共同努力。公元前6世纪的政治问题消失了,党派划分的界线发生了变化,在很大程度上,这种变化应归功于波斯带来的巨大冲击,但是埃匹门尼德的精神和他所实施的措施也起到一定作用。柏拉图指出,只有在这个时期,他所做工作的历史意义才清晰起来,对国家信念、人们的行为和宗教仪式产生如此影响的一个事件,不再是一个单纯的杜撰,这个传说包含了事实的痕迹。

当对古老宗教的认识促使埃匹门尼德进行改革时,他就成为历史中的改革者(据柏拉图所说),并成为一个有创造性的改革家和古希腊城市机构的创建者。他们看到了"医者",没有看到其他方面。埃匹门尼德既有革新的一面,也有保守的一面,他们也没有看到这一点。如果说埃匹门尼德是希腊主义的倡导者,那么在他的著作中,一定会有一些新主张的痕迹。他的大多被引用的文句都是关于家谱或神话的素材和残篇,这些在希腊罗马社会比较流行,并成为茶余饭后最受欢迎的话题。只有亚里士多德在文献的两个简短的附注中,表露出对他较高智慧的赞赏,对他而言,埃匹门尼德是历史中一个哲学阐释者,是一个关于早期的社会性质的理论家。在那个社会中,科学还以诗文的形式表现出来,在一起生活的一群人被亚里士多德称为"一个家",而埃匹门尼德称之为"那些拥有同一炊烟的人"[1],西西里(Sicily)立法者卡隆达斯(Charondas)称其为"拥有同一个粮仓的人们"。在民间传说中,埃匹门尼德也是靠宁芙女神(Nymphs)供给食物来生活,食物藏在一个公牛的蹄子中,他偷偷地吃。这使得埃匹门尼德的科学研究变得模糊起来,因此,他被非自然清除所困扰(非自然清除是印度的一种信仰,它将一个现代英雄神化,不是因为他是一个英勇的战士,而是因为他的非同寻常)。柏拉图这样描述那些科学研究,他说埃匹门尼德完善了被赫西俄德神圣化的东西。

医学与宗教的界线不是很明确,人们强调了宗教的一面而忽视了有疗效的医疗的一面。埃皮道鲁斯的医学记载表明,在人们的思想中是多么热衷于伪科学,这些记录是在神庙中被医治的病人给神的献词,它没有任何的医学科学痕迹。但是由此推断在埃皮道鲁斯的记载中没有真正的医学治疗是错误的。但未受过训练的人所记载的只是神对他们仁慈的关照,他们对某种所听到的养生方法不感兴趣,而只对梦和宗教性的事情记忆犹新。

埃匹门尼德是一个科学研究者,是一个哲人。罗杰·培根(Roger Bacon)对于宗教、哲学和科学持有类似的观点,他也为民间传说所困惑。迈克尔·斯科特(Michael Scott)也是如此,甚至更明显。与科学研究相比,培根更引以为豪的是他的理论研究。可能埃匹门尼德不十分看重他的历史地位,他出使雅典是神谕使然,只代表着通向希腊统一道路上的一步,希腊的统一可能只能通过一个共同的宗教情感来完成。他批判地考察了德尔菲神谕的性质,解释古老宗教并将它与渴望认识它的希腊人的精神联系在一起。有这样一个谚语:在有些方面,埃匹门尼德隐含的神秘眼光($δεργμα$)是必需的。在这个谚语中,诗词漏掉了一个字母,变成了乏味的$δερμα$,即埃匹门尼德的"皮"。这个克里特人的名字被载入谚语,为他的人物特性增添了某些色彩。

希腊人离不开宗教,不仅仅像现代学者所谈论的那样(通常带着什么是宗教的模糊的概念进行),他们在他那里看到了一个伟大的宗教形象。但是他的声誉是建立在一个知识和实践的基础之上的,他深刻思考医学、食物、社会科学和家庭结构以及它们与神和自然的关系,这是他研究的主要课题。人们说他是一个被众神宠爱的人,他们将自己的学识展现给他,带有哲学或理论性质的著作都被归于他的名下,这些著作被德国评论者指责为伪造的。但是基于他是不真实的、杜撰的人物的假设的观点需要修正,因为他的真实性依靠的是他在希腊世界的地位,他是真实存在的,因为他向希腊人证实了自己。

这将我带入了伦德尔·哈里斯(Rendel Harris)教授对古叙利亚译本的埃匹门尼德的一个残篇的精采绝伦的鉴定中,该译本阐释了这个克里特人的个性。认识到它的科学精神要归功于吉布森夫人(Mrs. Gibson),她在哈里斯教授的成果得见天日很久之前就在她出版的研究成果中参照了他的观点。唯一依据哈里斯的发现来写埃匹门尼德的评论家是格雷斯曼(Gressman)。但是那些认为这个克里特人是政治策略的发明物的人没有一个人承认他们先前指责为伪造的哲学诗歌的一个残篇是真实的。

圣保罗（St. Paul）在写给克里特的提多（Titus）的信中，引用了一行文字，"克里特人是说谎者，可恶的野兽，无用的饭桶"，但没有留下诗人的名字。另外，在雅典进行的演说中，他引用了半行阿拉图（Aratus）的诗"你们自己的诗人"，还有一行"他同我们生活在一起，同生共存"。它的诗体的特征在从爱奥尼亚方言翻译成阿提卡方言的过程中，在从一个人向另一个人的传播中被掩藏了起来，为了演讲需要还发生改变，这表明了使徒惯常的随意性。他的语言暗示出他在雅典引用了不同诗人的诗句，但意义被现代的评注者忽视了，只有哈里斯教授看到了真相：

> 他离我们不远，因为他与我们生活在一起，在我们周围，与我们共存。正如你们自己的诗人所说的"因为我们也是他的后代"。

给受过教育的听众演讲的人从哲学诗集中选择了可用的引语，这种诗集反应那个时期的社会并与它的精神相一致。第二个引语出自阿拉图，第一个引语的作者是谁呢？伊索达德（Ishodad）的叙利亚语注解这样区分两个引语：

保罗从某个异教徒诗人那里引用的两句引语，至于"他在我们中间"是因为这个克里特人将宙斯视为现实的，说他是一个贵族，被野猪撕碎后被埋葬。看啊！我们都知道他的坟墓，因此，宙斯之子米诺斯代表他的父亲致赞扬词，他说道：

> 克里特人为你挖掘[2]了坟墓，哦，你多么神圣，多么高尚！
> 说谎者，可恶的野兽，懒惰的饭桶！
> 你没有死，你永远活着，坚定地站在那里，
> 因为我们与你生活在一起，并受到你的鼓励，与你共存。

我们得到了四行赞美至高无上的神的赞美词，第二个引语是保罗从《提多书》（*Epistle to Titus*）里引用的一行，亚历山大的克莱门特（Clement of

Alexandria)宣称这一行是埃匹门尼德所写。据杰罗姆(Jerome)记载,虽然先前的几个评论者将此诗句归于卡利马库斯(Callimachus),然而,真正的作者应该是埃匹门尼德,后来的诗人都随意地模仿他。第欧根尼·拉尔修说:"埃匹门尼德完成了一个关于米诺斯和拉达曼提斯(Rhadamanthus)的诗歌,长达4 000句。"伊索达德从阿拉图那里除了引用了保罗所引用的那五个词之外,还引用了大概10行。原始希腊语版本保存了下来,所以我们可以据此判断叙利亚语复本的质量了,它的可靠性是"米诺斯"翻译的可靠性的保证,我们很容易明白为什么伊索达德引用自一个名为"米诺斯"的诗歌中的诗句,就将这些话归于米诺斯了。

叙利亚评论家(如哈里斯宣称的)完全依赖于塔尔苏斯的西奥多(Theodore)的语录,它们保存了下来。在4世纪,他的训诫被在小亚细亚的基督教学校所接受,产生了一系列影响(我综合了各种数据)。保罗考察了希腊世界伟大学术中心的宗教遗迹和习俗,他被"献给一个无名之神"的祭坛吸引了。或对或错,他结合回想起的一段克里特诗人的诗句(他熟悉该段诗句,曾在给提多的信中引用过),认为它是埃匹门尼德下令建造的神坛中的一个。当埃匹门尼德被要求在战神山法庭演讲时,他带着这个祭坛上的碑铭作为演讲稿,他字里行间透出关于"不朽之神"(Eternal God)及他与人类关系的观念。这个"无名之神"的祭坛立刻成为深藏于雅典人思想深处的宗教情感的证据,也是对该神的真实性质不可知的一个告白。他们自己的诗人了解"他"的真实性,但对现代学者来说仍需完全揭示它的真实性。

这是4世纪一个普通而简单的训诫,许多评论者拒绝它,因为它直接立于他们所持观点的对立面,它暗示圣保罗写了教牧书信(Pastoral Epistles),假定他在雅典并在那里作了演说,这个演说被简略但忠实的在《使徒行传》(Acts of Apostle)中提及,但是这些假设被当做假的而不予考虑。格雷斯曼将伊索达德引用的4行诗句视为了基督教的利益而捏造的。根据他的说法,根本没有包含这一段内容的名为"米诺斯"的诗,只是卡利马库斯在他的《给宙斯的赞歌》(Hymn to Zeus)中的一个引语,再加上《新约》的伪保罗部分的两个引语,将它打造成使徒保罗传说的真实性的证据。这个理论太造作,以至于

第三章　埃匹门尼德

在这里,不需要详细审查,我仅就一点就可以攻破它,它既不理智,也不合理,如果评论者粗略地阅览古代学术专论,他们可以得出任何他们想要的结论。但是希腊文学史势必要依赖权威而不是现代人蔑视古代论述的猜想。虽然卡利马库斯的这一段与伊索达德引用的文字部分相似,但它在精神和一些细节方面与它们不太相同,卡利马库斯的文字与出自《新约》的两个引语的多处一致导致了那4行的产生,基督教徒创作者必须诉诸伪造。

理性的判断,只有两种可能:第一种可能是伊索达德的引语来自一个希腊化时代的诗歌,虽然自称是埃匹门尼德的作品,但却是修辞学校中一个根据他的风格创造的习作,在修辞学校中,经常为学生布置这样的练习。这些模仿的作品有时会有很多优点,虽然它们很少能欺瞒古代优秀的评注者的眼睛。我们可以假设,有一个叫"米诺斯"的诗歌曾被这样创作出来,并被广泛认为是埃匹门尼德的作品,这个诗歌既被保罗在塔尔苏斯的早期哲学训练中所熟知,也被他的雅典听众所熟知,因为他明显地期望他们熟悉著作,并且将它与埃匹门尼德必然联系在一起,正如他们将祭坛与埃匹门尼德著名的净化城市的行为联系在一起一样。

另外一个假设是诗歌"米诺斯"是埃匹门尼德晚年的作品。那时,他的思想已经在希腊精神方面得到发展。无论怎样,重要的事实是,这个诗在雅典和塔尔苏斯已被认为是克里特预言者的作品。在两者之间作出选择对保罗的评注者并不重要,但对希腊历史和文学非常重要。我们真的在这几行诗歌中感觉到了约公元前500年的希腊哲学精神,还是我们只得到了以古代哲人的名义创作的修辞练习的残篇呢?浏览一下卡利马库斯的一段诗才能解决这个问题。他的这段诗带有公元前270年的文学风格,讲述了同样的宗教事件。在《给宙斯的赞歌》(vv. 8 - 11)中,卡利马库斯说:

他们说,哦!宙斯,你出生在[克里特]伊达山(Ida),你出生在阿卡狄亚(Acadia)。哦,神啊!哪一种说法是错误的?克里特人一直是说谎者:我们知道,哦,王!你的坟墓是克里特样式的,但你并没有死,因为你将永远存在。

将卡利马库斯的话与埃匹门尼德的话进行比较的话，有百种可能呈现在后来的读者面前，我们在这里只提一种，米诺斯是一个名义上的发言者，通过描述他的经历和毕生事业来解释埃匹门尼德（正如梭伦在诗中所做的那样）。他的一部分工作是剔除克里特宗教仪式中的东方因素（像在雅典一样），抑制崇拜者的狂热信仰，用适度的希腊风格来代替东方仪式中的狂热激情。诗人看到的是每年举行的一个节日庆典，在节日上，神经历了生死轮回，人们用东方的信仰和狂热来哀悼他。崇拜者发现神并没有死去，而是获得了重生。节日的东方风格从无拘束的哀悼改变成无拘束的欢庆，最后以宴会结束。在宴会上，狂热哀悼的情感上的压力通过暴饮暴食得到宣泄。信仰者是"可恶的野兽"，他埋葬了已经死去的神并哀悼他，在一个没有宗教价值的仪式上疯狂地宴饮。

卡利马库斯诗句的精神完全不同，在他的赞歌的序言中，他谈到传说中的东西。他是一个博古的诗人，而不是一个宗教改革家。他不是在描述他所看见的东西，也没有因那些误解并惹怒众神的崇拜者而义愤填膺，因此，他比埃匹门尼德对克里特人谎言（其中最大的谎言是神已经死去）的指责而激发的愤怒要少一些。整个序言的作用主要在于它对古老的文学和权威的呼吁，并断言卡利马库斯所知道的并被保罗引用的是埃匹门尼德的诗歌。

保罗可能自信地认为他的雅典听众可以理解他的演讲，并能了解一个在雅典历史中很著名的事件和一个与雅典密切相关的克里特诗人的诗句。埃匹门尼德在克里特拥有这样一个读者，他观察了他描写的事件，以一个宗教改革者的身份带着对所发生的事情的一腔愤慨观察它们。归于古老的诗人名卜的后来的作品不会给人留下这样的印象，这几行诗就是一个证据。[3]

古老的希腊-安纳托利亚神的观念认为，神一年一个生死轮回。在那里，继之而起的是发展了的奥林匹亚神的观念，在人们的观念中，它们永远年轻、强壮而美丽。在古老的观念中，神的生活是人类生活的模式和翻版，正如人要死一样，神也会死，如果神死了，它每年都会被埋进坟墓一次。在埃匹门尼德的诗中，流露出厌恶之情，希腊主义将这憎恨的思想视为神的坟墓。"你没有死，你永远活着并且很强壮，你是人的生命的来源、基础和力量"，这是希腊

第三章 埃匹门尼德

主义真正的精神。一个高尚而虔诚的人活着并能长寿,因为我们的生命和存在都源自他。在我们的意识里认为,赐予我们生命的神应该是永恒的,是不朽之神。在这里没有任何的闪米特人对神的性质的直接感知。希腊人了解自己,他们能推测出神的特性。另外,克里特人是宗教的说谎者,他们每年都用他们的狂热哀悼一个死去的神来欺骗自己,然后,用过度的享用食物和酒来寻求补偿。埃匹门尼德厌恶这种无拘束的仪式,他认为暴饮暴食不会产生任何的宗教意义。

埃匹门尼德的这段诗给保罗留下了深刻印象,在各种环境中,它时常浮现在他的脑海中。他引用这个克里特诗人的诗句给克里特人写信,在他想起埃匹门尼德建造的祭坛时,引用了同样一段诗句,他相信雅典人将它视为一个警句。简言之,它概括了他的诗的目的。在另一处,保罗可能记起这些诗句,在写给哥林多人的信中(I, XI. 21 *seq*.),他指责他们在一个地方为神举行聚会时大吃大喝,甚至喝醉。想法相似,但表达并不类似。在最大程度上,保罗不可能将那一章中所表达的基督教高尚准则强加在异教的哲学或宗教文献中。在他面前,有一个被认为适合异教徒节日的场景,每个异教团体或社团因对某个神的崇拜而聚集在一起,每个节日都以聚餐来结束,聚餐是必须参加的,并且可以放纵地享受。不过埃匹门尼德在雅典时这样是适宜的,但是当保罗给科林斯人写关于圣餐的信时,他就不合时宜了。

注　释

1. 这个词被一些现代批注者改动了,它是一个六音步诗的结尾。
2. 吉布森夫人用的现在时,不过她给我写信告诉我,叙利亚语译本中用法不完善。我在细节上改动了她的解释,主要是为了更加简明。
3. 从叙利亚语向希腊语的翻译,特别是库克(A. B. Cook)先生的翻译,侧重于卡利马库斯(Callimachus)的时态,而省略了直接证据。

第四章

西亚的土地所有权法

一个国家从遥远的古代到公元1071年就连续遭受征服者的劫掠,后来在1098年、1146年和1175年[1]又遭受到十字军的侵略。在这样的国家里,在原居民与新来的士兵殖民者之间必须做一些调整。在《伊利亚特》中,我们已经读到,普里阿摩斯年轻时曾经在桑格里厄斯(Sangarios)河畔与阿玛宗人(Amazon)作战。这暗示出欧洲人要穿过达达尼尔海峡和博斯普鲁斯海峡进入小亚细亚,就必须与女祭司或男祭司鼓励或领导的当地居民作战。胜利决定了原居民与移民征服者之间的界线。

然而这并不表明被征服的居民被消灭了。经过作战,对方获胜后,他们安然无恙地生存下来。原因在于:

(1) 他们是农耕民族,他们懂得土地的特性。而殖民者是士兵,必须学习如何耕作土地,其老师就是原来的耕作者。原居民知道何时耕作和如何耕种,收割的时间是确定的,但是士兵们不愿将自己的矛换成收割用的镰刀,也不愿去做辛苦的收割工作。因此,殖民者必须雇用原居民来收割,并且要一直延续下去。殖民者可能留有自己的土地,或者他们可以分享土地上的收获,也可能这两个体制并行。

(2) 古老的宗教和神都不得冒犯。他们在自己的国家是强大的,新的征服者必须保留他们,以便为其服务。宗教是亚洲历史的关键。

(3) 通常士兵们进入并侵占一个新的国家时,没有带着足够多的妇女。他们往往必须从原居民中娶妻,差不多一个混合的族群就成长起来。恰恰是地上的石头变成了男人和女人(如丢卡利翁[Decalion]的神话中那样)。[2]

(4) 一个更重要的因素在于土地的管理。征服者建立了国王委员会,这是最初特殊的情况,但是族群的混合,原居民优越的耕种能力及对土地的熟悉,使得这个委员会变得混杂。士兵贵族统治不能保持纯粹而不混杂被征服者,有能力的被征服者获得了机会。

没有人拥有对土地的绝对所有权的规则在宗教中得以揭示。[3]这通常在《旧约》中以最分明、最清楚的形式给出解释:"土地是上帝的,全部归其所有。"(《赞美诗》,第24章第1节)世界是按照上帝的意愿和道德规则来安排的,繁荣的途径在于服从这神圣的法规。这段引文,也被保罗在讨论基督徒是否应该吃祭神的祭品时引用过。土地绝对的所有权只属于神,占有权和使用权可以属于人类,但是要以他们服从神拟定的法规为条件。这些法规由一个示范给人们正确的生活和宗教之道的神来执行。如果凡人土地所有者忽视了他对神的义务,因懒惰或愚蠢的行为而致其荒废,他的权力就被终止,土地收归神所有,神将其再次分派给值得拥有它的人。犯错的人可以通过公开的忏悔和抵罪来弥补过失(这意味着改过自新)。[4]

这个规定的严格与灵活性确保它牢牢抓住人的本性。服从法规成为一种氛围,在这种氛围中,女神的子民成长起来。他们的一生,从生到死都被法规束缚着。他们被训练着服从它,他们完全知道收获和食物,甚至生命本身都要依仗对这伟大法规的服从。我们从各种途径了解了这个事实,部分从违反法规的人公开的忏悔中得知,部分是通过历史记载或强调法律的声明中得知,由此可见,违反法规的过错是很寻常的。我们获知一些因贪婪或是粗心而违反法规的行为,例如,当一个人从圣林中伐走树木为己所用,或为了增加自己的份额而移动地界,损害邻居的利益等情况。但是据我们所知,违反农业法规的行为罪责很轻。这个法规在这方面很谨慎。你将很容易地猜到一个古代土地占有者破坏必然的农业季节规则、轮种,错过重要的农业节气,就像猜到在洛锡安区(Lothians)的一个农夫错过适当的节气仍没有种植土豆一样容易。

因此土地拥有常常变得长久。拥有一块土地的家庭,带着农民土地所有者强烈的感情仰仗着它。在引导未受多少教育的人们的情绪中,几乎再没有任何感情能够比因相信劳作的收益将属于这个家庭而产生的享有的感觉更强烈。这种感觉保障了对农业法规的完全服从。

如前面所讲到的,这整个体系基于确保能够享有的满足感。虽然一个人耕种土地就可以收获,但是这种感觉和事实依赖于国家的和平。当战争或征服危及国内形势时,它们就无法持续下去。征服者的入侵有害于女神的法规。征服者攫取了一部分土地,如果我们总结一下零散的信息和例子,可以看到,有一种国际性的原则,即征服者有权享有三分之一的土地,另外三分之二的土地归原居民占有,而所有权归女神,由祭司或神殿预言者实际操控。征服者对女神法规的态度是模糊的:一方面,他们感到必须尊敬和崇拜土地之神;另一方面,他们不愿丧失征服得到的全部利益。他们以什么样的方式来保持他们所占有的土地呢?他们一直是占有者和耕种者,还是所有者呢?如果他们只是占有者,那么女神的法规就要求他们必须有效地使用土地,否则他们就不能再占有,征服者的利益就丧失了。另外,如果他们成为土地的绝对所有者,神圣法则和神圣所有权则无法实行,女神的法规便遭到破坏,她的愤怒就会随之而来。关于这一些事情的信息可以从一个著名铭文中搜集到,它雕刻在萨迪斯的西布莉(Cybele of Sardis)神庙的墙上。这个铭文属于公元前4世纪末或公元前3世纪初。[5]这个铭文规定,地产属于女神,但由士兵占有或拥有。显然,这样一份地产的主人——士兵——常年从事战争,缺乏农业训练,他发现拥有充足的资金对运作他的地产是必不可少的。在管理财产时,他必须出一份力,既然他不能出劳力,那么他必须提供资金,在市场上,资金就意味着现金。他获得现金的唯一地方或至少是最便利的地方是女神的金库。人们很早就认识到女神像一个管家,愿意管理存款。在色诺芬的著作中,有一个很著名的例子,它经常被引用。因为管理存款,她获得了一定比例的收益,这样,神庙就变成了一种银行机构。[6]女神将钱借给以财产作抵押的地产主后,土地的所有者与耕种者之间的调和便以这种方式完成了。

当所有者(士兵)不善于农业或商业而成为女神宗教银行的债务人时,他与祭司的关系也受到影响,现在他变得附属于神庙势力,不再享有真正的独立。这样,情况变得非常复杂。土地所有者从神庙借贷,耕种者必须从土地上获得足够多的收获，以便养活自己的家庭，维持土地所有者的身份和尊严，为其支付贷款。这暗示出这种土地所有者具有复杂的社会身份。没有其他与萨迪斯神庙中所记载的例子非常相似的例子，我们不知道任何其他的例子，因此，必须推测，按照一般规律，整个过程持续了几个世纪，保留下全部信息的典型例子描述的应该是明显的事实。

这些大地产主在战争历史中相对早些的时期存在过，这一点是确定无疑的。披提欧斯（Pythios）的巨大财富肯定是来源于一份巨大的地产。他曾款待薛西斯，希罗多德讲述了他的悲剧故事。[7] 在萨迪斯铭文中提到，有一块土地得名于古代披提欧斯的地产。

由神殿控制的一部分地产，在征服期间和大私有地产形成时遇到困难，遭到削弱。但是后来，它们对大量现金的所有权令它们的力量增强，最后，这种权力被证明要比征服者的剑更强大。它们在罗马征服中保持了自己的地位和影响力。我们知道一个关于征服者与神庙之间如何缔结契约的例子。在佩西努斯（Pessinus）有一个铭文，记载了在祭司团体中有一半的职位被高卢征服者占据，可能另一半留给了原来的祭司家庭。我们不能将这个例子的夸大概括为一个规律。然而，我们发现，在彼西底的安条克（Pisidian Antioch）的大神殿，国王奥古斯都和他的继任者构建了一个宗教谎言，即将国王视为神在地上的代言人，借此将二者等同起来。他们通过这种方式，掌管和占有全部神的领地。斯特拉博解释道：在这种形式下，虽然铭文表明祭司的继承权没有停止，但神职职位已走到末路。神殿崇拜却以一种比以前更宏大的状态持续着。国王的代理人曾为他的皇帝管理地产，现在成为 ex officio，即神的祭司了。因此，整个过程显而易见，将国王神化和将国王与当地神等同起来的方法，是一种统治征服最便捷的方式。现在国王就是神，神的财产属于他在地上的化身——国王。国王不亲自管理地产，而是由他的代理人管理。代理人取代了原来经常忙于仪式和神殿管理的世袭祭司。每个祭司都是神的代表。神是最初的第一位的祭司，他指明仪式和现实生活中履行它的方式。斯特拉博说祭司职位走向末路时，他的意思是古老的祭司地产主体制消亡了，罗马官员取代了他们的职位。斯特拉博的话经常被误译或误解，他并不是说"祭司职位被彻底废弃了"，而是"世袭的祭司王朝被剥夺了政治权力"。这个事件被罗斯托夫采夫视为具有代表性的事件。[8]

如前文所述，在佩西努斯的著作中，根据祭司团体或委员会的数量来划分神职人员权力的方法，在公元前2世纪已正式确立。依此类推，我们可以将斯特拉博的描述(Strabo, XIV. 5.10，p.672)解释为，在山地西里西亚奥尔巴(Olba)的神庙是由埃阿斯(Ajax)和图克罗斯(Teukros)的儿子建立的，即雅完和太阁，神庙的祭司是统治者和山地全部土地的主人，大多数祭司被称为埃阿斯或图克罗斯。《希腊研究杂志》的文章里（*Journal of Hellenic Studies*, 1918, p.131）已经指出，这两个名字分别代表雅完（南海岸的早期爱奥尼亚殖民者）的子孙和更古老些的太阁部族（赫梯和古安纳托利亚神和太阁的崇拜者与子民）。很明显，这种谱系关系是对古老的太阁部族与爱奥尼亚士兵殖民者划分神职权力的契约的一个古代解释。道德和法律的权力被用一种家庭关系的方式进行解释。[9]年轻些的雅完部族是太阁的儿子，而雅完转而又被他的儿子太阁所继承，诸如此类（我们没有任何其他例外的信息）。

在巴勒斯坦没有发现相同的土地财产法的发展史。一个值得注意的法令在早期抵御了它的形成。这个法令保住了古老的权力分配体制。这是大赦年(Jubilee Year)的原则。

在以色列人历史上，我们没有看到因穷人对富人的债务而引发的变革或骚乱。我们确实看到了不满，债务不可避免，而不满与债务紧密相连。在这个国家确实发生了变化，变化是由一种认为国家需要一个更强大的统治的认识所引发，即指人们支持的君主统治。[10]当反对国王的苛税和压迫的暴动席卷大部分国家之后，对土地进行重新划分时，在体制上甚至出现了一个更重大的变化。亚洲人更喜欢君主而不是自由，正如许多例子所证明的。以色列人占有了土地，正如历史告诉我们的那样，他们在很大程度上毁灭或驱逐了原居民，实现了对土地的完全占有，并对其进行重新分配。而原居民似乎成为奴仆或奴隶。伟大立法家的目的是维持农民所有权体系和部落统治，通过实行债务法，让更谨慎、更有能力的团体占有债务人的财产来阻止大地产的形成，同时不允许所有者永久出卖或放弃财产所有权。一个家庭的财产必须每

第四章　西亚的土地所有权法　　37

50 年回到这个家庭,是财产买卖的附加条件。大多数外国专家和受到外国专家影响的该国许多学者都坚持认为,朱比利(Jubilee)体系只是一个后来虚构的东西,它从来没有实际实施过。但是,确实有一个体系阻止了地产的聚积,这个体系在《以西结书》(Ezekiel, XIVI. 17)被提到,在《路得记》(Rut, IV, 6)中一些含糊的词语也暗示了它。

　　这里暗示了一种惯常的方法,即在土地财产的转移中实行了一种措施,在一段时间后,土地转移便无法再实施。除了朱比利体系外,没有其他任何终止财产转移的体系被提到。当然,以西结(Ezekiel)后来提供了证据。他暗示出有一个措施或限令,它已被接受,但并不能据此推测它是后来的产物。既然《路得记》已经几乎被普遍认为是一个极早的作品,那么这种体系就不能被推断为一个晚些时候的发明。《民数记》(Numbers, XXXVI, 4)中的一个相关信息几乎没有被使用过,它略多于《利未记》(Leviticus)中所描写的法令。在古代,这些书曾遭遇到一些人的异议,他们讥笑那种认为朱比利体系是一个事实,曾在社会生活中存在过的观点。但是,至少在《民数记》中包含着一个证据,即不容许一个部落的土地作为本部落妇女的嫁妆被分割和带到另外一个部落。在《列王记》(I Kings, XXI.)中,关于亚哈王(King Ahab)企图从拿伯(Naboth)那里购买葡萄园的故事包含了人们对这种原则的强烈认同,即一个家庭的财产应该留在这个家族中。拿伯拒绝将葡萄园卖给亚哈王,不是因为他个人特别喜欢这份财产,而是因为他将家庭的遗产赠给或卖给其他人是不合法的,并且也违背了上帝的意愿和命令。值得注意的是,亚哈在告诉杰斯贝尔(Jezebel,亚哈之妃)所发生的事情时,没有讲出事实的全部真相。他简单地说拿伯拒绝将葡萄园出让或卖给他。作为外来人,王妃不了解犹太人的这种情感。她认为,他既不同意用他那里同样好的一个葡萄园做交换,也不出卖,太顽固了。在她看来,这不牵涉到宗教问题,而对拿伯来说,这件事情明显就是一个宗教法规问题。杰斯贝尔的想法是否与她未了解事情的全部真相有关,现在不清楚。但是,至少这个故事表明,在拿伯的动机方面,她被误导了。犹太人这样的情感非常强烈,并且在一代一代不断加强。几乎没有其他情感比对家庭土地财产的依恋更强烈地影响到社会行为。家庭土地财产的所有者,并不认为自己是它的主人,可以自由转让它,而认为自己只是代表家庭暂时保管它的人。当一个人读到这样的故事时,他会感觉到,那些不相信存在一个管理土地转让并阻止它永久转让的朱比利体系的人应该给出一个原因,为什么在其他的法规中从未表现出人们的这种情感。摩西(Moses)体系考虑到它,并对其进行管理。正如在法律中所描述的,在执行这种体系时,没有什么不可能。那些人讥讽这一法规是后来的人为的发明,并认为在历史上,它从未影响到犹太人的社会结构,他们忘记了,历史学家应该正确地解释历史记载。他们甚至没有试图去解释神圣所有权的古老观念以及部落和家庭依附着它们的土地是一种宗教制度的事实为何在成文法规中没有任何反映。朱比利原则可能以某种类似于美国法律的形式流传了下来,被恰当地、均匀地散布于《法律汇编》(*Statute Book*)。它可能被精心设计了一种更官方化的形式,但是某种同类的东西确实存在,这一点似乎是毫无疑问的。如果它没有被摩西写入《摩西律法》(*Mosaic Law*)中,可能只是因为,在那时,它深深根植于人们的心灵与行为中,不需要正式颁布。但是《摩西律法》的作者应该毫无疑问地感觉到,朱比利原则被摩西从古老的观念中采纳,并变成了一条法规。

我们应该很高兴,可能有一些与这一点相关的证据,能够证明前面所提到的所有权是占有还是绝对所有权。如我们所看到的,为宗教所关注的古老体系和安纳托利亚习俗只允许占有,这种占有在实际使用中还有附加条件。在这个国家,土地所有权的引入应归功于外来征服者。犹太人通过征服占有了巴勒斯坦,问题就出现了,当所有权归耶和华(Jehovah)时,他们将部落的所有权或家庭的所有权视为绝对所有权呢,抑或仅仅是占有权?上面所引用的《赞美诗》第24章的解释只是对《出埃及记》(*Exodus*,XIX,5)中"所有的土地属于我"的一般原则的再证实,这在《申命记》(*Deut*. X,14)中再次得以证明。但是,它以一种过于一般的方式来解释,以至于对解释巴勒斯坦的土地所有权几乎没有说服力。我不知道任何一条法规规定部落或家庭使用它们所占有的土地还有附加条件。或许可以假设,家庭无疑可以使用它的财产,但是要遵守神圣法则。不过,整个问题依然限于困境中。

另一种联合拥有劳动成果的形式也被实践着,即征服者成为地产主,他们的土地由原居民来耕种,这些劳动者不是奴隶,而是自由人,他们的报酬是分享土地上的产品。我们没有关于安纳托利亚分享收获的比例的证据。但是,作为这个体系的基础,存在一种伊迪亚(Idia)($\eta\ i\delta i\alpha,\ \tau\acute{\alpha}\ i\delta i\alpha$[11])原则,即耕种者应该在土地所有者的土地上居住和劳作,不能迁徙或不耕种土地。在这种情况下,无疑暗示了一个联合占有、共享收益的制度。但细节至今还有待研究和推测。当然,没有一种严格的固定法律给予经营者霸占耕种者的收获和限制耕种者并强迫他们去劳作的权力。实际上,法律一直是不成熟的,法律的强制裁决几乎不存在。它主要是一个习俗问题,只能通过体系中各方都达成一致意见来执行。正如它的存在,这一点应该被注意到。劳动者和所有者的下一代在这个体系中成长起来,以一种随和的模式,依据它来生活,在这种模式中,允许和默许异议。可能会出现某个例外,但只要它仅仅是偶然的,这个习俗就要坚持下来并被广泛接受。

然而,在这个体系中僧侣和神权秩序仍然很强大,正如祭司家庭和征服者分享祭司职位的例子所表明的。它将定居劳作和分享产品的体系视为一种宗教义务,神赞成这一习俗,但执行权留给了神圣的统治者[12]。例外的个体脱离这一习俗,他们必须接受惩罚,惩罚迟早都会来,或者以发烧的方式,或者以肉体遭遇不测或厄运的方式。受难者认识到他的罪行是受难的原因,通常会寻求神的原谅,承认自己的罪行并进行赎罪。因此书写这种方式在乡下人[13]中传播开来,那些"自白书"(Confessions)经常被铭刻在石碑上,以便所有人可以看到并受到警示。在留存下来的自白书中,作下记录的石碑被称作 Exonplarion 或 Exoprareion(拉丁语是 exemplar,即范本),这说明通过在石头上书写来公开展示一般观点的习俗在罗马时代之前还不是很普遍,因此,它获得了一个拉丁名字。然而,这个习俗始于罗马时代早期,在安纳托利亚各省放弃必须使用拉丁语的观念之前,在希腊语被罗马政府组织接受为社会组织语言之前。因此,事实证明,公开展示大约在奥古斯都统治时期或稍晚些时候,在那些使用这个拉丁语名字的地区开始成为一种惯例。

注 释

1. 十字军杀死了所有的反抗者,不过他们只是过路者,没有征服和占有的企图。
2. *Λάος*,即石头;*λαός*,即人们。
3. 废弃土地和荒地仍被认为是无人之地。
4. 许多弥补过失的忏悔保留下来。
5. 维拉莫维兹和其他学者基于文字的形式将该铭文的日期确定得更晚些。他们认为应该是公元前2世纪的铭文。然而,在我看来,巴克勒所作的评论是结论性的。不能如此独断的推断文字的形式,因为不能确定它们是否是在作出所记载的约定时就被刻在了神庙的墙上。我和巴克勒认为,这些文字更可能是公元前2世纪而不是公元前3世纪的。当他给我展示墙上和一个仿品中的铭文并问我它的日期时,我回答,在我看来,它属于公元前2世纪。但铭文的内容无疑更早些。我们推测,出于某种原因,这个文档非常重要,它揭示了神与大地产主之间关系的一般原则,这导致了后来人们将它作为神圣法则和女神与人之间的契约的记载而刻在了神庙墙上最显眼的地方。在里面,它可以完全避免被损坏,并且可以很容易被看到。
6. 从前我认为,在巴克勒的帮助下,我在北加拉太的一个铭文中已经找到了例子。这个铭文不是高卢人写的,而是弗里吉亚人所写。它揭示了女神借贷的一个誓约。"斯塔迪莉亚(Statilia)以两个翡翠和两个银镯子给祭司作担保"。但是罗斯托夫采夫已向我证明,真正的含义应该是"给两个提尼斯(Tinis)绿毛纺织品和两个镯子作担保"(Tini 是 Tinis 的予格,属格是 Tinios)。参见 *J.H.S.*(1918,p.191),在那里已经作了修正。
7. Herod. VII. p.27f. 披提欧斯可能是过去的征服者,他拥有巨大财富。
8. *arca sanctuaria*,即维持仪式和养活祭司的预算,毫无疑问,由奥古斯都通过他的代理来运作。
9. 如果两群人是邻居和朋友,根据环境,他们的祖先应是兄弟或父子关系。
10. 耶和华警告人们,他们期盼一个国王的同时,正是在体制上抛弃他,国王会带走他们的儿女和土地。
11. 部落首领(或通过预言者和祭司说话的神)根据这个国家的习俗和公正的一般意义给出判断。
12. 这种许可早在 *L.W.* 668 中就已经提到。神圣的僧侣在神圣的地方集会,发布了一个被遵守九天的誓言(*εὐχή*),如果任何人不遵从,他将领教到神的威力。
13. "常见用途"当然不同于书写知识,书写知识很古老,比猜测的要古老得多,但是,它可能被限制在某个受教育阶层,并且是用于神圣的目的,例如,墓碑铭文。上面的自白书称呼类似于法律文档,罗马时期安纳托利亚的碑铭有时也这样称呼。

第五章
涅美西斯与公正

　　两个涅美西斯（Nemeseis）是士麦那钱币上和传说中特有的神。他们无疑是这个城市以西几英里著名的双峰的人格化的代表。那两座山峰紧密相连，矗立在士麦那海峡南岸。50年前或更早些时候，我听说在士麦那，年老的居民常常用看"孪生兄弟"——人们对双峰的称呼——来看天气变化的信息。对两个神的信仰一直延续下来，可能是通过天气的变化信息表现出来，神居住在高高的世外地带，它通过被它选定的山峰上的世间气象反映自己的意愿。有一次，它们曾显现在亚历山大面前，表明了宙斯的意愿。除了普罗斯坦纳（Prostanna）的阿尔盖乌斯（Argaeus）山和卡帕多西亚的凯撒利亚（Caesarea）山之外，在安纳托利亚，任何城市中都没有山神像士麦那的两个涅美西斯那样出现在钱币上。在地方上，它们同样令人印象深刻。

　　可以推断，个体的复仇之神的世间形象是一个尖峰，它高耸入云，就好像在向神诉求并将他公正的调停与他的报复传达下来。神的替身被创造出来，在人间以孪生的形式表现出来。就像最初的一个缪斯（Muse）变成九个一样，文学艺术将自身与其他独立的艺术区分开来。单独的格瑞斯（Grace）变成了三个，因为对于雕刻家来说，三个格瑞斯的雕塑形式代表了一个诱人的典型，等等。在许多例子中，都像两个涅美西斯的情况一样。

　　涅美西斯经常作为单独的神在"联盟"钱币上出现，并代表士麦那。"联盟"无疑表明了这些城市共同参与运动会或宗教仪式，涅美西斯是一个独立的形象，孪生的涅美西斯是同一形象在地方上的变形，如在劳迪西亚（Laodicea）和士麦那。我没有能力在没有一个例子的情况下追溯这一形象。

我从未见过鼠李,但它依然站立在帕纳斯山(Parnes)的山脊绵延入海的山甲角上。我没有留心它在辛诺斯(Synaos)、多里雷翁(Dorylaion)或希纳达(Synnada)地方的形象。但是,后面的这些城市是被群山环绕的,基比拉(Cibyra)也是如此。在吕科斯河(Lycus)上的希拉波里斯(Hierapolis)和劳迪西亚,伟大的巴巴山(Baba-Dagh)独峰特别引人注目,一个修士在对巴巴洛萨(Barbarossa)领导的十字军的描写中提到,军队进入一个巍峨的山峰之下的劳迪西亚。在阿摩利阿姆(Amorium)高大的西里-希萨尔(Sirri-Hissar)山峰矗立着,直入云霄,从遥远的旷野中就能看到。

在许多例子中,涅美西斯不是一个具有代表性的典型,而只是一个临时性的形象。在劳迪西亚,最具代表性的典型是宙斯,在希拉波里斯是塞拉皮斯(Sarapis)。但是在群山中,一个独立的山峰耸立着,像一个手指,指向天空中无上的神并向他祈祷。从劳迪西亚可能就能看到尖山(Sivri-Dagh),但与巴巴山相比,它则是渺小的。孪生涅美西斯出现在辛诺斯的钱币上,从1884年之后,我再没见过它。但是涅美西斯也出现在狄厄尼索珀里斯(Dionysopolis),我清楚地记得,在1883年,父亲山山峰是多么引人注目,它穿过高山,越过吕科斯山谷。我和斯特雷特(Sterrett)讨论过它有多高,我们看不到大山峰,据我们估计,它应该在海平面以上8 000英尺。我们还谈到父亲山东面的科纳斯山(Chonas-Dagh)。很久以后,我开始明白,在安纳托利亚人的观念中,人世就是载有熊星座、双子星座和猎户星座等各种标记的天空的化身,但这种化身是简陋而很不完美的。在《理想国》(Republic)中,柏拉图让苏格拉底完成了他的理想国的描述后,回答这样一个国家是否存在的问题时说:"我想象,在天上,有一个(它的)模型会出现在看到它的人面前,正如他自己所认可的,但是它存在还是将要(在地球上)存在并没有什么不同。因为他将只做适合这一模式的国家的事情,而不去做任何属于其他模式国家的事。"[1]

此外,公正观念被称作迪卡(Dika 或 Gdika,在安纳托利亚,在人名和地名中经常会出现在齿音前面加一个喉音的情况),用天平来代表。相距一定距离的两个峰,看起来像伸在空中称量人和英雄的命运的天平。荷马曾经描

第五章　涅美西斯与公正

写到宙斯挂出天平来决定作战的英雄双方哪一方将在战争中获胜。

关于"天平"最好的例子出现在科尼亚，在古代伊康，相距一定距离的双峰一直被称作塔卡里（Takali），在阿拉伯著作中（Dakalias），有一个词 Tekel 与它一致，并且可能是它的源头，这个词在《丹尼尔书》（Book of Daniel）和伯沙撒王（King Beshazzar）的故事中经常出现。[2] 现在，这两座峰被希腊人称作圣菲利普（St. Philip）和圣斯科拉（St. Thekla）。斯科拉最初是特克拉（Tekla），是山峦的精灵，当她遭到强盗攻击或当她的婚配对象在实施抢夺婚（古代社会的遗痕）时，大山张开双臂接纳了她，但是接纳她的准确地方，在传说中经常变化。早期的基督徒接受了这个传说，并改编了它，在传说中，禁婚成了一个特点，甚至在许诺婚配之后也是如此。传统的传说接收了当地的神话故事，试图掩盖其非传统的特征。特克拉仍然是在东正教教徒中被最广泛接受的一个名字。

另外一个"天平"的例子出现在现代的阿菲奥姆-卡拉-希萨尔（Afiom-Kara-Hissar），大约距古代普利姆涅索斯（Prymnessos）两英里。任何留心那些部族间和国家间市场遗址的人都会毫无疑问地感觉到，普利姆涅索斯稍北边的平原是其中一个市场所在地，它所在的位置及它与乡村和交通路线之间的联系可以确定这一点。现在，从卡拉-希萨尔南面的群山中有一条通往山峰的路，离主峰越远就越小。这些路一直绵延至安纳托利亚主山群的高原上。虽然它们在变小，但是我仍然找到一点，在这里，两个至高点看起来彼此相似，似乎代表着神的公正与神的天平。这是神在这里设置的一个标记，以此来指明在市场买卖必须进行公正交易。同样，从伊康的历史来看，在成为一个希腊城市之前，很可能它是部族间市场的一个天然的中心。普利姆涅索斯的钱币象征性地说明了这一点。在钱币上，主要的代表是迪卡女神（被钱币收藏家称为 Dikaiosyne），她或者坐在高高的位子上接受祭拜，或者站立着手持天平。普利姆涅索斯的女神不过是西布莉的化身，她的权力和职责是维护市场的公平与公正，保护商人的安全。

在劳迪西亚、狄厄尼索珀里斯和赫瑞格里斯（Hyrgaleis），人们分别在神在人间不完美的代表形象之间，在迪卡和涅美西斯之间做出了选择。在这些地方,有的有一个巴巴(Baba)峰,有的有巴巴和科纳斯双峰。在劳迪西亚,我们发现,在一个钱币上,两个女神合二为一,成为一个既拿着公正之神的天平,也拿着涅美西斯的量杆的形象;在狄厄尼索珀里斯,人们只知道涅美西斯;虽然赫瑞格里斯与狄厄尼索珀里斯邻近,但在那里却只有迪卡。多年来我一直找机会重游此地,看看它们之间的这种差异是不是与从两个地区所看到的地形有关。

迪卡和涅美西斯两种信仰联系紧密。涅美西斯唤起公正(Justice),公正造就了涅美西斯,他们都是至高之神权力的象征。小亚细亚的"(无名之)神或女神"在最初"没有名字"。希腊人从埃及人那里(正如希罗多德所言)学会了给神命名。这是一个不幸的错误,它混淆了宗教的历史,将安纳托利亚高原的"神"仅仅等同于希腊的宙斯。"无名之神"是一位神,而希腊人的宙斯则几乎是一个超人,他具有人的全部恶习和缺点,是一个一半在人之上,一半或更多在神之下的角色。

最值得注意的可能是涅美西斯在阿都达(Attoudda)的出现。阿都达是卡里亚(Carian)或弗里吉亚的一个城镇,在赛瑞-卡伊(Serai-Keui)火车站南大约两英里。在它后面矗立着父亲山高耸的山峰。它属于一个城镇群,它们都坐落于萨拉巴克斯山(Mount Salbakos)周围,伟大的父亲山(800英尺)矗立在中央。这个地方叫埃萨尔(Assar)或希萨尔(Hissar)。在阿都达的钱币上出现了涅美西斯。我已经指出,涅美西斯只不过是西布莉的化身,在这些城镇群中,也包括特拉培左波利斯(Trapezopolis)和劳迪西亚,西布莉不仅仅是伟大女神的称呼(如弗里吉亚那样),在阿都达,她是一位阿德剌斯托斯大母神(Goddess Mother Adrastos)(没有人能够逃过她的眼睛)的女祭祀。显然,这个女神与涅美西斯一样,她神圣的权力总是表现为对任何破坏公平交易和公正行为的惩罚,任何破坏行为都逃脱不了她的惩罚,漏网者迟早会遇到她。然而,和大母神一样,她很显然是西布莉。

在迈安德河(Maeander)和吕科斯方圆30英里的整个地区内,许多地方都冒出温泉,那里还有一池热泥塘。劳迪西亚是著名的医科学校的遗址。[3]阿都达位于该地区中央位置附近,它分享了荣誉,并从医疗事务中获得利益。

第五章 涅美西斯与公正

医神埃斯科拉庇俄斯(Aesculapius)和健康女神许革亚(Hygieia)经常出现在阿都达的钱币上。在钱币上,往往不是用风景而是用精神权威和神圣的形式来描画国家的自然特征,他们昭示了地母(Mother Earth)对人类进行体贴与引导、告诫和惩罚的力量。

注 释

1. 我根据记忆复述,但我认为这是正确的:Book IX 之结尾。
2. 丹尼尔(Daniel)翻译了墙上的文字,第三个字是特克尔(Tekel)。"你在天平上被称了,发现不够格"。
3. 在劳迪西亚的钱币上出现了该校的教授和老师。

第六章
特洛伊之门的两只秃鹰

我怀着很大的兴趣阅读了约翰·A.斯科特(John A. Scott)教授的《荷马的统一》,并且基本赞同其观点。但是在几个地方,他太轻易地接受了通常所认为的荷马描述的真实性。需要问一下,有些时候,是不是根据对这一地方更深的了解也不能改变通常的看法呢? 在这里可以给出一个例子,有必要对其进行重新认识。

斯科特教授在他的著作(Northwestern University, *Evanston*, *Illinoir*, p.127)中,引用了《奥德赛》(*Odyrsey* XXII. 302)中对秃鹰的描述,用它作为反映安纳托利亚(荷马提到了这个国家)特性的真实性例子。

可以将布切(Butcher)和兰(Lang)的翻译作为最近被接受的一种解释:

其他人像长着钩爪、弯喙的秃鹰一样开始攻击,秃鹰从山上涌出,冲向小一些的鸟。小鸟因害怕从云层中屈身扑下来,在平原的低空急速飞行,当秃鹰突袭它们并屠杀它们的时候,没有任何援助,也无路可逃,人们却因此而感到高兴。

这种比喻对于这个地方和它的鸟类的生活来说,在几个方面都是完全不正确的。

这一描述无论如何也不适合秃鹰,它是一个肮脏的、可怕的鸟,它会撕碎尸体或者垂死而十分无助的人或动物。秃鹰在高空中盘旋,它会以难以置信的速度迅速从高空中猛冲下来,落在尸体或垂死的生物附近,一点点靠近,当它确定目标的身体不能活动,不用担心遇到任何抵抗,完全安全时,便开始撕碎尸体。此时,这个以腐肉为食的鸟表现出最可怕、最血腥的一面。其间,其他在高空盘旋的秃鹰,看着第一只秃鹰降落,也猛冲下来,聚集在周围或猎物上。在现代,一个骆驼、马或者驴是最寻常的猎物,任何死在路边的人会在一小时内被他的亲友埋葬,但是负重的牲畜会被抛弃在那里。

秃鹰从来不攻击小鸟,也不以小鸟为食。小鸟不惧怕它们,而是靠近它们寻求自己的食物。这就是爱琴海世界,特别是安纳托利亚的实际情况。

秃鹰完全以腐肉为食,任何人,甚至包括下层的希腊人也不会愿意看到它们。在现代安纳托利亚,如果一个普通希腊人寻找恐怖的东西来消遣,他只不过会将血涂满全身,而不会提相貌令人讨厌、食物骇人的秃鹰。

由此人们可能推断,认为自己曾看到过秃鹰突袭小鸟的诗人从来没有看到真正的自然界。因此,这个比喻产生的唯一可能的原因是,在荷马脑海中有一种不同类型的鹰类动物(accipitres)。荷马用的词语是"aigypios",它指的不是秃鹰,而是某种其他的鸟。可能那种鸟突袭活的猎物,对小鸟来说它是一个恐怖的家伙。由此,人们可能想起,古代人在描述自然界的生活时,不是完全正确的。例如,虽然"酒色的海"确实真实并很好地描述了爱琴海的特征,但是在颜色等方面,希腊词语对于多彩的自然界来说十分匮乏。在日落时分,当北风逐渐停止,南风还没有刮起之时,风平浪静,爱琴海更多地呈现出暗而稠的萨摩斯岛(Samian)酒的外貌和颜色。

《奥德赛》中所描写的"秃鹰"远不同于真实的普通秃鹰或常见的小一些的埃及秃鹰。

另外,说到小鸟,"小鸟因害怕从云上屈身扑下来"也不十分准确。小鸟不会在高空飞行。它们在那里找不到食物,而鸟的一生就是在不停地寻找食物。对大多数动物来说都是这样,除了那些填满肚子就躺下,吃饱了就大睡的动物。

我们注意到还有第三个不太正确的地方,即秃鹰不应该是"从高山中奔涌而来"。我儿子在吕卡奥尼亚一个陡峭岩石的暗礁上发现了一个秃鹰的巢。但是秃鹰则在天空的云间穿梭,或者更确切地说是在晴朗的高空中飞行。可能荷马的拥护者几乎无可非议地取出下一行中的"从云中"（from the clouds），代替了"从高山中"（from the mountains），将小鸟置于山坡，秃鹰置于云层中。但是秃鹰喜欢晴空，晴空可以拓宽它的视野范围，如果秃鹰在云间或云上面，它们就不能发现猎物。对人来讲，在云层之上可能会创造一个令人向往的美妙幻象。但是，它对秃鹰没有吸引力。

艾梅斯（Ameis）试图用引用《奥德赛》中的一段内容为这一描述提供佐证，在第19章第538节中佩涅洛佩（Penelope）这样讲述自己的梦：

> 我在屋里，二十只鹅在吃水槽中的小麦，看着它们令我很高兴。那时，一只弯喙的大鹰从山上飞来，扼它们的脖子，杀害它们。它被赶出去，飞向晴空后，它们一群散居在门厅中。

我们注意到，水槽不是盛小麦的，也不会"在门厅中"。水槽应该在院子里，小麦应该撒在它附近，以便鹅能够在一个露天的庭院中获得相距不远的食物和水，这就是在结局中出现的情形：佩涅洛佩醒了后，四处寻找，看见鹅在庭院中吞食水槽边的小麦。虽然希腊人实际上不擅长这种改变，但翻译者确实改变了措辞。词语"中央大厅"（megaron）字面的意思是一个有屋顶的地方。但是人们接受了它更宽泛的含义，指整个宫殿，包括有屋顶的房子和敞开的庭院，所以佩涅洛佩在醒来后从她的卧室向外看时，看到鹅就跟她睡觉前一样在庭院中吃食。庭院就像现代家庭一样是家庭住宅的一部分。在这个意思上，鹅是待在"房子里"。

这个描述是非常正确的，但是它适用于鹰，而不是秃鹰，也没有为"来自高山的秃鹰"使用提供辩护。鹰是以活的猎物为食的。

此外，佩涅洛佩很明显习惯了她家乡的那座山的景象。对秃鹰的描述，一般适合大的国家，它们可能会"从群山中飞来"。在佩涅洛佩的梦中，鹰"来自山上"。这可能牵扯到伊萨卡（Ithaca）地理学含义的问题以及尤利西斯（Ulysses）宫殿的位置问题。

荷马的比喻实际上适用于那种捕食鸟的猎鹰、鹰或食雀鹰，而不是秃鹰。

第六章 特洛伊之门的两只秃鹰

只有它们才会做诗人描写中的"秃鹰"所做的事情。

法国学者奥特朗（Autran）已经解释了很多从安纳托利亚语中借用的希腊语词汇。他为我们的观点提供了证据。他没有指出上面引用的荷马的比喻，但是他的说明完全可以证明，在安纳托利亚，荷马对鹰（aigypios）的描写非常准确。在那个国家和中亚，"aigypios"是指早期梵语中的 rjipya，即神圣的猎鹰。它栖息于生命之树上，治疗各种疾病与病患。在这个梵文的鸟名字中，-pya对应-pios，r 有半元音的音值，被安纳托利亚语的"r"代替。这样在希腊语的拼写中"rji"变成了"aigy"。

在亚洲的情况是这样，在荷马史诗中也是这样，它是一种神圣的鸟，是鹰的一种，不是令人生厌的秃鹰，而是一种真正的猛禽。它通过从天空或树上猛冲下来惊吓和驱散小鸟。有人在以弗所阿耳忒弥斯神庙最低的一层发现了一个女神雕像，她用两只胳膊将两只鹰或猎鹰紧抱在胸前，它们是她的圣鸟。这个雕像带领我们回到了小亚细亚宗教历史中极为遥远的时期，那时候神庙和神都还没有被命名，人们称呼神为"神"或"女神"（正如在整个罗马时期，他们经常做的那样）。根据希罗多德的说法，用人性化的名字给神或女神命名的习俗源自埃及的希腊人。

在《伊利亚特》第 8 章第 59 节中有一个片段值得注意，女神雅典娜看到她所钟爱的希腊人被赫克托耳和帕里斯屠杀后，她带着极度的愤怒从奥林匹斯山下凡到特洛伊平原。阿波罗偏爱特洛伊人，他发现了她的踪迹，于是即刻从特洛伊最高的塔上冲了下来。

> 他们在山毛榉树树荫下相遇，精神焕发，
> 阿波罗面对着一个蓝眼睛的少女。

两位神达成了停战协议，决定由特洛伊最英勇的战士与希腊最英勇的战士决斗。特洛伊的预言者赫伦乌斯（Helenus）感应到他们之间的协议。他了解了他们的想法，将其告诉了特洛伊英雄赫克托耳，并指出他将在指定的地方挑战最大胆的希腊人。他预言赫克托耳在当天注定不会死亡。当赫克托

耳知道不会出事时，他的挑战似乎看起来不会是很冒失的行为。（在相互埋怨之后，经过老涅斯托尔作了一番关于他年轻时的一些经历的演说之后）希腊英雄中的9个英雄自愿接受他的挑战。由抽签选定人选，埃阿斯抽到签。黄昏到来，对决结束，未分胜负。[1]其间雅典娜和阿波罗——

> 他们高兴地向下看着：
> 化身为秃鹰的样子，站在山毛榉树上
> 隐藏起来，等待着将要到来的战争。

神会化身为丑陋的、令人讨厌的秃鹰！这种想法令人憎恶。正如我们得出的结论那样，神化身为两只鸟——鹰而不是丑陋的秃鹰，在斯卡亚门（Scaean Gate）旁的圣树上，俯瞰两个军队放下他们的武器，他们为了人们的和平或者是休战的前景而高兴。

这些鸟很明显就像自然栖息在斯卡亚门旁树上的鸟一样。它们也是圣鸟，不会只是麻雀或八哥。这是一种神圣的和平与欢乐。两只鸟就像梵文中提到的生命树上的鸟一样。我在整个安纳托利亚从来没有看到秃鹰落在树上，但是看到过鹰整齐地落在上面。在荷马史诗中，对立的双方静静地站在战场上，谈论的全是和平与欢乐。这一图画对于那个地方、那里的生活和宗教信仰来说是真实的。很明显，这是一个很古老的、亚洲的和前希腊的观念。那么，为什么会出现在《伊利亚特》中呢？荷马为什么会用它呢？显然，《伊利亚特》中的这一描述不是历史的真实写照，史诗中的神与他们的行为包含了更多的荷马时代与特洛伊战争之间的三四个世纪里的神话与传说的成分。在任何时候，希腊人不管是在历史传奇散文还是史诗中，总是不停地创造神话。一个伟大的诗人将这些流传的传奇故事汇集到他的脑海，然后又将它融入世界上最伟大的两部史诗中。

在最后一个例子中，我们可以看到这个神话的起源。它是一幅宗教图画，却起源于亚洲。它为荷马所熟知，穿插进《伊利亚特》，成为这个很长的战争故事中的一个插曲。它就像莎士比亚的《麦克白》中敲门的场景和搬运工

第六章 特洛伊之门的两只秃鹰

的场景，是两个悲惨事件的间歇，让演讲者或者读者从悲剧进程中的紧张状态转移出来。

很少涉及丑陋的秃鹰是希腊文化中的一种特色。丑陋的事情，例如谋杀，发生在"舞台之外"。死亡被小心地隐藏起来，这成为一种惯例。狗会更多地被提及，但通常是给人以良好的感觉。虽然在现代，狗的很多良好品质被遗忘，它成为危险的动物，但是它不像秃鹰那样丑陋。荷马经常表示出对狗的赞赏，这也是他的一个特点。

一直流传着荷马是个盲人的传说，可能是因为他所描写的事情是他从未见过的。有的解释说他失明了；有的人将这一传说与描写尤利西斯隐形的话进行类比，即"他被包在一朵云中"。从字面意思看，一朵云穿梭于阿尔客诺俄斯(Alcinoös)城市的大街上，这一奇观一定会引起普遍的关注。但是这些话只是在表达他隐形了(女神这样将他保护起来，以免他受到别人的伤害)。

《伊利亚特》中最值得注意的东西是很少提到秃鹰。英雄们自吹地、含糊地谈到将敌军英雄的尸体抛给狗和秃鹰。狗和秃鹰撕扯希腊和特洛伊阵亡战士的尸体，可能是特洛伊战争的一个特写。秃鹰不被称作鹰(aigypios)，而是称作秃鹫(Gyps)。当英雄们被杀死时，无疑他们的尸体会被带走埋葬或被火葬。但是，死亡的平民成千上万，为数太多以至于没人照料。在《伊利亚特》中，只有五次提到秃鹫；在《奥德赛》中更少提到秃鹰，只提到两次，其中一次是在神话传说中提到。尤利西斯在冥界看到了企图侮辱勒托(Leto)的提堤俄斯(Tityos)。他巨大的身躯躺在地上，两只秃鹰撕扯着他的肉体，"一边站着一只，它们的嘴陷入他的身体。他并没有试图用手将它们赶走"。它们吃活着但无助的人的肉，要不然就吃死者的尸体。

在世界上可能只有两只不专门以腐肉为食的秃鹰。它们到了马德拉斯(Madras)的一个神庙，每天上午都会有人喂给它们食物。这是我从某个时报上看到的一个通讯员发表的故事，可能是在伦敦《泰晤士报》上看到的，我认为应该是1920年4月24日的报纸。[2]这是一个奇迹般的现象，它表明亚洲驯养野生动物从多么久远就开始了。我曾经提出我的推测，即动物饲养起源于亚洲，此后向西传播。甚至那种脾气乖戾、暴躁的动物也已经被驯化，为人所用，比如骆驼。

我冒昧地从那个旧报纸上引用下面的比较特别的记述，因为无法查证报道消息者，所以无法得到允许。

我的目的地是特卢卡里坤拉姆（Tirukalikunram）和维达格里斯瓦拉（Vedagiriswara）神庙，在从京格尔布德（Chingleput）到马哈巴利普拉姆（Mahabalipuram）（泰米尔语［Tamil］是由粘着法构成的语言，能产生比这些更长的地名）的旅途中，有人曾告诉我关于两只神秘的鸟的事情，它们被描述成鹰、鸢、鹞鹰或秃鹰。它们在几个世纪里保持着每天午前落下来让神庙的僧侣喂养的习惯，喂完后，就神秘地消失，直到下一次午餐。

鸟令我高兴，奇迹吸引了我。我的旅行同伴比欧洲人知道更多关于马德拉斯和它古代的事情，他带我到了神庙。汽车行驶得很平稳，路通常很好，有点儿令我感到惊讶。我曾经在一个有些教条的民族学著作中读到过"蛮荒的、令人厌恶的"德拉威人（Dravidian）的描述。在路边的非雅利安人如果穿得更单薄些的话，比我在孟加拉国（Bengal）见过的"雅利安"农民更整洁，他们同样很漂亮，并且更愉快、更友好。

我将简单地描述去乡村的旅程，描述马德拉斯城的边远地区就足够了。道路两旁的椰树林和稻田郁郁葱葱，那里绿树成荫，经常开着鲜红或金橙色的花朵；奇异、陡峭而孤立的红色山岗有它自己的魅力和特点；那里有成群肥壮的小牛、滑稽的细腿山羊、长角水牛和灵缇猪（greyhound pigs），如果他们令我们有片刻不安的话，贱民们（Pariah）就会将它们赶在一起，不会与我们的汽车发生冲突。

特卢卡里坤拉姆人主要靠游览湿婆（Shiva）神庙的香客来谋生。这个神庙就是供养圣鸟的那座神庙。据一位印度学者说，那里供奉着四部吠陀（Vedas）（印度教的圣典）。因此它所在的山被称作吠陀山（Vedagiri）。可以说，圣典如何被人格化的还不清楚，不过，印度的神学

第六章 特洛伊之门的两只秃鹰

家是不会气馁的。此外,村庄还有其他吸引人的地方,那里到处是婆罗门(Brahmin),有一个不错的神庙,是常见的印度南方的过度雕饰风格的,还有三个水库,最大的水库中有一个圣祠。

这个水库就是著名的桑库·色萨姆(Shanku Thirtham)。它里面绿色的水以能治百病而著称。每隔12年,婆罗门在那里发现一个贝壳转向右而不是左,就像一个人在伦敦海德公园的曲折蜿蜒的水池(the Serpentine)发现一只珍珠牡蛎一样,是值得能力较强的自然主义者关注的现象。

我没有在水库中沐浴,而是吃力地爬上通往出现秃鹰的神庙的台阶。台阶很多、很陡,旁边矗立着粗糙的大理石柱子,路上点缀着浓密的灌木和鹅卵石。沿着它一直向上爬,就能到达湿婆的神庙。在神庙门下有两个平台,从上面的一个平台上,我们向下看500英尺下的村庄,是一番奇异的景象,绿色的平原两边点缀着陡峭而分散的山。庙门一直关着,有几个朝觐者已经来到山顶。然而,其中有的人是这一天我们遇到过的粗野的印度人。有一个来自北方的印度人,带着甘地(Gandhi)帽,粗鲁回答或者根本不回答我的同伴很有礼貌的问题。他的眼光很凶恶,以至于我发现我自己在看他的时候,不自觉地用手画十字,以此来抵御他罪恶的眼神。

又一些朝觐者来到,前面是一个婆罗门妇女,穿着红色和金色的衣服。后面是些拿着葫芦或者金属碗行乞的低等级的妇女,还有一个来自中印度的农民巴布(Babu),一些腰上缠着布片的萨尼亚西(Sannysais),一些领着仅披着一些麻片的孩子的农民,还有几个普通人。最后到来的人中,有一个是神采奕奕、留着胡子的马拉他(Mahratta)老绅士,陪伴他的是他深爱的妻子和一个头戴红毡帽的穆斯林(Muslem)仆人。这个老人赤着脚,光着头,因此,太阳猛烈地炙烤着他的光头。所有人都欢快地谈论着,乞丐们不停地行乞,并获得成功。一个圣徒般的人给我和我的同伴带上玫瑰花花环,收下他的一个卢比。一个奏乐者接下来为我们演奏,一个小男孩用一个木制器具演奏出类似风笛发出的嗡嗡的声音为他伴奏。对印度人来说，笛手的旋律没什么特别的。不久，我们意识到，他演奏的不是德拉威人的圣歌，而是最原始的"邦妮（Bonnie）敦提（Dundee）"。

快到10点的时候，第一个秃鹰盘旋在神庙上空，满足朝觐者的心愿。一个年轻女人似乎希望用她的神话知识编造些东西，她告诉我们，最近几年，因陀罗（Indra）已经以霹雳的形式两次来到这个神庙，毫无疑问他是为了关心湿婆神。在1889年和1901年，这座神庙遭受了两次雷击，这可以解释暴雨神下凡的栩栩如生的故事。

神庙的门开了，朝觐者拥进去吟唱和祈祷。我们在一个爽快的婆罗门的带领下来到神庙后面那个喂鸟的地方。那是一个空的岩石，对面是一个破败的凉亭和一个神祠，神祠中有一个蓄水池，一个婆罗门从那里舀水给朝觐者。我听说，它来自山坡上的一个岩池。曾经有一个饱受麻风病折磨的首相和他的狗走进了池中，二者立刻都被治愈。[3]我们等待着，张望着，11点20分，第一只圣鸟出现在眼前，落在凉棚前的岩石上。很明显，它是一只成年的埃及秃鹰（Neophron percnopterus），长着明亮的黄色喙和腿，带有黑色的翼尖，它是一只在印度很多地方都常见的食腐动物。它在很多方言中都有名字，但是因为它令人厌恶的进食习惯，这些名字都比它的拉丁语名字更简短、更不文明。朝觐者都赶快下来观看。鸟围着岩石跳跃，用嘴整理羽毛，最后，站在那里用圆而发亮的小眼睛警惕地看着我们。

不久，喂养者带着一个黄铜容器和几个小碗来到这里。命令人群远离之后，他爬上岩石，当秃鹰侧身走近些的时候，他双手交叉放在脑后站起来，然后，一边抱怨着一个窥探者，一边鞠躬并拜倒在地上。窥探者被制止后，喂养者站起来，看看天空。第二只鸟也出现在视野中。它一度在我们上面的高空中滑翔。喂养者是一个矮胖、秃头、笑容可掬的家伙，只在腰间缠着一个布片，他用简短的演讲改善了气氛，唤起或挤在凉亭前或坐在树下的八九十个朝觐者的虔诚之心。

现在，第二只鸟飞得低一些了。它们的仆人将米、红糖和黄油（ghi，

第六章　特洛伊之门的两只秃鹰

热炼过的黄油)搅拌在一起,放在铜碗里。第一只秃鹰滑稽地跳过来,将它的嘴戳进碗中,安心地吃起来。两分钟后,它的同伴发现了这个岩石,它的野性更大,明显要年轻些,因为它的翅膀更厚重,乌黑的颜色也可以说明这一点。不久,在高兴的朝觐者吟诵经文时,它也开始进食。之后,两只白色的鸟突然飞入高空,围着山顶盘旋,消失在碧空中。

鸟的传说

婆罗门坚持认为它们是两个圣人,因为渴望获得精神自由而被湿婆神变成鸟。它们每天早上在贝拿勒斯(Benares)[1]沐浴,然后飞到印度最南端对面的斯里兰卡的拉姆斯瓦拉姆(Rameswaram)敬神,到特卢卡里坤拉姆进食,黄昏再飞回贝拿勒斯。

可以确定的是,8世纪的泰米尔诗人提到了这些鸟的喂养,在许多世纪里,它们一天都没有消失过,也从来没有超过两只,都是在上午十点和正午到山顶的圣地进食。我对这一独特的现象给出了解释:像其他掠食的大型鸟类一样,埃及秃鹰成对生活在一起。如果它的配偶死了,它只能另结新欢。它养成了被喂养的习惯,带着它的新配偶去喂养它的地方。我看到两只中的一只比先到的那只更害羞,更不愿意落下和接近喂养人,看起来像更年轻些。

解释这种现象在理论方面会遇到些困难。当雌鸟孵卵时,它会离开正在孵化的鸟蛋吗? 羽翼丰满的小鸟从来不会跟着它们的父母吗? 但是,在这个特殊的秃鹰家庭中,这种情况似乎不可能发生。如果婆罗门饲养了这些鸟,并训练它们在几个世纪里,在同一时间,每天成对地飞去圣地被喂养,我只能说它们惊人地保守了它们的秘密。

---

[1] 印度东北部城市。本书脚注皆为译者所加。——译者注

注 释

1. 赫克托耳处于劣势。
2. 我的剪报没有日期,从后面提到的事件看,可能是 1920 年。在日内瓦和纽约的海底电报的日期是 4 月 23 日。因此确定了它的日期应该是 4 月 24 日。
3. 西亚的传说,我从安纳托利亚得知。

第七章

狼祭司、山羊祭司、公牛祭司、蜜蜂祭司

在彼西底的一个墓碑上出现了嘉格达波斯·俄达格达波斯(Gagdabos Edagdabos)的名字。我曾引用(*Revue des Unibersités du Midi*, 1895, p.360)拉德特(Radet)诱人的猜想,根据很常见的用法,他推断嘉格达波斯(Gagdabos)的意思是格达波斯(Gdabos)的儿子。但是宗教为我们提供了一种更可能的解释:一个名叫嘉格达波斯的祭司在名字中加上了他的头衔。词语 Gagdabos 是一个重叠词形式,这在安纳托利亚命名法中极为常见。例如,在北伊索利亚离吕斯特拉(Lystra)不远的山上,在那里发现的石棺上有两个名字:嘉亚(Gaa)和乔格斯(Goggos),很明显它们是同一个家庭中的名字,一个是另一个的重叠词。克雷齐默尔(Kretschmer)(同其他安纳托利亚学生一样)已经注意到用重叠词名字的习惯。

因此,嘉格达波斯暗示了另一个类似的名字格达波斯(Gdabos 或 Gdawos)。Gagdabos 这个词被希腊化后成为 $δάος$,它被赫西基奥斯解释为"狼"。弗里吉亚-彼西底的神摩尼(Manes)是达奥斯(Daos),即狼。

中弗里吉亚的一个公元 314 年的铭文证明,在小亚细亚某个地区的神是狼神,在那时,几乎波及整个小亚细亚的异教徒反抗基督教的斗争进入了最后、最绝望的阶段,在那时,安纳托利亚古老异教的各种形式正在进行全面的融合。这个铭文幸运地几乎被完整地保留下来,现在被放在布鲁塞尔博物馆。它如何到了那个安全的港湾,我不得而知。我在 1883 年看到它,并将它发表出来(*J.H.S.*, 1883, p.419[1];参见 *J.H.S.*, 1918, p.145)。它就在一个叫作奥托拉克(Otourak)(休憩)的村子,在西罗卡拉克斯(Hierocharax)古

代的小城市附近,这个城市很少铸造钱币。"在398年,焦急地等待不朽者(神)的指令,我代表他说出所有的事情,我,不朽的好运之神[2],由人们的一个高贵的[3]高级女祭司祭奠,她高贵的名字是斯巴泰尔(Spatale),不朽之神就被美其名曰斯巴泰尔,等等。"那里有一个雕塑,在古代,它被严重破坏,有个粗陋的十字刻在上面,很明显,是在墓碑立起不久后,胜利了的基督徒所为。"高级祭司阿塔纳托斯·埃庇提恩克诺斯(Athanatos Epitynchanos)(不朽的幸运之神)是派厄斯(Pious)的儿子,很多神给了他荣耀,首先是赫卡特(Hekate),其次是摩尼-达奥斯-赫利奥多摩斯-宙斯(Manes-Daos-Heliodromos-Zeus),第三是神谕的引导者和给予者福波斯(Phoebus)。他从不朽的神那里接受了作为礼物的预言能力。"

在这个古怪的墓志铭中,出现了《新约》回忆录的措词。至高之神的名字是根据当时的各种观点融合而成。在稍后的异教复兴中,摩尼-狼-太阳-宙斯(Manes-Wolf-Sun-in-its-course-Zeus)是融合当时神圣观念的主要特征的尝试。这个碑铭就是一个极好的例子,也是这一复兴不可能实现的证据。异教在小亚细亚已经死亡了,世界已经无法容纳它。将各种地方仪式的名字连贯起来,也不能令已经死亡的信仰起死回生。当古老的宗教存在时,它们的活力来自它们的教导作用。在被信仰的地方,它们神化法律并强调人们要遵照它生活。以农业为生的人们必须按照所有的季节和劳作惯例来行事。部落不允许土地被浪费,因为可能所有的人会因为一个人的疏忽或粗心而受到损害。土地也必须在某些年或时期休耕,其实这并不是一个好方法,但是部落只知道这样,它以此为生。然后,还必须在适当的季节给已长满东西的休耕地松土。然而,这一切如何强制实行呢?在每个部落都存在懒惰、粗心和闲散的情况,这是人类的一部分特性。那里没有可以强制实行的正式法律。

宗教崇拜是唯一可行的办法,即只能靠对至上之神的崇拜和对她的法规的遵守来实行。她的法规适合这个国家,实际上,她本身也适合这个国家。其他的地方有其他的神。每个神掌管着各自的国家。大卫可能会抱怨,扫罗把他驱逐出自己的土地,将他抛给一个陌生的神。

第七章 狼祭司、山羊祭司、公牛祭司、蜜蜂祭司

在罗马帝国,在地中海地区,甚至更广大的地区内,这种观念变得不理性、不可思议、难以置信。现在人们常常旅行,习惯于比较各地的习俗和宗教。怀疑与漠视的时代来临,没有人对过去的观念感到满意。这个人为的宗教证明了一种用合并神祇和制造复合的神来使古老的宗教再度活跃起来的企图。这种企图可能适合一种无意义的空幻哲理,它认为没有必要使用土地,只需要依赖奴隶制就可以了,期望多数人养活少数人,为少数人而死。哲理不能代替宗教。狼神、羊祭司曾长期成为嘲笑和奚落的对象,然而生活的艰辛催生了另一个哲理,它可能会赋予它们真正的含义。从《新约》中借用的描述能够说明异教徒能够多好地使用那些词句,他们能够比基督徒赋予它更多的含义。这种企图是徒劳的,这个碑铭表明它完全徒劳无果。虽然人们刻下了它,但是它并没有说服平民。这里存在它的影响和价值,它表明哲理如何试图让中部弗里吉亚一个峡谷中的普通农民理解它。它的产物只有摩尼-狼-太阳宙斯,而他不能向土地的耕作者们传达任何东西。

我们可以注意到,在这个碑铭中,我们理解形容词"$καλός$"的真正含义时,会遇到困难,我们把这个形容词翻译为"荣誉的"。希腊人所称的荣誉的或好的事物可能通常对我们来说似乎完全是相反的。在刻铭文时,可能正好发生了一场世界争论,争论是关于高级女祭司斯巴泰尔和高级祭司阿塔纳托斯·埃庇提恩克诺斯应该值得用好的、光荣的来称赞,还是应该被用诸如讨厌的、可恶的形容词来称呼。碑铭的作者企图令形容词$καλός$被理解为高贵的,那些破坏纪念碑并在上面刻上十字的人认为,它意味着讨厌的、可恶的。然而,他们相邻并且是同时代的人。

另外值得注意的一点是奥托拉克(Otourak)——休憩,它位于通向引人注目的中空山脊的长坡路的起点上,桑格里厄斯河主要的支流特姆布里斯河(Tembris)或特姆布罗基乌斯河(Tembrogius)从山中涌出,可能这条支流比干流更长一些。河的名字与这个村子的位置相称,同时它与古代的希罗-卡拉克(Hiero-charak)有相似之处。在古代,名字与环境相一致可能比较流行。一个人在一段陡峭坡路的起点和终点同样都需要休息,就像我所经历的那样。

这个复合的神的一个名字是狼(安纳托利亚语的形式是 Da Wos)。主祭

司装扮成神并享有神的名字不仅是安纳托利亚人的习俗,也是前希腊时期希腊人的习俗[4]。因此,这个铭文证明,祭司是一个狼祭司,毫无疑问,他要披着狼皮。狼是山地最危险的野生动物[5],在平原地区也有大批出没。大众宗教崇拜其所害怕的物体,为的是安抚它或躲避它的侵袭。

如果需要其他更好的证据来证明那里有狼神的话,另外的证据可能来自称呼奴隶名字的习惯,在希腊和罗马,习惯用奴隶本国的神或王的名字来称呼他们。在罗马,达乌斯(Davus)是一个常见的奴隶名字,这无疑说明这个奴隶来自小亚细亚。[6]在小亚细亚,王通常是神的祭司,作为神的祭司和代表统治神的土地。

在别迦摩(Pergamos)土地肥沃的沿海平原,祭司集团被称作 Boukoloi,即放牛者,暗示一种与农业中饲养和照管公牛、母牛有关的宗教仪式。它不同于干旱的中央高原地区的宗教,在这个地区饲养山羊和绵羊更有利可图。祭司集团的首脑是放牛者的首领(archiboukolos),最初的祭司是狄奥尼索斯(Dionysos)自己。依此类推,我们找到了其他的例子,即伽罗伊(Galloi)和他们的阿基加洛斯(Archigallos)。在彼西底的原始山区,即中部托罗斯,他的部落劫掠了平坦而肥沃的平原和高原上爱好和平的人们,正如我们从色诺芬的《远征记》(*Anabasis*)和奥古斯都行政管理的历史中所获知的,在这里,宗教信仰比较混乱。狼祭司和他们的狼祭司首领伊达格达波斯(Edagdabos)就像在家乡一样自在。

拉德特(Radet)引用过罗格巴西斯(Logbasis)、伊达罗格巴西斯(Idalogbasis),伊达罗格巴西斯被描写成特摩索斯(Termessos)的罗格巴西斯部落的一个名祖(参看 *Lanckorouski Reisen*,II. p. 28),有明显的"部落首领"的意思(掌管着一个宗教群体)。

结论必然是:在彼西底,甚至在弗里吉亚,有一个叫狼的祭司集团的首领。那么很明显,就像是有一个放牛者的首领和一个阿基加洛斯一样,一定有一个狼头领——伊达格达波斯,这些暗示出,在希腊语中的 archi-(首要的)与安纳托利亚语中的 Ida, Ido 或 Ede 相当。伊达(Ida)山是主山或最高的山(与苏丹山[Sultan-Dagh]比较一下,是弗里吉亚中央平原中最大的山脉)。[7]伊

第七章　狼祭司、山羊祭司、公牛祭司、蜜蜂祭司

达古格斯(Idaguges)的意思是主要的古格斯(Guges)，它可能是吕底亚僧侣的一个头衔。将伊达山翻译成首领或王可能会遇到两个障碍：(1) Ida 的第一个音节是长的，但是希腊诗人的使用（或拉丁诗人的使用）不能提供原始的安纳托利亚语发音的充足证据，诗人通常只考虑他自己的便利，并且这种用法经常被固定下来。(2) ἴδη 表示森林覆盖的山的表述引自一个权威性不大的著作(*Etymologicum Magnum*)和希罗多德的著作。在前者中，它可能只是一个根据像"在伊达峡谷"(in vallibus Idea)这样的短语而得出的一般的推论。单词"Idomeneus"像"Ida"一样，第一个音是长音。但是这很明显归因于诗人的方便用法：meno 或 mene 是安纳托利亚祭司家庭名字中很常见的元素（参见 *J. H. S.*, 1918, p.169）。吕西亚城市伊达拜索斯(Idebessos)可能是另一个例子。

罗马人在来自弗里吉亚的西布莉仪式（出自佩西诺斯［Pessinous］）中使用了术语"阿基加洛斯"。斯特拉博提到（像其他学者一样），弗里吉亚祭司被叫作伽罗伊，但是没有发现一个碑铭可以证明北部弗里吉亚使用这个名字。在南部弗里吉亚直到彼西底，在苏丹山两侧，在安条克附近和俄隆德里斯(Orondeis)都发现了阿基加洛斯的名字。伽罗斯(Gallos)可能是古安纳托利亚语，它可能与在克里克斯(Korykos)发现的祭司名单上的人名加洛斯(Glous)是一样的。但是更有可能的是，希腊语中的 Gallos 的安纳托利亚原型是 Yallos 或 Gialis。吕卡奥尼亚和伊索利亚的名字里尔(Lir 或 Lour)(Lilous 的重叠形式)[8]可能被连在了一起。伽罗斯和格达波斯成为人名与习俗是一致的。

目前我只讲述基于斯特拉博的观点，在古代阿提卡的爱奥尼亚部落中，艾吉科瑞斯(Aigikoreis)是羊祭司，也是阿提斯神(Attis)，是他教给人类有关女神崇拜的宗教信仰，他以羊人的形象出现在祭祀场合，担任羊祭司首领。这个名字的第二部分 koreis，在安纳托利亚语中是 kaweis，它可能是希腊人试图替代安纳托利亚语中的 W 音的一种方式，希腊人没有"W"这个符号，很明显他们也不能准确地发音。当然，人们通常倾向于给一个不了解的语言中的一个词某种假设的含义。但是在萨迪斯，καvεɩv (kaweis)用来表示祭司，κοίης (κόης: Hes.)表示卡比罗伊(Kabeiroi)的祭司，希波纳克斯对该词的使用表明，与 Kawa 或 Kowo 形式类似的一个词语在安纳托利亚西部海岸和岛屿中被广泛

使用。[9]

在弗里吉亚，同样的神职术语有一种更纯粹的亚洲语言的起源。在佩西诺斯，西布莉的祭司在铭文中被称作阿塔波卡奥（Attabokaoi）。Attabokaoi这个词被分成两个部分，不过它们一般被错误地列出。实际上，第一部分不是"Atta"（正如被描述的）[10]，而是"Attabo"，第二部分是"Kawoi"。"Attabo"是弗里吉亚词语在特定的地点和时间翻译成希腊语的一种形式，它在其他地方被提到时的形式是"Attego"或"Attago"，表示山羊。这个词最终的形式是"Attawo"，很明显，它与神的名字阿提斯（Attis）密切相关。实际上，阿提斯是山羊神，也就是那些驯养山羊的人所崇拜的神。

这里还有山羊神和山羊祭司，他们属于制定与饲养、看管山羊有关律法的女神。如前面所说，安纳托利亚中部地区主要是牧区，虽然在平原中土地很肥沃，但是光靠有时上天恩赐的降雨，对于农业来说是不够的。神是雨的给予者，因此，人们敬拜他、向他祈雨。可能农业不太重要，只是偶然在篱笆围起的园子中耕种。它们实际上有时被波斯人称作 Paradeisos，即围场，但通常被安纳托利亚人称作卡波（Kapo）。

字母 B、R、L 和 W 用这种方式相互交换的观点可能会令语言学家感到震惊。但是必须记住一点，这不是一个个别的语言发展的例子。它是一个词汇在外国语言中被借用的例子，这个词汇来自一个陌生的语言，它包含了大量无法读出的语音，任何希腊部落都很难读出，在字母表中也难找出替代它们的字母。相同的安纳托利亚语音，在不同的时间和不同的地点，以不同的方式被用希腊字母的读音替换。实际上，甚至可以断言，在同一个地方，大约相同的时间，一个安纳托利亚名字会被用希腊字母表示出来也不为过。在这里，我们所涉及的是历史问题而不是语言学问题，正如祭司和长老在希腊语中是同一个词语，它却以不同的方式和可能完全不同的形式变成几个英语单词。正如维斯瓦河被德国人称作 Weichsel，而被我们叫作 Vistula。我们与德国人都将波兰的一个城镇叫作格但斯克（Gdansk）（或者拼写上稍微有些不同）。正如克罗地亚的城镇札格拉布（Croatian town of Zagreb）在德语中被称作阿格拉姆（Agram）。安纳托利亚名字在希腊语中的翻译也是如此。在安

第七章 狼祭司、山羊祭司、公牛祭司、蜜蜂祭司

纳托利亚语和希腊语发音完全不同是一个事实,这个情况在现在与在古代是一样的。在 *H.G.A.M.* 第281页脚注中的引语常被用来作为希腊语和安纳托利亚语发音不同的证据。在爱琴海西边的人不了解其东边的语音。不仅仅是摩擦音 W 和 Y 如此,作为吕西亚语和吕底亚语字母的典型特征的鼻元音也是如此,它们在安纳托利亚固有名词中产生很多变体形式。元音也是这样,在希腊语中是长音的,在安纳托利亚语发音中就变短了。反之亦然。雕刻在墓碑上的残诗经常出现这种非希腊语的音节。

正如前面所说过的,在一个像彼西底这样的荒山地区,神和他的祭司应该被人们想象成为一个凶猛的形象,这是我们的假说的必要前提。[11] 然而,在弗里吉亚宁静的平原上,人们钟情于游牧,特别喜爱饲养山羊,他们的神和他的祭司被描述成山羊文化的训导人。而在别迦摩一个富庶的山谷中,母牛比山羊更重要,他们的神和他的祭司被描述成母牛的看守者($βουκόλοι$)。

甚至农耕生活也是一幅神的生活的画面,女神与神共同"翻耕休耕的土地",正如荷马在《奥德赛》中所说的,他们就是得墨忒耳(Demeter)与伊阿西翁(Iasion)。但是荷马信仰的是他的宗教。原始农业允许在某些季节让土地休耕,人们认为土地不能每年都生产农作物。但是休耕的土地变得僵硬,古代原始耕犁很难松动坚硬的土壤,田地必须被"几次翻耕"。[12] 因此,得墨忒耳——地母,生下了神的孩子,但是伊阿西翁却被霹雳杀死。在原始宗教仪式中,必须要献出一个生命,可能这样农作物才能获得生长的动力。父亲死亡而后代兴旺了,蜜蜂的情况便是如此,它们是我们最常见的例子。

现在,我们最清楚的是蜜蜂的生活史和在蜂房中的蜂王的生活史。蜂王在出生后三周内必须找一个配偶,否则它母性的力量可能会消失。神话在平原上以各种形式散播,虽然有时它们表现出令人不快的主题,但是如果我们要了解古代宗教,必须要面对和认识它们。

得墨忒耳在阿提卡是一个外来者。她可能来自克里特,最终可能(正如被补充的)是从安纳托利亚来到厄琉西斯(Eleusis),几乎所有的希腊宗教仪式和宗教形式都是从那里随着爱奥尼亚移民而来。

山羊祭司、狼祭司,甚至是公牛祭司(虽然除了他们的名字之外对他们一

无所知）都穿着圣兽的皮，可能它们在宗教舞台上扮演重要角色。狄奥尼索斯在某些雅典人的仪式中是一个著名的角色。可以确定，他最初是一个披着黑山羊皮的神，与神一样，他的祭司也是如此。但是蜜蜂祭司有所不同。他们可能享有蜜蜂的名字，叫作 Melissa，即工蜂[13]，但是表面的形态无法模仿。他们的女神是蜂王——以弗所的阿耳忒弥斯。崇拜她的祭司集团是埃森尼斯（Essenes）——雄蜂们。希腊人，甚至是亚里士多德，都误解了蜜蜂的性别，他们相信蜂王是雄性的，称它为蜂王（$βασιλεύς$），这个蜂王是它们的首领，祭司们从它那里获得名字。然而，在以弗所的仪式中，没有出现这种错误。以弗所的女神，"以弗所的黛安娜"是蜂王，她的形象令这一点更清楚，她的身体仅有很少一点与人类的身体相似，她的外形更像一个蜂王。卵巢占据了她身体的一大部分，膨大了的卵子被希腊人误认为是乳房。他们不是要描述乳房，因为没有提到乳头。这在我看到的最好的小雕像上显示得很清楚。在这个雕像中，身体简直是充满卵子的皮囊。蜂王在蜂房的群落中是伟大的生命之母，如果没有它，那里就不能繁衍，除非找到一个新女王，否则蜂房就会毁灭。女王、雄蜂和工蜂三个阶层组成了这个群落，即女神和她的祭司和女祭司。女王在雄蜂中选择配偶，与它飞出，但它会死在新婚飞行中。在工蜂中，性别特征不发达。蜂王是伟大的母亲，它创造所有的生命。生活的神秘，孩子对父母的继承，农作物对种子的演替，这些都是安纳托利亚宗教的中心思想。女儿就是母亲，儿子就是父亲，不同却又相同。在阿提卡，得墨忒耳和珀尔塞福涅的女仆（Maid Persephone）科拉（Kora）经常在描述中被混淆起来。母亲是重要的角色，男性神在她整个的生命发展中简直只是一个偶然事件，他在神话舞台中完成了他的角色后就会退出人们的注意。在很多神话中，二者的结合被描绘成违反法令和本性的犯罪行为，甚至是一种欺骗行为或可憎的暴行，必须接受甚至是死亡的惩罚。

如赫西基奥斯提到的 Darda，是指一个蜜蜂。但是这个蜜蜂等级不容易确定。Melissa 或 melitta（工蜂）由 meli（蜂蜜）构成，它是一个古安纳托利亚语中的词语，一直留存下来，它的土耳其语形式是 bal，拉丁语形式是 mel。因此，可能一个在安纳托利亚很常见的城镇名字 balyk 便是由此而来。作为人

第七章 狼祭司、山羊祭司、公牛祭司、蜜蜂祭司

类的集团和群落的城镇，被描绘成在一个蜂房中的蜜蜂群落，Melissai 几乎可以确定是工蜂。darda 可能表示雄性蜜蜂，它源自特洛伊英雄达达努斯(Dardanus)，有一个城镇的名字是达达诺斯(Dardanos)，位于达达尼尔海峡，在特洛伊和纳罗水道(Narrows)之间。蜜蜂被认为与那些懂得它们、善待它们和照看它们的人有特别紧密的联系。在英国有这样一个古老的风俗，用向蜂房低语的方式来道出家庭中重要事件的讯息，例如一个人的死亡或降生。

Melissai 是指发育不全的雌性——工蜂，是蜂蜜(mel)的制造者。它很明显是一个衍生词，来自以弗所宗教，即蜜蜂和它的照看者的宗教。

注 释

1. 我的铭文复件几乎与原件一样，但是我的评论仍存在许多有待改进之处，有一部分是错误的。是因为我忽视了当时的斗争环境。我的抄本也不总是正确的，不过我在 Cities and Bish. of Phrygia (II. p.566)对它进行了修正。
2. 阿塔纳托斯·埃庇提恩克诺斯是高级女祭司，斯巴泰尔启蒙了她，她的名字引自克劳狄(Claudian)和马提雅尔(Martial)，她拼写自己的名字为 Ispatale，在首字母前加了一个元音。
3. Καλός(高尚的)正如一个伟大的学者曾称它为"模糊的、难的形容词"。它在这里被用来表示"高贵的"。Ἀγαθός(好的)可能在难度上可以与之相媲美。这两个词是希腊语初学者首先要学的形容词，也是会让最好的学者绝望的词。
4. 后来，在希腊一些保守的宗教习俗中，有时还保留着它们。
5. 在山地也有更强壮的动物，我曾看到熊。黑豹和美洲豹也被提到，虽然我的朋友去猎杀它们并断言一定会发现它们，但是我知道没有人曾看到过它们。正如信仰所证明的那样，安纳托利亚曾经存在过狮子，但是我不确定到后来它是不是存活下来。
6. 至于奴隶来自亚洲具体什么地方，罗马人还很不确定。
7. 人们将它与平地而不是低一些的山脉埃米尔山(Emir-Dagh)比作国王与他宫廷中的一个贵族。
8. 可能 Lir 或 Lour 是一个不能用的重叠形式。关于 Lir 或 Lour 见雷姆塞女士在 J.H.S. (1904, p.285)中的注释。里罗斯(Lilous)和里尔可能是安纳托利亚人莉莉尔姆(Lilium)花的名字，即百合。里罗斯明显是一个女性的名字。
9. 参见 Buckler and Robinson A.J.A. XVII. (1913, pp.362ff.)。Foamier (Rev. des Et. Anc., 1914, p.438)建议是古波斯语 kāvyáh。
10. Bokaoi 与 Boukoloi 相比照。关于这些祭司见 I.G.R.R. (III. 230, 235)。
11. 在彼西底安条克奥古斯都的墓碑上(见 J.H.S., 1916, p.105)，一个带着枷锁的哈蒙那德迪安(Homanadendian)或彼西底的狼人俘虏被描绘成一个裸体的野蛮人。虽然他披着人皮，但他像野兽一样残暴。只有哈蒙那德迪安首领穿着光鲜的外衣。
12. 可能一次不能完成，但是可能这已经被写入宗教法令，为的是防范那些粗心大意的人。
13. 皮卡德(M. Picard)使用名字 μέλισσαι(工蜂)时犹豫了，但是在他的大作 Éphèse et Claros 中倾向于接受它，女祭司(παρένοι)有蜜蜂的特性，他没有提到另外的原因。它一般被人们所接受。

第八章

村庄的权利[1]

赫西基奥斯引用的希腊语 oa、ôgê、oua 从起源上来讲,当然是源于安纳托利亚语。它的意思是村庄、地区或部落。土地和占用这片土地的人几乎被认为是一致的。这是古老的西亚法律,土地属于它的耕作者和占有者,那些使用土地的人拥有对土地的权利;那些不使用土地的人就会丧失拥有土地的权利,权利转移到了政府或有组织的部落手中,政府或部落有权对这些土地进行分配。如我们在前面所看到的,大赦年通过的《摩西律法》,在这一点上做了一些调整和修改,在那一年,土地被归还给它的所有者(或是他们的代表),他们在 50 年前曾拥有对这些土地的所有权。伟大的立法者预见到人类的一个基本事实,财产的平等划分不会是永恒的,有一些人拥有更优越的经济条件和索取的权利,这些人将不可避免地比那些能力较低、行为不谨慎的人获得更多的财富。如果天主教大赦年的原则一直能够有效实施的话,人们一定会发现,有一些人会失去一些东西而变得贫穷;另外一些人则会变得富裕。但《旧约》里到处都有对犹太人堕落的抱怨,同时也抱怨《摩西律法》未能被有序或忠实地执行。君主政体对于这项原则的执行是至关重要的,《塞缪尔记》(I Samuel)指出,这是王权的必然结果。甚至士师制度也暗示出,在国家面临外部进攻的危险时需要杰出的个人,拥有超越其他人的勇气和领导能力的伟人在重压之下突然获得了权利,但这些权利并不能传给他们的孩子。统领以色列的睚珥(Jair)有 30 个儿子,骑着 30 匹驴驹(Judges X. 4),但是这并不意味着每个以色列人都拥有 30 个儿子或 30 头驴。超级的智慧和能力必然获得某种尊严和优势,这一切将士师与其他人区别开来。除 30 个儿子和

第八章 村庄的权利　　67

30 头驴之外，睚珥并没有获得任何其他的东西。[2]

在罗马共和国有类似士师的职位。临时任命的罗马地方行政官可能会由于某些突发的紧急情况被召集起来。他的权力限于 6 个月，在几个世纪里，没有出现某个临时地方行政官寻求永久权力的情况。每个临时地方行政官在他显赫的职责任期结束之后都会回到他平凡的岗位，在很多情况下，把共和国从灾难中挽救出来并不需要 6 个月的时间，这些临时地方行政官在任务完成之后往往会主动放弃权力。辛辛纳图斯（Cincinnatus）是典型的罗马士师和临时地方行政官，他曾放弃最高权力，自愿回去耕种自己的土地。

在安纳托利亚，即西亚，Owa、Oîa、Oua 既可以用来表示土地，也可以用来表示部落，这一点证明：部落和部落中土地的所有者几乎是一回事。这一事实在亚洲非常普遍，土耳其语"ova"和土库曼语"oba"的使用证明了这一点。[3] 它们同时指土地和人或部落。（也可以见 omega[Ω]最初的一些形式——obai、obatus、oge，以及赫西基奥斯对 kôme、kômai、kometis 的注解）

邻居和同部落的人被称为 oar、oares 或 oaroi。部落有其中心村庄，在现代土耳其语中通常叫作齐世拉（Kishla），这个词也表示"供士兵居住的简易房舍"，因为土耳其人都是士兵，当兵是他们的职责和职业。因此，一般来说，邻居是 oares 或 oaroi（在这个例子中，词尾是希腊语的）[4]。表示邻里之间交谈的词语是 oaristys 或 oarismos，即在同一部落中彼此相邻、互相熟悉的人们之间的友好交谈。它的动词形式是"oarise"（希腊语是 ὀαρίζειν）。荷马和他的模仿者经常使用这些派生出来的词语。他们经常用这些词语表示年轻男女之间的交谈和调情，赫克托耳甚至在步入战场之前，在与妻子的谈话中使用了这些词语。阿喀琉斯（Achilles）将两种不同的交谈方式做了对比，一种是自己将在一场格斗中与赫克托耳的交谈；另一种是相互偎依坐在石头上或大树下的青年与少女之间的调情式的交谈。赫西基奥斯甚至指出"oares"（邻居）在使用时有女性的感觉。

这一系列词语整合起来给了我们一幅轻松、愉悦的村镇生活的画卷。在例证中，我引用了那些 30 多年前曾经使用过的文字（*Impressions of Turkey*，122）："男女之间对愉快的交往和公开的友好关系的渴望更加反衬出乡村生活的单调和愚昧,同时也产生了许多其他罪恶——我不准备对这一论题进行阐述。但是,在经历了漫长的时期之后,在土耳其,人们还是很新鲜也很高兴地看到,在一个库尔德人村落边,一个年轻人赶着牛车去收割,而一个年轻女人在旁边跟着,两人聊着、笑着,全神贯注于彼此的陪伴。[5]它就像欧洲的空气,散发出家的气息。"

单词"Oa"出现在3世纪弗里吉亚的墓志铭中,到后来,在几个拜占庭作者的文章段落中证明了这个词的存在(特别是在 Leo Diaconus,p. 122)。利奥·福卡斯(Leo Phokas)在公元920年曾试图当君主,但不幸没有成功,在进入博斯普鲁斯海峡的克利索波利斯(Chrysopolis)后,他被迫逃亡,在路上被俘获。他被俘获的村镇叫作格利奥恩特(Goleont 或 Oêdeont)(我们发现用希腊字母和语音来描述一个安纳托利亚本土名字很困难),历史学家称其为格-利奥恩特(Goê-leont),解释为"对利奥的纪念",因为他被抓的时候眼睛被挖出。历史学家指出,这个名字可能源于上帝最初的旨意,预示着利奥的命运。[6]

这个村庄被叫作奥格利奥恩特(Ogeleont)可能毫无疑问,同样毫无疑问的是,在阿特纳奥斯的著作(Athenaeus,II,43)中提到的同一个村庄被称作利奥恩托斯(Leontos-kome),它是弗里吉亚的一个村庄,在那里到处是硝石和具有医疗效用的温泉。在现代阿菲奥姆-卡拉-希萨尔附近地区,有许多温泉,这一地区的名字、岩石上的狮子形象以及岩石的特征都表明狮子被视为这一地区的神。[7]有两个温泉相距很近,它们位于卡拉-希萨尔北边四五小时路程的安纳托利亚铁路的一个隘口,利奥可能是在这里被俘的。可能这个隘口就在他从泰里埃翁(Tyriaion)和赛莱(Serai-iñi)到自己庄园的路上。他必须从那里经过,然后沿着长长的弗里吉亚帕罗里乌斯(Paroreios)河谷走过赛莱[8]。报信者可能超过了他,在隘口将他抓获。

在帕罗里乌斯(Paroreios)还有其他的温泉,一个在阿菲奥姆-卡拉-希萨尔通往士麦那的铁路线附近,大约距离为两小时路程,另一个在通往特卡伊(Tchai)和东部的沿线,大约距离为四小时路程的地方。不过它们都不是抓获利奥的最佳地方,因为田野太空旷。卡拉-希萨尔的巨石是狮子头(Leontos-Kephalai),它是弗里吉亚最坚固的堡垒。一排巨大的火山岩石从平坦的石灰石平原上延伸出来,其中最大的一个岩石柱高达 560 英尺或更高,围成一个堡垒和监狱。[9] 现在的城堡是中世纪的遗迹,它特别荒芜,一些权威人士拒绝承认它就是古老的堡垒(由赫希菲尔德首先提出)。但是现代的遗迹没有提供更充足的证据证明岩石的形态使得它成为天然的堡垒。一个权威人士明确告诉我,那里有古墙的痕迹。但我从未攀爬过那个岩石柱。

从赫西基奥斯那里我们知道,kôme 或 kume 与 rûme(村庄)在安纳托利亚村庄中被使用,而且是其特有的。村庄最初是沿一条街道或道路的一排房子,住宅规模扩大了,街道的数目也随着增加。像 kôme、kume 一样,无疑存在着 rôme、rûme 的变形。因而出现了戈尔古乌姆(Gorgo-rome)、奥菲奥卢姆(Ophiorume)等村庄名字。显然,它们的意思是戈尔贡的村庄和圣蛇(Serpent)的村庄。现在,戈尔贡的村庄仍然叫作戈尔古鲁姆(Gulgurum),位于特洛基提斯(Trogitis)湖附近,奥菲奥卢姆在路过希拉波里斯的路上,在吕科斯峡谷,并拥有许多的温泉。[10] 在基督教的神话中,这个名字很容易被转换为希拉波里斯,但是从赫尔姆斯(Hermus)峡谷经过卡拉特巴(Kallataba)通往东方的大路并不是从崎岖的山上通过希拉波里斯的,而是从山脚通过,在吕科斯河附近的洼地,靠近一处温泉(duden)。[11]

考尔德(Calder)教授将 "rôme" 译作 "头"(*Discovery*,April 1920,p.100f.),地方名字也相应的这样。在安纳托利亚语中 rô 或 rôs 表示 "头" 或 "岬角"。的确,在希腊世界很多地方都是用带有 "头" 的名字($\kappa\epsilon\varphi\alpha\lambda\acute{\eta}$)来命名,例如布斯-克法隆(Boos-kephalon)、基诺斯克法拉(Kynoskephalai)等。但是,根据塞斯教授的研究,rô 或 rôs 很可能源自阿拉伯语 ras,即 "岬角",而不是一个真正的闪米特语。

赫西基奥斯提到,kometis 指的是一个邻居(阴性的)。生活在同一村庄的人自然是邻居,他还加上了 "村庄是街道"[12] 的解释。他也给出了 "村庄等于街道" 和 "一个村庄是一条街道或一个街区"[13] 的解释。可以把这些解释与斯特拉博的阐述结合起来:"当士麦那被吕底亚人占据时,它是以村镇体系进行组建的。"也就是说,它成为安纳托利亚的一个城镇,而不再是一个希腊的自治城邦。我们很久之前从一个碑铭中就已得知它没有被毁灭,而是作为士麦那继续存在着，只不过不再是一个希腊城邦，而是一个安纳托利亚的城镇。之后，你就可以从一些来自不同作者的零散的希腊短语中获得前几段话的整个要旨，并不是根据某种理论进行解释，而是通过古代权威们的字面意思进行解释。

考尔德教授或许是被某些吕卡奥尼亚或西里西亚词语中的第一个元素误导了，像"Rô-sgêtis"、"Rô-zrumeris"中的"Ro"，或是"Ron-derbemis"、"Rondberras"中的"Rôn"，等等。但是在这些例子中，"n"与后缀"mê"或"ma"中的"m"没有什么关联。它只是希腊字母中特殊鼻音的一种通常的表达方式，这种特殊鼻音是安纳托利亚单词的一个特色。

科迈（Kômai）是安纳托利亚村庄发展的一个例子，这个地方成了彼西底的尼亚波利斯城（Neapolis）。真正古老的彼西底城镇修建在托罗斯山的山峰上。彼西底东北角的城镇是安娜布拉（Anaboura），在彼西底的安条克[14]东南方，距离大约为7个小时的路程。它位于现代村庄恩维（Enevre）之上。斯特雷特发现了恩维，并且正确地指出它是古安娜布拉的现代发音，但是他错误地以为它是彼西底村镇的遗址。彼西底村镇不是建于凹形的峡谷之中，而是建于高高的、难以到达的山上，它们是强盗的要塞，从这里，人们能够突袭富饶的平原上爱好和平的弗里吉亚人。弗里吉亚人长久以来都具有不好战的传统，乐于生活在安静的享乐之中，直到公元前21年—前19年间，安条克成为对抗彼西底人和霍曼纳顿斯（Homanadenses）的一个罗马殖民地时，情况才有所改变。

我追随斯特雷特很久，无论是其正确的鉴定还是其错误的推测。但是1926年，亚罗瓦德（Yallowadj）（在安条克边界的一个现代城镇）的一位年迈的居民告诉我，真正的彼西底的地址在西部崎岖的山区，在恩维之上的高峰上。自1882年起，我就认识这个人，但是人盼望得到的信息往往很晚才到来。现代人非常愿意交谈，他们渴望讲述自己知道的事情，[15]但是他们总是讲述那些他们自认为是探险家想要知道的事情，却不知道探险家真正想要知道什么。

安娜布拉的彼西底山要塞的人渐渐发现，生活在肥沃的平原比生活在崎崎的山区要舒适得多。他们从山上下来，在阿帕米亚（Apamea）和安条克通往西里西亚门和叙利亚的公路上，建起了一个新的城镇。最初，它只是路边的一个 kôme（村庄），后来变得越来越重要，最后变成尼亚波利斯，成为一个城市。这种成长显然是一个长期而缓慢的过程。这条公路可能从公元前 300 年后不久，在阿波罗尼亚和安条克建立起来保卫塞琉古王朝与首都叙利亚之间的交通之时，就非常重要。但是大约生活于公元前 100 年的阿提米德罗（Artemidorus）和大约生活于公元 20 年的斯特拉博都不知道尼亚波利斯，显然它一直是路边的村庄或是小城镇。奥古斯都的塞巴斯特之路（Via Sebaste）自公元前 6 年起经过那里，于是在公元 1 世纪，这个城市发展迅速。它非常富饶，是一个富庶的城市，它的公民有能力承担公元 128 年在安卡拉（Ancyra）举行的普世教会艺术家（the Oecumenical Artists'）集会的巨大开支。

我做调研的对象把这个村庄的名字称作厄尔沃（Elevre），但是我和斯特拉博都把这个名字听成恩维。"n"和"l"之间的变换是安纳托利亚发音中的一个特色。在亚罗瓦德 12 个地区中的一个区的名字上我发现了类似的变化。就像我经常听到的那样，它的名字是 Nevlepjilar，但是在官方的地图上，它被拼写为 Lebelebjilar。我和考尔德教授在安纳托利亚的希腊语碑铭中经常发现 V 或 W（也就是 ου）和 B 之间的变换，在 J 前以 surd 代替 sonant，这种情况在当地人的发音中很常见。我根本不能判定 Yallowadj 或 Yallowatch 哪一个是正确的当地人的发音。[16]

在尼亚波利斯和在平原地带的欧德科（Eurdekji）（距恩维不远的村庄）有些安娜布拉碑铭。在尼亚波利斯发现的碑铭是极其重要的文献，记录了两兄弟为安娜布拉人民制作的礼物。两兄弟是古代土地之神——阿拉玛的摩尼（Manes of Ouramma）的后裔，很显然他们属于一个古老的祭司家庭。很不幸的是，日期并没有记录下来。[17]

斯特拉博使用专有名词说明安纳托利亚社会体系。当一个希腊城邦或城市国家被变成安纳托利亚风格之后，"它被以村庄体系进行组织"[18]。其中的"被组织"非常重要，城邦不再是个体公民自治的团体，现在它被以家族或家庭（οἶκος）的模式来管理，kome 是"更大规模的"家庭。

注 释

1. 现代作者以更科学的方式给出证据，在 No. II. of the new Journal *Oriens* 中，这个问题因埃姆波(Ember)教授(约翰·霍普金斯大学)和他的家人因火灾悲剧性地去世而拖延了很长时间。
2. 以色列人变成一个很混杂的民族，他们自由地与巴勒斯坦各民族通婚(Judges III. 6)，从埃及出来的60万人不都是雅各布(Jacob)的后代(Exod. XII. 37, XXXVIII. 26, Numb. I. 46, XI. 21)，自然，其他埃及人的奴隶可能获得了自由的机会(Exod. XII. 38)。
3. 土耳其人与土库曼人或游牧民族之间的差别显然开始于1071年土耳其人的征服。
4. 不同村庄之间的通婚一直很少，如果两个村庄属于不同种族更是几乎不可能通婚。
5. 这一情景发生在1890年，在幼发拉底河(Euphrates)西边的河谷。
6. *Histor. Geog. of Asia Mino*, p.143.
7. 但是卡拉-阿西安(Kara-Arsian)是现代的。
8. 见 Revue Archcologique, II, 第二部分。
9. Plutarch, *Themist*. 30, Appian, *Mithrid*. 19 and 20.关于它作为一个监狱的情况见我的文章 *J. H. S.*, (1920), p.107)。第二条路上下都是陡峭的岩石，在我看来，它是必需的。正如后来一位曾游历过那里的夫人所告诉我的。
10. 罗马是一个在台伯河渡口沿路的一个"城镇"吗？或者古代的衍生词 Stroma(河村)更有可能是呢？两个词都是安纳托利亚语。
11. 这个温泉很少被游人看到，游人通常注意到更明显的、更精彩的希拉波里斯。
12. κώμαι γάρ τά άμφοδα.
13. κώμαι άγυιαί;κώμη άμφοδον, χωρίον.
14. 在 Acts XIII. 7 这样称呼，不是因为它在彼西底("属于彼西底"在这里是错误解释)，而是因为它是用来确定彼西底的方位的。斯特拉博三次称它为"通向彼西底的弗里吉亚城市"，就是说它在彼西底旁边的，直接通向彼西底。边境在安条克和尼亚波利斯之间，尼亚波利斯被安娜布拉的彼西底人吞并。
15. 只有两个禁忌主题：宗教和家庭。
16. 一个有趣的派生正在发生。我所知的最优秀的土耳其语权威断言，Yallowadj 不是土耳其名字，但是通过转化成 Yali-vadj，被接受为一个土耳其语形式。Yali(平的)是希腊中一个很常见的地名的组成部分。
17. 我在 *Athenische Mitteilungen des deutschen Instituts* (1883, p.72)发表了它。也可以见关于阿拉玛土地的一篇文章，发表在 *J. H. S.* (1918, p.146)。在彼西底蒂姆布里亚达(Timbriada)的一个法律诉讼，与争夺阿拉玛的土地和相邻的海峡与通道相关。彼西底蒂姆布里亚达支配着这些土地。最后由加拉太的罗马统治者裁定。这个诉讼大概发生在安条克成为殖民地之前，但是应该在公元前25年之后。
18. ώκετο κωμηδόν.

第九章
弗里吉亚挽歌

在所有历史时期,在安纳托利亚葬礼中,东方式的剧烈的悲痛悼念是必要的仪式。虽然在与之相伴随的音乐和语言方面发生了变化,但是在现在、在罗马时期与早期安纳托利亚时期的形式基本是一样的。

第一,在现在,人们关上大门,在自家庭院中进行悼念。除了哀悼的妇女和家人外不允许任何人参加,所有其他人都被赶出去(正如我们所看到的)。1884年,在高原地区,我曾经被允许参加过一次悼念仪式(我和我的妻子一起去的,我们作为村中的客人留了下来)。我是根据这次的经历和我听到的其他事情进行推断的。现在,进行哀悼时没有音乐伴奏,因为音乐技艺已经失传。全部过程很简短,从"大哈山"(Big Hassan)(他在炎热的一天中正在地里收割庄稼时倒下——可能只是晕倒了)死亡到他下葬不超过两个小时。尸体从田里运回家中,从家中运回田里都是公开的。在这些过程中,进行似乎有节奏的大声的哀悼。男人参加这部分哀悼,在进行过程中,发出的任何声音都似乎有某种节奏,这种节奏像是希腊悲剧中伴随合唱团进入舞台时的韵律。在屋子中,妇女们的哀悼很热烈,以至于有时会被一些哀悼者发出的狂笑打断。在院子中男人不发出任何声音,他们忙于为死者准备墓碑。任何事情都做得很得体。妇女们呆在家里露天的走廊中,从这里有台阶通向庭院。尸体被放在院子中,在很多地方,在墓地附近有一个扁平的石头,尸体被放在上面,它被称作(如果我没记错的话)穆沙勒姆-塔什(Mushalem-Tash)。有时,我能在这样的石头上发现古代的碑铭,这让我感到很尴尬。在屋子或庭院中没有宗教仪式。

关于音乐技艺的丧失，存在一些异议。梅夫拉维修行者舞（Mevlevi Dervishes）（柯鲁班特[Korubantes]的舞蹈）的音乐似乎是西布莉崇拜仪式中使用的古老音乐。我们曾在阿菲奥姆-卡拉-希萨尔一个特殊的节目中听到由长笛和钹发出的堪称美妙的乐声，但是它在我生活的时期已经衰退了。[1]牧羊者也用简单的音调来引导他的羊。土耳其歌调像是哀诉声，近来，它的音乐中引入了欧洲音乐的因素，特别是在小学生吟唱的国歌中。

第二，关于罗马时期的挽歌，我们从罗马时期的碑铭中收集到很多详细资料。说来也怪，最好的资料属于4世纪和基督教占优势但还没有强大到专制的时期。可能这之前，在古老艺术持续最长久的农村，著述技艺还很少使用。挽歌由长笛伴奏，家中的庭院就是舞台。很明显，在很多悼文中，有的部分类似于戏剧中的一部分[2]，因为在第一个人与第二个人及第三个人的悼文之间有一种变化。有时死者会说话，有时别人为他致词，有时哀悼者（特别是死者最近的亲属）第一个或第三个说话，甚至有死者与哀悼者之间的对话情况。在雅典，来自酒神的赞歌或围绕狄奥尼索斯的祭坛进行的葬礼哀悼的戏剧性情节已经发展成熟了。在古代安纳托利亚葬礼仪式中，死者和神总是被视为一体的[3]。坟墓是他的"房子"，是他的"祭坛"，还是他的"门"或庙。在墓地，只要能流传下记忆和有足够承办宴会的钱，每年都要进行墓地的仪式和酒宴。[4]在罗马墓碑铭中提到所有墓碑的名字和很多其他的名字。有时一个墓碑很大，在墓穴的上面还包含了一个上室，每年在那里举行宴席。有时一个简单的"门"字刻在一个普通的石碑或祭坛的石头上，也可以代替一个更加精美的纪念碑。这个"门"字说明，这下面是生与死两个世界的门。通常，墓碑是祭坛状的或者是一个微缩的寺庙（即带有雕刻的石棺，象征着一个小的住所）。[5]

也有一种不同种类的墓志铭，在形式上类似于根据法律进行的一个财产登记。它一般一式两份，复本通常放在城市的档案馆。这种半合法，甚至完全合法的墓志铭，不具备挽歌的特征，是一种遗嘱（testamentum）。坟墓的建造者以此宣告他对坟墓财产的所有权（如果有的话），在墓志铭中，他用或直接或含蓄的方式指定谁的尸体被允许放进，谁的尸体不准放进墓中。非法侵入的尸体将被处以罚金，而举报者可以获得奖励，不论是个人、公众人物还是

第九章 弗里吉亚挽歌

国家。这种合法的墓志铭的一个很好的例子来自前罗马时期的南加拉太 (South Galatia),它已在《希腊研究杂志》(1922,p.181)中被刊印出来。在这个墓志铭中,阿波罗尼亚人中的色雷斯人被允许参加每年的欢宴,而吕西亚人则被含蓄地拒绝了。然而没有对非法侵扰或违反者作出惩罚。在塞琉古王朝时期,这个地方习俗被法律确定下来。在乡村中,罗马法同样承认这种习俗具有合法的约束力。然而,尸体非法侵犯的事件时有发生,有时,原来的碑文甚至被抹去,刻上新的碑文,或者像在其他极少的例子中的,新的碑文刻在原来的碑文旁边。前面已经提到,在弗里吉亚-吕卡奥尼亚平原,特别是博兹山(Boz-Dagh)北部,塞琉古法律和罗马法都没有太多的影响[6],在罗马时期,甚至在大约公元330—360[7]年的基督教时代,墓志铭通常是一种悼念挽歌的带有韵律或半韵律的辞句,几乎从来不(除了亚洲希腊的城市)提及所有权和合法权。我在例证中追加两个挽歌墓志铭的例子,巴克勒和考尔德帮助了我。因为它们是模糊的,最初就雕刻得很轻,随着时间的流逝,变得更模糊,有时有的部分难以辨认,或石头破损。我选出的两个几乎是完整的。

此外,一种简朴的赞扬死者德行的悼词,一种真情的自然流露,在罗马渐渐地转变成庄严的公共葬礼演说(laudatio funebris)。安纳托利亚的宗教习俗经过埃特鲁利亚(Etruria)来到罗马,并对罗马产生重要影响,这个习俗现在已经很完善并被接受。没有任何东西比这种转变更能说明种族特性的不同。

另一方面,希腊人将挽歌改编成《拜翁的挽诗》(Lament for Bion)这样的诗歌。它更像田园诗那种形式。六步格诗和哀悼歌在晚期弗里吉亚挽歌中被使用,也是一种混合体,希腊挽诗是它发展的更高形式。阿提卡悲剧已经被提及。

我最好给出最初的拼写,因为这代表了安纳托利亚的希腊语发展的一个阶段,读者将了解ἔνος就是ἔρνος(就像在安纳托利亚地名和人名中经常发生的那样,安纳托利亚浊半元音化的 P 消失了,但是 P 被希腊人所接受或在希腊字母中表现出来)。在希腊语中元音字母的再现,如高原上的口语一样,在古典希腊语中变化很多。H 代替 AL 在弗里吉亚是很寻常的,在希腊语读音中出现了地方性的变化。词尾宾格的 N 经常被省略。有时词尾的主格的 Σ 也被省略。在宾格的第三种变化中，经常加上词尾 N，例如，$\beta\alpha\sigma\iota\lambda\tilde{\eta}\alpha\nu$ 和 $\dot{\epsilon}\mu\acute{\epsilon}\nu$。一个单独的字母经常扮演两个字母的角色。在通常情况下，一个词的最后一个字母与下一个词的第一个字母相同。[8]

对安纳托利亚类似挽歌的比较表明，挽歌中使用并修改了许多固定的短语。但是这些固定的短语没有被视为空洞而无意义的韵律冗词，而是表达生者真挚的情感。我不能期望在农村发现一首真正的诗或一个真正的诗人，但是我们在哀悼中发现了真正的情感。热烈的哀悼满足了这种心意，死亡带来的伤痛会很快被忘记。

一、1906 年，我在克鲁-吉萨（Kolu-Kissa）（在这里 Kissa 可能是古代的 gissa，即石头，罗马皇帝的财产 Giza 或 Gisza）[9] 匆忙驱车约 12 小时赶上午的火车期间抄写下面这个铭文。一个深深的裂口贯穿铭文，每一行大概毁坏了 1—3 个字母。这个碑文用了很多固定短语，但是恰当的固定短语表现了真挚的情感，在乡村诗人中传播，就像在更古老时候的荷马史诗和史诗短语。

$\dot{\epsilon}\xi\ \dot{\alpha}\gamma\alpha\theta\tilde{\eta}\varsigma\ \rho\acute{\iota}\zeta\eta\varsigma\ \ddot{\epsilon}\nu\circ\varsigma\ \kappa\lambda\upsilon\tau\grave{o}\nu\ \dot{\epsilon}\xi\epsilon[\varphi]\alpha\acute{\alpha}\nu\theta\eta.$
$\mathrm{M}\ \ddot{\epsilon}\nu\alpha\nu\delta\rho\circ\varsigma\ \pi\alpha\nu\acute{\alpha}\rho\iota\sigma\tau\circ\varsigma,\ \dot{\epsilon}\pi\grave{\iota}\ \mu\epsilon[\gamma\acute{\alpha}]\lambda'\ \check{\circ}\ddot{\upsilon}\nu\circ(\mu\alpha)\ \ddot{\epsilon}\sigma\chi\epsilon,$
$\Pi\ \rho\epsilon\sigma\beta.\ \gamma\acute{\epsilon}\gamma\circ\nu\epsilon[\nu]\ \pi\alpha\nu\upsilon\pi\acute{\epsilon}\rho\tau\alpha\tau\circ[\varsigma]\ \dot{\eta}\delta\grave{\epsilon}\ \delta\acute{\iota}\kappa\alpha\iota\circ\varsigma$
$\mathrm{O}\ \tilde{\upsilon}\delta\grave{\eta}\ \lambda\acute{\iota}\psi\alpha\nu\alpha\ \kappa\tau\ \dot{\upsilon}\pi\grave{o}\ \chi\theta\acute{o}\nu\alpha\ \pi\circ\upsilon[\lambda]\upsilon\beta\circ\tau\acute{\iota}\rho\eta\nu$
$\Psi\ \upsilon\chi\grave{\eta}\ \delta'\ \alpha\dot{\upsilon}\tau\circ\tilde{\iota}\circ\ \tilde{\iota}\nu'\ \dot{\alpha}\theta\acute{\alpha}\nu\alpha\tau\circ\varsigma\ [\Theta]\epsilon\circ\varsigma\ \ddot{\epsilon}\sigma\tau\iota\nu.$
$\overset{"}{\mathrm{A}}\beta\rho\alpha\mu\ \circ\tilde{\iota}\varsigma\ \kappa\acute{o}\lambda\pi\circ\iota\varsigma\ \dot{\alpha}\nu\alpha\pi\alpha\acute{\upsilon}\sigma[\epsilon\tau]\epsilon\ \dot{\omega}\varsigma\ \mu\alpha\kappa\acute{\alpha}\rho\omega\nu\ \tau\iota\varsigma.$
$\overset{"}{\mathrm{O}}\nu\ \pi\acute{\alpha}\tau\rho\eta\ \dot{\upsilon}\mu\epsilon\nu\epsilon\tilde{\iota},\ \dot{\epsilon}\pi\epsilon\upsilon\ \varphi\eta[\mu\epsilon]\tilde{\iota}\delta\grave{\epsilon}\ \ddot{\epsilon}\lambda\eta\mu\circ\varsigma.$
$\mathrm{T}\ \tilde{\omega}\ \delta'\ \ddot{\alpha}\lambda\circ\chi\circ\varsigma\ \mathrm{K}\lambda\acute{\epsilon}\circ\upsilon\sigma\alpha\ \pi\rho\circ\gamma\epsilon\nu\acute{\iota}[\sigma\epsilon]\tau\epsilon\ \mu\upsilon\rho\circ\mu\acute{\epsilon}\nu\eta\ \pi\epsilon\rho$
"$\Pi\ \tilde{\omega}\varsigma\ \mu\circ\acute{\upsilon}\nu\eta\ \mu'\ \ddot{\epsilon}\lambda\iota\pi\epsilon\varsigma\ \kappa\alpha\grave{\iota}[\pi\tilde{\omega}\varsigma(?)\kappa\alpha\kappa]\grave{\alpha}\ \pi\acute{\eta}\mu\alpha\tau\alpha\ \pi\acute{\alpha}\sigma\chi\omega$",
$\Pi\ \iota\rho\omega\theta\epsilon\grave{\iota}\varsigma\ \alpha\dot{\upsilon}\tau\grave{\eta}\nu\ \dot{\alpha}\pi\alpha\mu\acute{\iota}\beta\epsilon[\tau'\ \dot{\epsilon}]\grave{o}\varsigma\ \pi\acute{o}\sigma\iota\varsigma\ \dot{\epsilon}\sigma\theta\lambda\acute{o}\varsigma\cdot$
"$\overset{"}{\mathrm{H}}\mu\circ\iota\ \dot{\epsilon}\mu\grave{\eta}\ \ddot{\alpha}\lambda\circ\chi\circ\varsigma,\ \mu\grave{\eta}\ [\delta\acute{\alpha}]\kappa\rho\upsilon\epsilon,\ \mu\eta\delta'\ \dot{o}\rho\acute{o}\theta\upsilon\nu\epsilon$
$\Psi\ \upsilon\chi\grave{\alpha}\varsigma\ \kappa\alpha\sigma\iota\gamma\nu\acute{\eta}\tau\omega\nu,\ \dot{\epsilon}\pi\grave{\iota}\ \pi\acute{o}\theta\epsilon\circ\nu\ \mu\epsilon\mathopen{<}\mathclose{>}\ \kappa\alpha\grave{\iota}\ \alpha\dot{\upsilon}\tau\circ\acute{\iota}$
$\mathrm{T}\ \epsilon\rho\pi\acute{o}\mu\epsilon\nu\circ\iota\ \zeta\acute{\iota}\circ\nu\tau\iota\ \Theta\epsilon\tilde{\omega}\nu\ \ddot{o}\tau[\iota]\ \circ\tilde{\iota}\epsilon\ddot{\upsilon}\alpha\delta\epsilon\nu\ \circ\ddot{\upsilon}\tau\omega$
$\mathrm{E}\ \dot{\upsilon}\chi\omega\lambda\grave{\alpha}\varsigma\ \delta\grave{\epsilon}\ \Theta\epsilon\tilde{\omega}\ \dot{\alpha}\pi\circ\tau\acute{\iota}\nu\upsilon[\omega\ \tilde{\omega}]\varsigma\ \kappa\acute{\epsilon}\ \sigma\epsilon\ \theta\tilde{\alpha}\sigma\sigma\circ\nu$
$\rho\acute{\upsilon}\sigma\epsilon\tau'\ \dot{\epsilon}\xi\ \dot{\alpha}[\theta]\acute{\epsilon}\omega\nu\ \kappa\alpha\acute{\iota}\ \mu\circ\iota\ \kappa[\alpha\lambda\grave{o}\nu]\ \circ\ddot{\upsilon}\nu\circ\mu\alpha\ \lambda\acute{\iota}\pi\circ\iota\varsigma$".

第九章 弗里吉亚挽歌

在一个较好的树干上，一个极好的枝杈上已经开出了花。优秀的米南德(Menander)由于他获得的巨大荣誉而成为一个祭司，至高而公正。他的尸体现在躺在地下，但是他的灵魂却在不朽的神那里(居住)，在艾布拉姆(Abram)的心中，他将作为一个接受祝福的人休息了。他的祖国在歌中赞扬他，长笛应唱。他的配偶克里奥萨(Kleousa)站在前面，是最主要的哀悼者："你怎么抛下孤独的我？我如何忍受可怕的痛苦？"她的高贵的丈夫回应道："实际上，你不要哭泣，也不要愤怒，我的兄弟们的灵魂也需要我将它们带入永生的神那里。神的意愿和快乐就是这样。我将祈祷传达给神，他也将很快把他们从不虔诚的人中拯救出来(异教徒)，你将留给我一个好的名声。"

在第15行，考尔德还原出了 $α[χ]έων$ 而不是 $α[θ]έων$。就妻子而言，对话结束了。她祈求丈夫能够从地狱或炼狱的苦难中解脱出来。这可能是正确的，它可能(如他所宣称的)提供了一个早期的为死者祈祷的例子，[10] 但结尾与它不太匹配。妻子作为主要哀悼者，她几乎不可能祈祷她的丈夫脱离地狱并留给她一个好名声。丈夫既然一直以神的形态(异教徒的习俗)活着，他可能祈求她为他在世上留下好名声。此外我不相信在那么早的时期，这个公开的为死者祈祷并希望他脱离炼狱之苦的例子。很少有与此类似的例子。这一段具有古老异教徒的典型特征，基督教化程度较轻。

第2行，考尔德提出了 $μέγα\ οὖνο[μα]\ ἔσχε$。这是一个通常的结束语。在文中，A是清楚的，表明 $μεγάλο$ 是地方的形式，就如现代安纳托利亚希腊语一样，不是 $μέγα$，$μα$ 因抄写错误而被省略了。

第4行，$κτ$ 明显应该是 $κῆε$，即 $κεῖται$，原文简直将 $κτ$ 弄得很模糊，不过我在抄写时很清楚它的含义。

第7行，$ὑμενεῖ(ε)$ 来自 $ὑμεναιόω$，你的故乡唱着你的婚礼歌曲，对你的故乡来说，死亡等同于婚姻。在异教徒的思想中，这将意味着"你结婚，与神融合在一起并作为一个神而活着，对于你的故乡来说，你就是神"。在基督教徒看来，"你真正的故乡是天堂，你现在就与它结合在一起"。可能两种观念中的一些因素都存在于这个引人注意的短语中。

第 6 行，$οἱς$ 也是一个错误（是雕工的错误吗？），应该是 $εἰς$，或者更可能 $οἱς$ 表示 $ὑς$，被错误的拼写成 $ἱς$。我在抄写时，注意到这个奇怪的形式，就像艾布拉姆（$Αβραμ$）是一个永恒不变的名字。在拜占庭时代，$εἰς$ 和 $ἐν$ 可以互换。一个朋友更偏爱一个定语形式 $Αβραμοις$，"在艾布拉姆心中"。

第 7 行，死亡和婚礼是同一个仪式的不同形式，因此有长笛和宗教游行。这是一个非常重要的观念，它贯穿很多安纳托利亚和希腊文学之中。

第 8 行，$προγενήσεται$，"将占据前面的一个位置"。通常，人名是没有韵律的，作家经常模仿荷马，展示他在学校所学的东西。

第 9 行，第二个 $πῶς$ 被雕刻师省略了，那里也没有留出空间，$μούνη(ν)$ 如经常表现的那样，缺少宾格的 N。

第 8—15 行，在这里，戏剧性的形式更加明显："妻子朝前站着"。

第 1 行，这一行排列了一些碎片（Le Bas，No. 1188），沃丁顿（Waddington）将它们算作一个铭文。它们来自一个在科尼亚旅行的希腊人的笔记（它们被划分了类别）。在 1901 年，我看到了一个老人迪亚曼蒂斯医生（Dr. Diamantides）[11] 的更早的笔记，我认为，他是一个无名的奇异收藏的权威人士。

在医务巡视中，他草草记下了一个完整的或断断续续的铭文的第一行。当我发现其他铭文时，他已经在科兹卢（Kozlu）了。他的笔记中经常包含很多不同铭文的片段。除了阿伦德尔（Arundell）和老莫德特曼恩（Mordtmann）外，他是我看过作品的人中，最不专业的铭文抄写员，但是他慷慨大方，并对考古学感兴趣。我们在 1901 年租用了他 4 个月房子，当他回到家时，被在他家中抢劫钱财的人谋杀。[12] 在 1883 年，他的许多笔记首先给我已故的朋友斯特雷特教授看过。之后在 1886 年和 1901 年给我看过，那时候笔记就更多了。愿他安息吧！

二、1905 年，在一个叫库予鲁-泽布尔（Kuyulu-Zebir）的村子里（在泽布尔，从井中汲水，与特克斯迈利-泽布尔[Tcheshmeli-Zebir]不同，在那里，从泉里取水），我抄写了一个基督教时期的奇怪的墓志铭，它大约是 340 年的。

第九章 弗里吉亚挽歌

在 1908 年，考尔德教授又对它进行抄写。在 1910 年，我们一起完成最后的抄写工作。[13]在希腊语中，可能存在较大的拼写错误。坟墓的建造者强调了日期，故而，它的日期可以确定。强调坟墓的建造者是异教徒的习俗，因为这是他的义务，他必须适当地强调它。这个异教徒的习俗大约在 340—350 年间开始在基督教徒的墓志铭中被废弃。因为适应这种习俗的那种感情变得衰弱了。碑铭首先有一个雕刻粗糙的十字。

1, 2   τιμῆς εὐστατίες μνεμῖον αὔτικε ἤρεν
2–4   σὸς πόσι, σὲν ποθέων, σὲ τίτλῳ ἐνιγράψατω τῷδε
4–6   σὰς ἀρετὰς σά τε ἔργα σαω φρωσύνεν τε μεγίστη
7–8   ῾Εηελιανὸς ποθέων [μνή]μνς χορην ἐξετέλεσε[ν].
8–10 Μίκ[κο] τωὔνωμ ἔην Μετρωβίου ἀνδρὸς ἀρίτου
10–11 μητρὸς πιστωτάτες Λωυλιανῆς διακόνω
11–13 ἔκουσα κασίγνετον Μητρόβιων τὸν πανάριστον,
13–14 ἠνορέῃ καλλίστη κὲ ἡλικίεν ἐρατινή.
14–16 ἤδε κὲ ἐμ μεγάρυς λίπε τέκνς πένθω [κ]αὶ λύπε
16–17 (ἠ)βίων ἐκτελέσασα ὑ[κῶ] πάνχυ σαόφρων θανωῦσα.

你的丈夫（在你死后）立刻为你建立起一个牢固的、载着荣誉的墓碑。为了纪念你，我将在墓志铭中记下你：埃米利安努斯（Aemilianus），建立（纪念碑）来纪念你的美德、你的家庭工作和你的节俭作风。她的名字叫米克（Mikke），她的父亲是最优秀的男人米托比奥斯（Metrobios），她的母亲是最忠诚的陆利安尼（Louliane）执事。她的哥哥叫米托比奥斯（Metrobios），是一个最杰出的人，是迷人的、漂亮的成年人中最可爱的人。她是在我们悼念的这个房子中离开的，留给她的孩子们无尽的痛苦，结束了她的一生，带着美德和对家庭的忠诚死去。

在挽歌中，死去的妻子的美丽[14]和她作为一个主妇的杰出表现往往会被强调。ἔργα 是家庭工作。[15]米克显然比埃米利安努斯出身更高贵，她的父亲、母亲和兄弟都被称颂，她的母亲是一个女执事，但是丈夫的父亲的名字没有被指出。通常情况下，丈夫的父亲被提到，而妻子的父亲不会提到，在一个家庭中，通常是提到儿子的名字而不提女儿的名字，这几乎是规律性的。

1. 用 εὐστατίης 来代替 εὐστάθης 这种做法固定下来。人名奥斯塔西奥斯（Eustathios）表明在 εὐστάθης 旁边应该还存在着一个异体形容词。考尔德发现了这个形容词。

2. μνημῖον 缩短了，在希腊语著作中不会使用 -μῖιον，αὖτικε 代替的是 αὖτικα，即立刻，死后立即，急速的埋葬死者这种情况是不变的，墓碑也立即建立起来。

2. ΠΟCIC，3. CN：lapicida 省略了 CCEN 连续的字母中的一个，σεν 代替了 σε，就像 ἐμέν 代替 ἐμέ 和许多其他例子一样。

3. τε 代替 σε 可能是更好的解释，CE 可能是一个抄写错误。一个朋友将 CN 改成 OC，但我对此大胆的修改方式不敢苟同。

6. 这一行结尾处的 N 可能是磨损掉的，或者是在宾语的变格中一种通常的省略。

13. ἠνορέη 用于妇女，像马尔斯（Mars）的妻子涅利尼斯（Nerienis），然而尼罗（Nero）是翁布里人（Umbrian）。

16. 双 H 只被写了一个，如通常情况，λύπην 省略了结尾的 N，虽然下一个 H 在石碑上被刻在了同一行，但是它应该是在下一行诗的开头。

只有在罗马时期，才提供了这种自然表达的纯朴感情的例子。可能它们中的一些是被刻意附加上的，但是在现在，这些也足以满足我们的要求。它们能够提供纯朴的情感的范例，在其中，除了用了一些一知半解的糟糕的希腊语外，几乎没有任何教化的修饰，只能够发现一点叙事诗的影响。希腊的宗教仪式和希腊的天才们抛弃那种单调的、无聊的题材，创造出真正的诗歌艺术。

三、在原始时代，安纳托利亚高原本土没有留下文字记载，但是他们像那些公元 4 世纪的例子中所描述的那样来哀悼死者，他们现在依然哀悼，不过少了些言语上的表达。

古代英语史诗《贝奥武甫》（*Beowulf*）记载了一个早于公元 1 000 年的传说，它阐明了我们的论点，即罗马时代的挽歌和现代安纳托利亚部族间的挽

第九章 弗里吉亚挽歌

歌习俗可以追溯到很原始的生活方式中去。这个史诗以老勇士的葬礼结束，哀悼是在"年老的妇女"（可能是他的妻子）带领下进行的。这与前面的仪式极为相似，哀悼的引导者是与死者最亲近的妇女，即他的妻子或母亲。

注 释

1. 苦修僧酋长是一个失明的老人，他在他们家族世袭的庄园款待了我们，这个庄园被称作卡拉·阿斯兰（Kara Arslan），即黑色或令人恐怖的塞尔柱狮子。虽然他与伊斯兰教不相容，但是他曾组织毛拉维（Mevlevi）加入穆斯林军团。如果我们承诺出席，他将在星期五为我们安排一个特殊的节目。它比我在科尼亚听到的音乐要好听得多。科尼亚是毛拉维的主要中心。毛拉维在科尼亚的庄园也叫作卡拉·阿斯兰，它非常肥沃，耕作得很好。酋长饮酒，这是证明他们不是穆斯林的确切证据。在科尼亚，酋长首领被称作查尔·阿凡提（Tchelebi Effendi），在苏丹统治时期，他有权佩戴奥斯曼苏丹的剑。我所看到的那些酋长带着极大的兴趣阅读和欣赏我们在1901年送给查尔·阿凡提的一本波斯诗歌集（雷诺·尼科尔森[Reynold Nicholson]著）。他的继承者被带到君士坦丁堡为新苏丹举行就职典礼。佩剑仪式在艾优卜（Eyub）《旧约》中的乔布)的清真寺举行，它代表奥斯曼土耳其人对塞尔柱人的合法继承。
2. 戏剧有结果，悼文则不可能有结果，它们只是农民表达自然感情的一种方式。
3. "Sepulchral Rites in Ancient Phrygia"（*J. H. S.*, 1884, pp. 241 ff.）中有详细的证据。坟墓是"门"（θύρα）；"弥达斯之墓"是早期弗里吉亚墓中最大的一个，它立刻成为一个圣坛和坟墓。在安纳托利亚，没有一个地方能够带有神圣性，除非那里有一个坟墓。这习俗深深植根于中世纪和现代土耳其人的观念中。也可以见 *Stud*, in East. Rom. Provinces (p. 270), Callander, 同上 (p. 171 在那里读到 προγονικόν: 全部的修复是确定的)。门是进入神的灵魂的入口。这种仪式在某种意义上说是神秘的（*mysterion*）；参照 *Annual B. S. A.*（1912—1913）中的"彼西底的安条克的秘仪"。
4. 欧洲希腊中的爱奥尼亚人来自安纳托利亚，他们带来了很多安纳托利亚习俗（第18章）。
5. 见引用的墓志铭，它对于认识墓碑的架构很有启发意义。阿波尼乌斯（Aponius）为他自己和他的妻子维萨利亚建造了坟墓（结婚后，一个丈夫的首要任务），坟墓是将来家人的祖先们的家和圣地，不允许别的尸体放入其中。在坟墓下面的墓室内（οἶκος），阿波尼乌斯保留了让其他遗体搁置的权力，他将在遗嘱中指定。如果在碑文中没有提到留下财产，死者和他妻子的墓葬仪式就不会持续很长时间。也可以见作者在 *J. H. S.*（1922, p. 181）中的说明性的碑铭。
6. 帕加马人对吕卡奥尼亚的占有在公元前189年的合约中得以承认，但是这种占有极不可能是事实。这个距离对正在衰弱的帕加马来说太遥远，以至于它不会被托罗斯这边接受。对它来说，这就是一个无意义的地理名词，可以根据罗马的选择或根据帕加马的势力而出现不同的解释它的方式。罗马人不太希望在小亚细亚建立一个真正强大的塞琉古王朝的亚太利（Attalid）继承者，可能更希望得到一个模糊的地理名词而不是确定的认可。
7. 大约公元前400年，一个基督教的墓志铭类型形成。在此之前，基督教的墓志铭沿用了原来异教徒墓志铭的形式，只不过很少真正为异教徒所允许。
8. 见 *J. H. S.* (1918, pp. 125ff.)。
9. 皇家财产的古老习俗是保存最长久的，保留了异教信仰。关于 Gissa 和 Gisza，见 *H. G. A. M.* (p. 412) 和 *Stud*, in Eastern Roman Provinces (p. 365)。
10. 它被完全地隔绝，以至于不可能是这个时期的，它大约是公元300年的。
11. 迪亚曼蒂斯是维拉亚特（Vilayet）的一个医务检查员。维拉亚特是一个很大的省，它从安塔利亚（Adalia）

到哈伊玛尼(Haimane)和尼第(Nigde)。
12. 弗里德·瓦里·帕夏(Vali Pasha, Ferid)抓到了谋杀者,据说是两个人,一个土耳其人,一个美国人。当我们在下一年,即1902年,返回科尼亚的时候听说这件事情。
13. 我1910年的笔记本在1912年到1914年英格兰的某次旅途中丢失了。
14. 在第13行中的ἠνορέῃ在希腊语中更适合用于男人,但是下面的诗文中表明它更多用来表示人的美丽。
15. 在墓碑上,它们经常用纺纱杆、纺锤和蒸煮罐来表示,刻在碑文的上面或下面。有许多这样的例子,可见 *Studies in East Roman Provinces*（pp.30-90）。也可见 *Iliad*（p.14）。

第十章
《伊利亚特》与特洛伊战争

阅读《伊利亚特》的每一位读者都会面临两个问题。首先,为什么以前人们这么清楚、这么肯定特洛伊战争持续了10年?它是我们最古老和最权威的经典,全体希腊人也都认同战争持续10年之久这一传统说法。然而,即便是《伊利亚特》也没有描述特洛伊的陷落。在史诗结尾处,亚该亚最伟大的英雄也不得不在特洛伊被攻陷前付出他的生命,并且只能耍计谋来攻陷特洛伊,它的城防是牢不可破的。

其次,史诗为什么以一次葬礼和一个坟墓结尾?这一特点成为后来小亚细亚地区的习惯和宗教法则。有许多碑铭可以证明这一点。从这块土地与它对人神关系的理解(如同我们看到的希腊罗马时代的习惯)来说明这一点最恰当不过,这部史诗的高潮应该是一个坟墓并且其最后的语句应该描绘一个葬礼仪式。

我将证明我们先解决第二个问题更方便些,因为这样更容易理解安纳托利亚人的观念,正如希腊罗马时代的碑铭所揭示的那样。

按照安纳托利亚人的观念,一个男人能够给他妻子的最大的敬意就是在她去世前为她准备一座坟墓。这最能体现他对妻子的尊敬和爱意。如果妻子死了,为她修建坟墓肯定是丈夫的责任,除非他的或者她的父亲早已为她修好了去世后永久的居所,使她能够埋葬在一个修好的坟墓里。在现代法庭上,为一个健康的妇女准备坟墓和葬礼仪式,就表明她的丈夫将要抛弃她,在古代安纳托利亚,相同的行为则被视为是他对他妻子最大的爱,墓志铭上常常提到,坟墓是由生者为生者准备的,以示一种爱意。

在人类生活[1]的基本观念上的绝对矛盾使人们很难相互理解。在那位最伟大的安纳托利亚或者古爱奥尼亚诗人看起来,这部史诗这样结尾是合适的、恰当的,也是必要的,我们对此却感到很难理解和赞同。

考珀(Cowper)说:"读完这部伟大的史诗时,我都无法不被它简单的结局所打动。就像一个伟大人物独自离开,既不是自大,也不是放肆;不是傲慢,只是不需要太拘泥于俗套。"这个解释仍然不能令人完全满意。

《伊利亚特》的高潮在哪里?从现代人的观念来看,阿喀琉斯和赫克托耳之间的决斗应该是史诗的高潮。特洛伊城的守护者死去,特洛伊的精神也远去了。结局即将来临,最后一幕的帷幕已被庄重地拉开。这一线索指明了史诗不可避免的结局。

然而,在安纳托利亚人的观念里,史诗必须以坟墓结尾。一个英雄不能死而不葬。史诗的结尾必须是葬礼盛会。这样,也只有这样,才能对这座伟大城市的保护者致以应有的敬意。不仅仅要有一个坟墓,甚至要有一个盛会或者一个"复活"才是合适的结局。

正如教皇在史诗最后一行所描写的那样:

他们集合在那里,在辛劳中得以休息,
并且悲痛地分享这最后的葬礼宴席。
这就是伊利昂(Ilion)给予她的英雄的荣誉,
强大的赫克托耳的幽灵安静地睡下。

这种葬礼宴会一般在墓地举行。但是由于害怕希腊人的攻击,必须有侦察兵侦察敌人是否攻击或靠近,所以这些仪式不得不尽量缩减。但是,特洛伊人还是用九天来举行火葬,并且在坟墓上铺上石块,这是很不寻常的。在阿喀琉斯意志的主导下,希腊人在他们的品质里有没有体现出一些骑士精神呢?这种精神在现代臭名昭著。无论如何,特洛伊人并不相信他们,因为他们有侦察员报告亚该亚士兵的任何行动。

因此,史诗按照纯粹的安纳托利亚人观念中的恰当的生活方式来结尾。

第十章 《伊利亚特》与特洛伊战争

值得注意的是,在这场长期的战争中,英雄们被假设没有直接面对面。在史诗的第3卷中,海伦(Helen)必须从特洛伊的城墙指出希腊的英雄,并且叫出他们的名字——尤利西斯、埃阿斯、伊多梅纽斯(Idomeneus)。她还认识其他的英雄,但是没有说出名字,只是徒劳地寻找她的兄弟卡斯托尔(Castor)和波吕科斯(Pollux),并且想知道他们的命运。

《伊利亚特》描述的是战争最后一年的战斗,在此之前的那些战斗必定发生在远离特洛伊城的地方,其中有些是要切断特洛伊和外界的联系,而且战斗只是缓慢地集中到特洛伊平原上来。特洛伊事实上是一个劫掠者的城市,他们征收贸易税,但是从地理上看,它并不是一个商业城市。它不是商路的交会点,也不是一个商人会自然聚集的地方。

因此,特洛伊战争持续了长达10年,这是一个重要的事实,并且需要对它进行清晰的思考。战争中,贸易处于停顿状态,而希腊的大部分地区为贫瘠的岩石,希腊人必须依靠贸易谋生。一个10年的远征意味着需要消耗大量的人力,供应大量的食品和饮料,并且要进行各种各样的战斗,但是在以前或者在《伊利亚特》中这些都没有被提及。希腊人没有葡萄酒的刺激是没办法生活、工作和战斗的。每一次战斗,每一次攻击都要消耗生命,然而军队的数量必须要维持。从人类生活的一般过程来看,在数量如此众多的军队里必定会有因自然原因而死亡的人。亚该亚人不可能依靠敌国来获取给养,因为他们还没有占据它。特洛伊城里的特洛伊人远比在狭小军营里的希腊人安全。特洛伊城人口的自然增长在持续,战争开始时的男孩子们在《伊利亚特》拉开序幕时已经在队伍中战斗了。在亚该亚人当中则没有这种人口的自然增长,因为他们没有家属随行。

需要研究一下第2卷中战船和海员的数目。它指的是当舰队集合在奥利斯港(Aulis)时的数量,还是指战争的第10年,即《伊利亚特》故事开始的时候的数量呢?"战船只是一些舢板,船员只是一些男人"。大体上说,如果人相继死去,那么这些战船则应该腐烂,它们被拖到岸上,经受夏天的烈日和冬天的严寒,年复一年。许多可以航海的船只经过9年时间就难以航行了,需要改装、修补缝隙等。

我们不能回答这些问题,我们没有这方面的数据,这些细节都被历史所掩盖,但是这些是事实。特洛伊战争是历史上真实存在的事实,但是我们不可能写一部与它相关的经济史。

史诗中有一些关于补给的暗示。在希腊人发动对特洛伊的第一次攻击前,他们曾经停泊在利姆诺斯岛(Lemnos),并且在那里宴饮(*Iliad*,VIII. p.230f.)。他们知道在利姆诺斯能够补给充足的公牛和葡萄酒。然后,在战争真正开始之前,他们吹嘘每一个希腊人可以匹敌一百个甚至两百个特洛伊人。希腊人坚定的朋友赫拉(Hera)来到伊姆布若斯(Imbros),从这些岛上为希腊人提供补给,即使特洛伊人没有战船来阻止这一行动,远征也意味着要花费时间和金钱,并且这片海洋并不总是平静的,在这片海洋活动的每一个海员都知道这一点。

然而特洛伊人面临的困难并不比希腊人小。特洛伊的环境决定了他们要摆脱困境就必须寻求外来力量的援助,它需要盟友。特洛伊并不是一个天然的商业城市,其地理位置决定了它并不适合贸易,实际上,它是一个劫掠者的城市。它劫掠通过海峡的商船,向它们收取费用。由于它索取的费用太高,希腊民族被迫团结起来对抗它。这一幕在公元前221—前218年重演,当时拜占庭人试图对通过博斯普鲁斯海峡的商船索取更多的费用,引起了一场针对他们的联合抗争和持续五年的战争。在某种意义上来说,拜占庭人是由于色雷斯部落的勒索才做出这一自杀性的举动。但是在特洛伊却不存在这种情况,普里阿摩斯在年轻时曾在桑格里厄斯河畔与安纳托利亚的阿玛宗人进行了战争,一条通往内陆国家的路向他打开了(并非是一条舒适的道路)[2]。在普里阿摩斯年老以前,他为了他的权力和生存而战,已经建立了一个劫掠者的城市。

我们必须注意到,特洛伊城坐落在赫勒斯滂海峡并不便利的地方。没有人想要从那里通过赫勒斯滂海峡。纳罗水道(Narrows)位于特卡纳克-克里斯(Tchanak-Kalesi)向上18英里处,是那条大咸水河的一个重要渡口。特洛伊城的位置的重要性在于它控制了商船向上接近赫勒斯滂海峡时必须停泊的地段。这些商人来自爱琴海,他们是古爱奥尼亚人和亚该亚人。

希腊商人试图寻找通往富裕的黑海地区(Black Sea)的路径,所以他们必须消灭特洛伊城,或者至少要削弱它的实力,以使其不再妨碍他们的商业活动。商人们很难用公然的进攻达到他们的目的,然而,还是有其他的途径。特洛伊城虽然并不是一个天然的商业城市,但是在那个时代,它是一个大城市,它拥有坚固的城防和在过去和平时期积累下来的大量财富。但是金钱除了购买奢侈品或者可口的食物并无其他用处。特洛伊并不满足于在它自己拥有的狭小沃土上耕种。它拥有财富,吸引来大量的贸易,商人们带着货物来到这里出售。在战争期间这座城市获得了盟友。来自东方和南方的商人们已经与特洛伊建立了商业联系,他们并不希望这种联系被破坏[3]。他们在特洛伊拥有一个良好的、开放的商业市场,并且不希望他们的市场被破坏。因此,尽管环境并不是很好,但特洛伊还是成了商人经常光顾的地方。而且,建立一个市场困难,但要破坏这种已经建立起来的商业联系同样很困难。

因此,特洛伊依靠盟友和贸易来养活自己和同盟者。沃尔特·利夫(Walter Leaf)甚至暗示有"雇佣兵"的存在。这是很有可能的,虽然在史诗时代这听起来不太合理。特洛伊的一些"同盟者"得到的报酬是特洛伊储藏的金子。我们不知道特洛伊的同盟者驻扎在哪里。很明显他们不可能都驻扎在特洛伊城。但是在城墙下,在希腊军队驻扎区域的远处还是有地方的,虽然这看起来和阿喀琉斯绕城墙追逐赫克托耳的情况不一致。

特洛伊的同盟者和他们的名录在历史上必然是存在的,但是它是何时和怎样形成的却是不同的问题。

利夫博士在他的著作(*Troy*, chapter Ⅵ.)中肯定地说,对于这样一个有很多同盟者来援助的大城市来说,食品和其他生活以及战争方面的必需品贸易是必须的。即使是一个"劫掠者的城市"也必须发展一些贸易。特洛伊曾经对过往黑海的海员和船只征税并且累积了"大量的黄金",但除非它能用掉这么多的金子,否则就会闹饥荒。但是这种贸易是人为的(不是自然而然产生的)。这场长期的战争、希腊人的大范围的侵略以及"雇佣军"的花费,将特洛伊的生活来源消耗殆尽,而他们又没有新的供给。亚该亚人不能通过战斗攻陷这座城市,但是他们通过一个长达10年之久的战争的消耗而最终征服了它。

因此，特洛伊战争拖延了10年乃是一个重要的事实，表明这场斗争是一场消耗战，双方都无法在"战场上"获胜。双方的实力太接近了，以至于宙斯必须在天上拿出正义的天平。既然人类无法决定胜负，正义和公正就必须由神祇[4]，或者由超越神、人的力量来决定，即公正和正义——涅美西斯。

沃尔特·利夫博士很好地指出了特洛伊战争双方的实力是如何均等。希腊人无法投入一支兵力足够庞大的军队，甚至无法（从字面上的意思来讲）包围特洛伊。确实发生了战争，却没有攻城战。战争是在开阔的平原进行的，没有对于特洛伊的进攻，因为希腊军队不够强大。在《伊利亚特》中（VI. pp. 433ff.），安德洛玛刻（Andromache）勾起赫克托耳的回忆：这座城市已经受到了三次进攻，但三次进攻都以失败告终。《伊利亚特》讲述的是希腊人的这种"无力"充分暴露时的一些事情，他们的营寨处于危险之中，他们付出了艰辛的努力才消除了危险。《伊利亚特》甚至没有提到特洛伊人在公开的战场遭到过失败。特洛伊与大海之间的平原几乎是封闭起来的，特洛伊人无法利用它，但希腊人也无法自如地利用它，只有一支强大的武装军队才能安全穿越这片区域。

塞斯托斯（Sestos）和阿拜多斯（Abydos）附近的纳罗水道（在现代城镇特卡纳克-克里斯[Tchanak-Kalesi]）才是在赫勒斯滂海中航行最关键的地方，但没有迹象表明希腊人深入到这么远，他们待在自己的营寨里，特洛伊人则待在他们的城里。在控制这一海峡之前，希腊人无法围攻或包围特洛伊，也无法切断它和外界的联系。

安德洛玛刻恳求赫克托耳进行防御：
让你的人马停留在无花果树那边，
那段城墙最容易引起希腊人的注意。
那里曾经几次出现险情，由
阿伽门农带领的希腊人
狄俄墨得斯（Tydides）和埃阿斯都曾试图从那里打开缺口。
或许，是受到期望的唆使；

第十章 《伊利亚特》与特洛伊战争

> 或许,是授命于上天,我们可怕的敌人疯狂地进攻,
> ……
> 赫克托耳,留在护墙内,守卫特洛伊。

但是安德洛玛刻的恳求是徒劳的,因为赫克托耳将要高贵地战死沙场。但在《伊利亚特》中,没有提到对于特洛伊的包围,受到攻击的是希腊人的营寨,他们的围墙被攻破,船只差点儿被付之一炬。这些围攻者差点儿被围住的敌人发动的进攻所毁灭。这就是《伊利亚特》的重要部分的背景。

史诗的确是以可怕的瘟疫开头的,这是因为希腊军队挤在狭小的营寨里却完全忽视了卫生。其他类似的例子在第三章里已经提到过。瘟疫首先从骡子和狗开始,然后波及到士兵。这是一种来去迅猛的瘟疫,持续了9天时间。希腊人扪心自问,他们究竟犯了什么罪,是什么触犯了阿波罗神,令他拿起箭屠杀他们?最后,他们想到了医学上的原因。阿喀琉斯召开首领会议,建议军队离开这致命的海岸,但首先要咨询能够给出理由的预言者——

> 不过,让某位先知或某位通神的圣人,
> 告诉我们阿波罗发怒的原因,
> 或者教给我们消除这种报复的方法
> 用神秘的梦,因为梦是来自朱庇特(Jove)。

然后,知道现在、将来和过去的"聪明的卡尔克斯(Calchas)——希腊人的祭司和向导"解释了情况和原因。原来,亚该亚人的国王曾嘲笑过阿波罗的祭司克鲁塞斯(Chryses),并拒绝接受祭司赎回被他掳为奴隶的女儿克鲁塞伊斯(Chryseis)。祭司和祭司的女儿奉神之名,代表着神。对于神的侮辱构成了罪行,这一罪行需要忏悔和赎罪,必须马上无条件释放祭司的女儿,并且要进行百牲祭来平息神的愤怒。而人们也要因为国王的罪行而受苦。

这样的"忏悔"有无数,而在罗马时代,古老的安纳托利亚宗教的某些重要中心附近的铭文中则记录着这一过程:一个人遭受某种伤痛、疾病或者损

失,他反省自己,想起一些对于男神或女神的罪行。他进行公开的忏悔和补偿,这就平息了受到侵犯的神的愤怒,神接受了补偿,罪恶就得到宽恕。惩罚结束,最后铭文将惩罚、罪恶和补偿的整个过程记录下来,作为告诫他人不要冒犯神灵的警示和例子。

这样看来,《伊利亚特》以一种纯粹的安纳托利亚宗教行为开始,而以另一种宗教行为结束。史诗的主要部分都是最初行为的后续事件,这些事件是由个别英雄的骄傲、英勇或争吵引起的,普通大众无足轻重。在亚该亚的军队中没有民主精神,[5]主人公按照自己的主人和他们的最高统帅阿伽门农的吩咐行事。

被俘房的克鲁塞伊斯(阿波罗的祭司的女儿)受到阿伽门农的赞美,这不仅是由于她的美貌,而且也是由于她巧于家务活计,这乃是一成不变的东方特征,就如在晚期弗里吉亚的丈夫哀悼妻子的挽歌中一样,"众人之王"也使用了同样的字眼(ἔργα)。

现代的考古发现已经充分证明,在《伊利亚特》和《奥德赛》的描绘中存在着一些事实和真相。特洛伊的许多城墙以及它们的位置向每一个寻找事实而不仅仅满足于理论的历史学者证明,我们称作特洛伊战争的那次巨大事件发生于约公元前1200年。如果不是为了什么目的,特洛伊的城墙是不会建造起来的。这些城墙的规模即便是对于现代人而言也是令人惊讶的。但是从历史角度来看,它们体现了一个胸有大志的人的决心。对于后来的人而言,这些城墙是个奇迹。它们证明,没有一个普通人能够完成这样一个工程,只有在神的帮助下才能建造出来。神话史诗的想象力便把神召唤进来,作为这些工事的建造者。

谢里曼(Schliemann)所发现的这一事实已经改变了现代学者普遍所持的观点。但现代的观点不能不加考虑地运用到古代,要加以区分。显而易见,这一神话解释从字面上来讲是不真实的。阿喀琉斯可能是真实存在过的英雄,赫克托耳和普里阿摩斯也是如此。但阿波罗不是一个真实存在的神。他没有帮助过特洛伊人,在从前,没有被束缚着建造特洛伊城墙,也没有修复过麦加拉(Megara)的城墙。故事中的这些部分不过是神话传说,但即便是在

第十章 《伊利亚特》与特洛伊战争

这些描述的背后也包含着一些真实的内容。

荷马是在特洛伊被毁之后约 400 年进行创作的,他写的是诗歌而不是历史。我们必须在公元前 1200 年的事实和公元前 800 年的诗歌之间作出区分,这是必要的,也是可能的。但是把诗歌当作百分之一百的历史是种错误的做法,就像以前想当然地将历史仅仅当作诗歌和神话一样,另一种情况是 50 年或者 100 年前流行的做法。荷马所写的是他那个时代信以为真的一次伟大的古代事件。在他之前应该已经有一些游吟诗人描写了这一伟大事件,但是荷马重写了那些游吟诗人和希腊的神话创造者已视为可信的传说和历史的故事。他把这些材料熔铸成一篇最伟大的诗歌。对他而言,神祇就像那些英雄、凡人、特洛伊的城墙以及它的陷落一样真实。如果他不信,是不会写出这么一部伟大的诗篇的。在这方面,弥尔顿(Milton)就不如荷马。对于弥尔顿而言,他所写的只是些寓言式的、有时甚至是想象出来的东西。他唯一的英雄是撒旦(Satan),但是他知道,他主要是通过想象来揭示真理。撒旦是(正如弥尔顿感受到和知道的那样)一个腐蚀他人和他自身的人物。

　　他把死亡和我们所有的灾难带到人间,
　　并毁坏了伊甸园,直到一个更伟大人物到来
　　才为人类恢复乐土。

但是在这个诗歌中有着更为纯粹的、常见的诗歌情节。弥尔顿用在诗歌中想象撒旦:

　　按照人类的计算方法,大约九天九夜,
　　他和他可怕的党徒,
　　辗转在烈火的深渊中,
　　虽是不死之身,也受到惩罚。

他只是在模仿荷马和赫西俄德,对他们来说"九天"或"九天九夜"是个固定的术语,是个约数,基于以八天为一段时间来划分一个月的方法(就像我们在现代数学计算中那样),不过古代的计算方法将这样一段时间称为九天。[6]

对于弥尔顿来说,撒旦的形象只是一种想象和富于诗意的东西而已,除了撒旦的头颅

……他身体的其他部分俯卧于洪流之上,
伸展得又大又长,
浮在许多十字架上,
块头几乎与神话中的怪物,
那个跟朱庇特作战的巨人提坦(Titan)或地母之子相当。

这一行以及接下来的一行诗句(这一行在这里没有必要引用)表明,弥尔顿只是模仿一个固定的希腊的模式,因为这是诗歌和作诗的规矩,是不可信的,因为如果相信了,对他来说,就意味着相信异教。同样,撒旦的

……沉重的盾牌是
天上铸造的,庞大、坚厚、圆满,
背在背后;那个宽大的盾牌
挂在他的双肩上。

接着:

他的长矛,
同最高的松树一样长,
从挪威(Norwegian)群山上采伐下来的,
可作军舰上的桅杆的树,
跟它比起来不过是一个小棍。

第十章 《伊利亚特》与特洛伊战争　　93

　　这些(还有其他很多片段)都是诗歌的虚构,目的是在读者心中激起一种巨大力量的形象。弥尔顿也完全相信那种无穷的力量。但是他的意象不是真实的,源于文学而不是生活。而荷马的描述和意象对他自己而言是真实的,是源于小亚细亚的事实,是他所看到的生活的剪影(或者据有关传说,当他成了"失明的老人"之后就看不到了)。

　　必须将荷马所知道的和所相信的公元前800年的事情与公元前1200年的事实区分开来。对贸易构成威胁和持续危险的特洛伊城被攻陷、劫掠,并被焚毁了。但是那匹木马(《伊利亚特》中没有提到)、那些神祇以及和神祇对抗而受伤的人们只是虚构的。当我们说《伊利亚特》的故事是历史和事实的一个剪影的时候,我们必须将一些成分从这个故事中剔除出去。古代亚洲的传说(如栖息在特洛伊门的一棵树上的两只鹰)以及其他的构想和传说,有些早于公元前1200年,有些是在荷马和他所描写的事件之间的400年中加入"神圣的特洛伊故事"的。

　　荷马讲述的是他所信和所见的事物,而在特洛伊发生了什么则必须通过特洛伊城自身来研究。对于每一个细节我们都要问一问,这是公元前800年的描述还是公元前1200年的事实?有些最近的、最前沿的现代学者将两者混淆起来,认为前者就是后者。

　　荷马的比喻源自小亚细亚的生活。在弥尔顿那里,比喻也多数源自他失明之前个人的知识和见闻。像诗歌惯用的手段,他引用了撒旦的盾牌,但是出于常识,他对于巨大圆盾的描述具有真实性,它挂在他的肩上:

　　　　像一轮明月,就是那位托斯卡纳(Tuscan)的艺术家。
　　　　在傍晚时分,从非索尔(Fesolé)山顶上,
　　　　或瓦达诺(Valdarno)山谷中,用望远镜能在它斑驳的球体上
　　　　看到的新地和山川。

　　在《贝奥武甫》(p.104)中,英雄的冒险生活在他被埋葬时达到高潮,他的尸体被焚烧,他的战士绕着柴堆骑着马,歌唱对他的赞美,妇女们在痛哭。和

《伊利亚特》一样,诗歌以小调结束,而在这两首诗歌中,结尾都是高潮。在弥尔顿的诗中,撒旦因原罪而迅速堕落,在此意义上他是个英雄,而恶毒是这首诗的主题。他在试图毁灭人类的同时也毁灭了自己。

注　释

1. 我们可以加上"神的生活",因为死去的人变成了神祇而且他的坟墓就是他的庙宇。
2. 这似乎在 Pausannias（X.31.7）中得到暗示。
3. 直到罗马将色雷斯人文明化以前,他们仍然是蛮族人,并且似乎没有证据表明特洛伊和色雷斯人之间有商业往来。
4. 与前面做一下比较。
5. 只有瑟息提斯（Thersites）代表平民,但他被描写成一个可恨的、愚蠢的人物。
6. 在荷马史诗中,"九天"常被用来作为一个时间段,例如 *Iliad*（XXIV. p.784）中的例子。

第十一章
古代小麦贸易的流向

试着把导致特洛伊战争的经济情况与后来的历史联系起来对我们来说是很有用的。重要的原则是,博斯普鲁斯海峡和达达尼尔海峡的贸易与航行永远都不会处在任何一个强大到足以阻断其通行的城市的控制之下。

本章试图表明控制爱琴海和黎凡特(Levant)[1]贸易活动的势力总是一样的,古代那些变化的情况,公元前1200年和公元前200年几乎一样,都可以通过与现代经验对比得出判断。风和海的物理条件不如人类本性和人类需求所施加的条件更持久。

与黑海的贸易对希腊历史的影响远比人们所知道的影响大。黑海的发现在早期希腊历史上与美洲的发现在现代欧洲史上具有同等重要的划时代意义。来自希腊化时期的一段插曲构成了本论文的主题。

波利比乌斯(Polybius, IV. 38. 4)描述了大概在公元前220年[1]从本都(Pontus)经过拜占庭的贸易,他的描述具有某些显著的特征。他说,在生活必需品方面,贸易的主要物品是牛和奴隶。同时还有大量的可以使生活变得更加舒适的蜂蜜、蜡和咸鱼被带到地中海地区。各种各样的油和酒从希腊运到本都;小麦有时向一个方向输送,有时又输送向另一个方向,这根据需要而定,这些需要可能根据各个国家的收成情况以及小麦在各个市场售出的价格而定。波利比乌斯仅仅陈述了事实而没有提及经济方面的原因。

波利比乌斯对必需品和舒适品的区分与我们对必需品和奢侈品的区分没有丝毫的一致。他的思想或分类里不存在奢侈品。奢侈品总是从黑海运

---

[1] 地中海东部地区。

到希腊。例如,地毯和漂亮的东方手工艺品是来自东方港口,特别是特拉布宗(Trapezus)。面包是必需品,腌制的金枪鱼或蜂蜜则是一种享受品或舒适品(ὄψον)。波利比乌斯主要考虑的是食物,根据他的划分,有些东西没有就不能生存,它们就是必需品;而那些可以让生活更加美好和快乐的物品则是舒适品。他的这种划分大致类似于我们划分大宗的贸易与那些较之其重量有很大价值的物品的贸易。

典型的古代观念认为,奴隶是必需品,而鱼则是消遣品或只是舒适品。奴隶大部分来自科尔喀斯(Colchian)或西徐亚(Scythian),但是普雷勒尔(Preller)[2]指出那些奴隶的一部分是从港口锡诺普(Sinope)、阿米索斯(Amisos)、特拉布宗[3]装船,被运送到黑海的卡帕多西亚,这一点是正确的。关于这一点,我可以引用我的朋友利夫博士的研究。他在一封写于1921年的信上曾问到,这些到博斯普鲁斯海峡的牛是在哪里畜养的,答案一定是在与黑海接壤的畜牧地区。整个南部沿岸地区"因其多山并被森林覆盖被排除在外,而西部和绝大部分北部海岸是黍生长的沃土,不适合放牧。看来唯一可能的地方是东北部的大草原,实际上就是西徐亚。如果说从那里有任何大宗的适合出口的牲畜,除了波利比乌斯所提到的之外,是否会有其他的例证呢?至于奴隶,我猜,切尔克斯(Circassian)部落是一个巨大的来源地,可能奴隶因此都被叫作'科尔喀斯(Colchis)'"。

利夫博士几乎提到了所有会遇到的困难。如果说西徐亚是个游牧国家,这与事实并不相符。在那时,本都的北部和西部海岸的沃土专门用来种植小麦。在那里,草也会和小麦一样生长。劝导或强制野蛮的和半开化民族种植更多小麦,生产超出自己实际需要的小麦确实是一个大问题。大约在50年前,这个问题被认为是安纳托利亚农业生产中的一个重要问题,那时我刚开始了解这个国家。我听说,土耳其村庄不会种植多于足够自足的食物,除非他们的居民负债并不得不支付债务利息[4]。它是一个不健康的体制,容易被放债人滥用。在这种经济情况下,人的本性促使人们渐渐反感放债阶层,这一阶层的人大部分是基督教徒。安纳托利亚的问题和那些可怕的大屠杀必定有其根源,不是源自宗教,而是源自经济情况[5],并且那些怀有善意的人在一定

第十一章 古代小麦贸易的流向

程度上妨碍了这个问题的解决,他们把这个问题视为一种宗教迫害而忽略了其真正的原因。安纳托利亚的农民是勤劳的,但是在家乡,他们找不到能挣钱的工作,所以年轻人必须去士麦那或君士坦丁堡,在那里他们靠做搬运工或是其他一些简单的工作勉强度日,然后回到自己的村庄。任何给予他们的工作,诸如修铁路或做考古工作,都是给这个国家和它的人民在经济上的恩惠。

在俄罗斯南部,在古代,情况也是这样。比起农耕生活,那里的人们更喜欢游牧生活,相应地,肥沃的适合黍生长的土地很可能也用来放牧出口到希腊的牛,因为在希腊,饲养的牛数量不足。

利夫博士认为,那些被带到博斯普鲁斯海峡的奴隶是科尔喀斯人,这种贸易一直贯穿于历史之中,直到现代,奴隶还被叫作"切尔克斯人",他的主张是有趣而发人深省的。他用新的眼光提出了一个我从未正确理解的事实,即在古代,就有交易既漂亮又危险的科尔喀斯女人的情况。他们自己国家的公主[6]美狄亚(Medea)就是原型,是这样的女奴隶中第一个为众人所知的。但是就是希腊人也不把这样的贸易叫作必需品交易。据波利比乌斯说,黑海的奴隶贸易是必需品贸易,在任何情况下科尔喀斯人都只占很小的比例。科尔喀斯人或切尔克斯人的女奴隶不多,但是她们产生的影响远远大于她们所占的比例。她们无疑被大众叫作"西徐亚人",这是一个被希腊人使用得很含糊的术语。

现代流行的观念认为,希腊商船很小,很难与活牛贸易[7]联系在一起。我们必须承认,为了与本都进行贸易,希腊的船舶的修建技术得到提高,更大的船舶被建造起来,取代早期的小船。卢西安(Lucian)特地描述了在埃及黍贸易中的一艘巨大的船舶,它在公元2世纪早期不幸被大风吹到比雷埃夫斯(Piraeus)港口。没有理由认为完全靠罗马人的技术建造起如此大的船舶。最可能的是希腊的造船者经历数百年后,逐渐学会了怎样去把船修建得更大,最后他们能够制造卢西安描述的那种船。早在公元57年,圣保罗就乘坐亚历山大的一艘运送黍的船从迈拉(Myra)来到罗马,很明显,那是一艘埃及和罗马贸易往来的普通船只,船上有279个人。[8]这些船只毫无疑问属于罗马帝国的服务系统，它们给罗马提供日常生活用品。我们必须认识到，船上纯粹的乘客寥寥无几，只有与帝国服务系统有关系的人才被允许上船。圣保罗和扮作他的仆人和奴隶的两个朋友（卢克［Luke］[9]和阿里斯塔科斯［Aristarchus］）就是这样与其他运到帝国审判的犯人一起登船的。但是，船上的279人中的绝大多数是被雇佣来的船员，囚犯只是少数，据说有30到50人，另外，还有一些侍卫。

雷姆塞女士给我指出载有大量动物运输的两条记录：

（1）在公元前430年，一支300人的骑兵队被从比雷埃夫斯运送到伯罗奔尼撒半岛（Peloponnesus）的东北海岸。正如修昔底德所说，这是第一次用船大规模地运送马匹。[10]对于我们而言，它很重要，因为它代表了海运货物发展史上一个新的阶段。这次只是匆忙对现有船只进行了改造，只在萨罗尼克湾（Saronic Gulf）的静水区进行一段很短的航行。但是它是重要的一个进步，迈出这一步的航海国家将来可能取得更大的进步。匆忙修整的430米的三层浆战船标志着一个新的阶段，在公元前220年前为牛的特殊贸易而修建的船只标志着一个更为先进的阶段。另外值得注意的是，在战争的压力下，希腊人迈出了引人注目的运输牲畜的第一步。

雅典用海运运送马和骑兵，出其不意地出现在敌军的海岸线上，这种尝试看起来像是一个在战争压力下产生的新想法，但是，如果真是这样的话，那只能说明，在那时，欧洲（像现在）不愿意向亚洲学习或是借鉴。

（2）希罗多德曾提到（Herodotus，VI. 95），波斯人用运马船将他们的骑兵从西里西亚的阿利安（Aleian）平原运到爱奥尼亚，然后于公元前490年从那里穿越伊卡洛斯（Icarian）海，经过纳克索斯岛（Naxos）、提洛岛（Delos）和基克拉迪群岛的其他岛屿，从萨摩斯（Samos）到达马拉松（Marathon）。这是希罗多德的一种说法，为了避免绕行阿托斯山（Athos）的危险，这条沿色雷斯海岸的航线更好。但是，这种说法可能只是因为他没有理解波斯的作战计划。接受被人所知的事实并忽略那些对事实假设的解释以后，我们或许可以公正地说，这种航行路线是为了给敌军海岸一个突然的意外打击，它暗示了有才能的波斯国王深谋远虑的战略计划。对阿托斯山的恐惧与波斯把骑兵

第十一章　古代小麦贸易的流向　　　　　　　　　　99

从西里西亚运送到萨摩斯毫无关系。从萨摩斯到马拉松一个岛一个岛的航海行程,穿过静静的夏日之海,可能是一个战争计谋,而不是出于对阿托斯山和从山上突如其来的向水面横扫的狂风的恐惧,作这样的假设并不太荒诞。[11]

可以得出结论说,腓尼基人(Phoenicians)已经把通过海运运输牲畜的想法付诸实践,而且大流士(Darius)已经把这种策略用于作战,所以他能够如神兵天降般的突然出现在阿提卡,而此时阿提卡分裂的、不和谐的各党派正在忙于争权夺利的斗争。其中一个党派就与波斯人勾结在一起。然而,在这种情况下,这次突如其来的攻击让雅典爱国者占据了上风,他们已经准备好发出决定性的抗击时,保守的反对党派根本没有做好抗击外敌入侵的准备。

运马船($νῆες\ ἱππαγωγοί$)的发明比雅典帝国(Empire of Athens)的诞生还要早,并且像其他许多重要的发明一样,它属于亚洲。例如,动物的驯化,很可能或肯定就是在亚洲完成的。

斯特拉博对阿奎莱亚(Aquileia)的贸易的描述说明了本都贸易的特征(正如雷姆塞女士再次向我指出的)。阿奎莱亚是多瑙河部落和意大利商人进行商品交易的中心和市场。意大利商人带来海产品和装在木桶里的酒,还有油,他们把这些商品装到货车上,而伊利里亚(Illyrian)商人从多瑙河地区带来奴隶、供食用的牛和兽皮。阿奎莱亚的牛经过一段很长的陆路运到市场上,而波利比乌斯描述的牛则是通过海运到达市场,它们之间存在着差别。但关键的是,在两种情况下,需要的是同一物品,并且这种需要导致了一种通过贸易和商品交换来满足它的方法。意大利和希腊的土地一般都不适合养殖市场需要的家畜,他们不得不寻找来自东北部的家畜。来自意大利葡萄种植园的酒被装在木制瓶或桶里以避免在海运中破裂,在海运中就如同在一次长途颠簸的马车运输中遇到这种危险一样。斯特拉博的文章里没有给出证据表明运送牛和奴隶的路线是经海路从阿奎莱亚向南,但是这两件贸易的大致的相似还是确定的,面对这样的相似,波利比乌斯的对$θρέμματα$(牲畜)的解读和理解是不容置疑的。[12]

如果承认牛和奴隶的贸易是用较大的船只完成的,这种船比我们通常所认为的希腊人使用的船只更大,那么波利比乌斯提到的大多数其他事情都是我们应该预料到的。金枪鱼一直是希腊本土的主食。在亚速海（Azoff）[13]孵化的小金枪鱼，很快就游向本都（torrentis oslia Ponti）的很多浅滩，然后被大量地捕获和腌制保存。在雅典帝国时期，雅典的主食是用生长于俄罗斯南部的小麦做成的面包，并腌制金枪鱼作为调味品。

波利比乌斯的解释中最显著的特征就是描述小麦贸易有时从外面运输到本都，有时又从本都向外运输。这很明显和公元前5世纪的事实相矛盾。雅典帝国的权力是建立在贸易的持久性和稳定性上的，那个庞大而过于膨胀的城市靠此获得食物。[14]因此对加利波利（Gallipoli）半岛的控制对雅典的存亡以及伯罗奔尼撒战争至关重要（正如它在1915年世界大战期间一样，没有占据半岛是一个严重并且几乎致命的错误）。希罗多德的评论（Herodotus, VII. 147）为这个问题提供了一些有趣的信息，即三艘运送黍的船来到赫勒斯滂海峡，它们要驶向埃吉纳（Aegina）和伯罗奔尼撒半岛，但是却被薛西斯架在海峡上的船桥阻止了，薛西斯准备用这座桥于公元前480年侵略希腊。然而，薛西斯让它们通过了，并说从长远来看那会对他有用。

在那时，本都的小麦只通过拜占庭向南运输。据波利比乌斯在公元前220年所言，从公元前5世纪，这种贸易的形势就发生了改变。这样，问题就出现了，把小麦向北通过拜占庭运到黑海沿岸真的会是一个有益之举吗？为了正确认识这个问题，有必要对这种贸易的特征以及它数世纪以来的变迁进行更广泛的考察。

我逝去的朋友康乃尔（Cornell）大学的斯特雷特教授，在他早期出版的一本书上指出一个奇怪的事实，在迈安德"有惊人的财富"的山谷里偶尔才需要从埃及进口黍。[15]如果把它视为地中海东部贸易活动中的一个插曲，它就不显得奇怪。正如前面所述，大约在公元前220年，小麦有时从黑海运到希腊世界，有时从黎凡特水域运送到黑海，也就是说，这里有一种产量和价格之间不稳定的平衡。斯特雷特教授提到，在罗马时期，在整个地中海世界中，皇帝掌控着整个地中海世界行省间的贸易规则。在现代，政府的贸易法规被证实不太令人满意（例如，自从在一战期间实施以来）。但是在罗马帝国，它看起来运作良好，因为如果不成功的话，会有一个最高首领来偿付损失。罗马皇帝的首要任务便是维持罗马这座庞大的城市的食物供给,还包括意大利和整个帝国。[16]

我们可以对斯特雷特教授提及的"奇怪情况"给出解释,在门迈安德河谷,在普通年份里,种植和出口无花果和其他产品比种植小麦更赚钱。我们先将两个人口过于膨胀的城市的特例置于一旁,即帝国时期的罗马(意大利的)和公元前5世纪(当雅典在追寻一种帝国主义政策时)阿提卡的雅典。古代的经济原则是,每个国家应该种植足够自己人民食用的食物,剩下的土地则种植用于与其他国家进行贸易和交换舒适品与奢侈品的东西[17]。例如,迈安德河谷已因无花果而久负盛名。[18]种植这些不仅仅是为了给峡谷和山周围的人们提供足够的食物,也为了出口。这样的出口证据得来不易,因为古代历史学家们假定他们的读者们已经熟悉了一般的经济形势,并且认为讨论和绘制商品交换的经济体系的清单是有辱历史尊严的。然而,西塞罗讲的一个故事表明,小亚细亚的无花果已经在公元前1世纪出口到意大利,那时的海运还远远没有后来罗马时期以及更早的希腊或半希腊王国时期发达。克拉苏(Crassus)在去往东方的路途中,曾穿过布尔迪西(Brindisi)的街道。在他战败和死后,人们才想起,上帝的启示(Divine Providence)曾警告他不要开始这个征途(Cicero, *Div*. II. 40.84):在布尔迪西街道上,他碰见了一个无花果商人大声称他的商品为"Cauneas",即卡乌诺斯(Caunus)的无花果,这个单词"Cauneas"在发音上和拉丁语 caue ne eas 相近,意为"不要走"。

通过这样的方式,我们意识到小亚细亚的无花果贸易是在一座意大利城市的街道上进行的,其他产品和佳肴也是一样,在特定地区盛产这类东西,而某些地区希望进行这种贸易。

现在在迈安德河谷,尽管它的土壤肥沃,但是小麦的收成却不总能满足需求。但一旦出现不足,他们也可以用储存的来自埃及和俄罗斯南部的黍来补充。埃及的产品属于帝王的私人收益,实际上除了亚历山大城的埃及人,其他所有人都是种植帝王土地的仆人(几乎全是农奴)。在得到罗马帝国政府的允许后,埃及农产品的一部分(通常是拿来供给罗马这座庞大的城市)可以供给帝国其他某些缺粮的地方。这暗示了一个高度发达的产品交换制度,帝国政府开始很大规模地规范帝国的海外贸易。[19]可能有许多其他的事实可以阐明这种帝国贸易控制的一般原则。但是，我们提到这个例子，只是因为它表明，在罗马人的控制之下，小亚细亚的财富是怎样保持的。在小亚细亚，偶尔的小麦歉收，需要国外的供给，并不能表明它是贫困的，它仅仅是世界市场的一个偶然事件，说明了产品在帝国间的流动。

如我所料，从波利比乌斯那里可以推断出，小麦贸易的流向在公元前400年和公元前220年间发生了变化。雅典曾是一个很大的城市，居住着大量的外来居民（metoikoi），它也是庞大的爱琴帝国的首都，它从俄罗斯南部定期而稳定地得到黍供给。[20]从那里航行到希腊很容易，洋流和盛行的北风很快地把黍船从寒冷的欧克辛斯海（Euxine）经海峡运送到安静温暖的爱琴海，那里的风很有规律。但是，在伯罗奔尼撒战争后两个世纪里，雅典在规模上大大缩小了。它的财富消散了，不再是一个大的贸易中心，外来居民渐渐离开，提洛岛和罗得斯岛（Rhodes）成为货物交换和船运的中心。

数个托勒密王朝在一段时期内占有小亚细亚的一部分，它们与叙利亚的塞琉古王朝作战，也与埃及进行大量的贸易往来。根据一位杰出的权威人士——已故的主教希克斯（Hicks）的说法，在这个时期，很可能每天都有船从爱琴海东岸港口驶向埃及。从埃及到爱琴海区域的粮食出口可能已经大量增加。有时，黑海的某个地方出现粮食紧缺时，在本都港口停靠的埃及小麦的竞争力甚至能够与本都的东北和北部海岸的产品相当。

看起来，弗拉维王朝（Flavian）的皇帝们明智和富有远见的政策是出于对意大利对海运粮食依赖的担忧，这也促使图密善颁布了争议颇多的图密善诏令（Edict of Domitian）。图密善是一位非常能干的皇帝（虽然对于他的随从来说不是一位安全的伴侣），他不赞成或禁止意大利种植葡萄树，命令必须在土地上种植黍。对于一些细节我们并不清楚，特别是我们不知道这位皇帝是否慎重考虑过这些留作农业种植的土地质量如何，它们又是否适合种植黍。我们不能断言图密善国王是否关注到这样的一个情况，即意大利有大量的山地，完全不适合种植黍，却极其适合种植葡萄。然而，我们的确知道，在早期的帝国政策中包含着尽量开发意大利资源的想法，至少开垦拉丁姆（Latium）

和埃特鲁利亚(Etruria)的沼泽地的计划被谈论过。克劳狄(Claudius)开垦了富基尼(Fucine)湖的土地,用于农业。这些偶然被记载下来的细小事件暗示出一种明确的观点和政策,这个观点和政策被帝国重视。但是这样的细节被潜藏在历史的尊严之下,很少被像塔西陀这样傲慢的历史学家提及。斯塔提乌斯(Statius)对一个大地产者索伦托(Sorrento)在自己土地上所进行的改进作了精彩的描绘(*Silvae*,II. 2)。我们不能设想这个地产主是一个特例。从维吉尔(Virgil)创作第四首田园诗(*Fourth Eclogue*,公元前 40 年)直到斯塔提乌斯时代,改善意大利人的生活是帝国政策的主要内容。

上面提到过那种偶然的记载,我们只能通过这种记载了解那时的经济情况。古代的历史学家较少涉及社会经济。例如,对公元 69 年的战争的记载中,偶然提到了一点社会经济状况。据此,我们了解到罗马军团因为在船上的长途旅行而遭遇的困苦与艰辛。在一场巨大的战争中,一个刚从叙利亚而来的军团在数量上显得很渺小。对于古代历史上的许多重要的历史事件,也是一样的道理。历史学家记载恶与善、国王、皇帝和大将军们的功过是非,但是他们对真正重要的事情却置若罔闻。因此,我们应该感激历史学家卢克,他具有真正的洞察力,他记载了包含大量重要事实的记录,即由奥古斯都(确定和修订了更古老的埃及传说)所制定的每 14 年进行的定期人口普查[21],这个普查制度延伸到了整个帝国,由此我们可以推测帝国的管理是建立在对帝国人力数据的汇总和统计上的。卢克的这个陈述看起来似乎是如此荒谬,以致受到几乎所有对帝国进行研究的现代历史学家和神学作家的嘲讽。普林尼偶然提到这个时代一个非常长寿的博洛尼亚人的年龄,这已被连续的人口普查记录所证实,它表明普查记录被保存了下来,如果要保存它们,就一定对它们进行了分类。

本都和埃及未来的收成好坏具有不确定性,因此,在黎凡特世界的黍贸易也总存在着不确定性。小麦的北运或是南运取决于价格高低。把黍运到北方还是南方会卖得更好呢?这个问题很难回答,要想通过运送埃及的黍获得挣钱机会时,就必须了解早期北方和南方的情况。必须记住的是,从埃及运出黍的船一定会遇到很大的困难。沿小亚细亚南部海岸向西的航行通常是缓慢而困难的。地中海的风从西北方和西方吹来,当岸上风不时变换时,船只必须观察形势来寻求机会沿着海角与海角之间避风行使。虽然从《使徒行传》(Acts)中的航海通告很明显地看出,船只习惯于直接从吕西亚南行到亚历山大城[22],正如我们所知道的,在公元1世纪已经存在这样的情况,但是在开阔的地中海中,同样盛行西北风,它使得基本不可能直接从亚历山大城航行到塞浦路斯西边的卡拉曼尼亚海岸。罗马的黍船通常只需要短短几天就直接从墨西拿(Messina)海峡到达亚历山大城,但是返航却经常需要几个月时间,它们在冒险跨海航行到希腊和意大利之前,要在克里特岛[23]的菲尼克斯(Phoenix)过冬。

在罗马帝国统治下,帝国政府调节日常商品的贸易流动,但是在公元前3世纪和公元前2世纪时,那里出现过一个相对自由的市场,它允许商人们自由经商获利。当时罗得斯岛的权力很大,但是没有理由认为罗得斯人因为处在从埃及到爱琴海与黑海地区的路途中的有利位置而占有更多的商业优势。不久,政府就尝试规范普通商品的贸易。

提洛同盟(Delian Confederacy)看起来纯粹是商业国家为了共同利益而建立的一个组织。那些岛屿上的商品交换是很方便的,并且他们很易于较早得到彼此的消息。在《使徒行传》(Acts,XI. 27)[24]和弗里吉亚的阿波罗尼亚(Apollonia)铭文中出现的"遍布整个帝国"的粮荒,一定是因为盛产小麦的国家歉收,例如埃及、非洲和南部俄罗斯(不一定在每个地方都是同一年小麦歉收,但却是大约都在克劳迪统治时期)。[25]

据波利比乌斯所说,那时小麦(一定是埃及的)是逆着洋流和大咸水河(达达尼尔海峡和博斯普鲁斯海峡)的风运送到黑海。历史学家不是在描述黑海海岸不同地区间的贸易,他仅仅是在陈述这个事实,即在某些年份,把小麦从博斯普鲁斯经拜占庭运送进黑海地区;在某些年份,小麦则囤积下来。无疑,凭着俄罗斯南部的自然优势,加上季风和洋流的帮助向南的航行会容易些。对希腊殖民地来说,通常从俄罗斯南部,尤其是从土壤肥沃的辛梅里安人(Cimmerian)的博斯普鲁斯海峡那里购买黍将会更便宜。但是有一年,当埃及获得特别大的丰收而东部黑海土地却减产时,情况就变得不一样了。

第十一章 古代小麦贸易的流向

我们必须以波利比乌斯的权威为前提来推测，在这样的年份里，在靠近色雷斯的博斯普鲁斯海峡出口的希腊殖民地上，埃及黍可能比黑海黍卖得更便宜。整个问题就是一个自由市场的问题，在这样的市场中，不可避免地会出现投机。在那些希腊的殖民地，埃及黍能击败黑海地区的黍，能很早发现这一点的投机者可能获得很大的利益，但是从另一方面来说，不到最后收获完，收成是无法确定的。投机者可能发现，当他试图在黑海沿岸地区贩卖埃及黍时，会遭受损失。

爱琴海和黑海间的航行受到季风和洋流情况的影响。黑海从俄罗斯南部的大河中得到了大量的淡水补给，更不用说像那些小亚细亚和东部沿岸的二级河流或是三级河流了，例如，桑格里厄斯河、哈利斯河（Halys）、莱克斯河（Lycos）、艾里斯河（Iris）、法希斯河（Phasis）等。而另一方面，没有河流给地中海提供大量淡水的供给，甚至尼罗河、迈安德河和珀涅乌斯河（Peneus）也只能与供给黑海的三级河流相比。有时尼罗河河道很低，可以横穿过去。哈利斯河也几乎没有水流入黑海，据说它是不能涉水而过的，不过，在6月我已经从一个有名的浅滩横穿过。[26]

虽然亚得里亚海和地中海西部的河流水域面积要大些，例如波河（Po）、罗纳河（Rhone）等，但对爱琴海水平面的影响微乎其微，尽管它们同海平面的细微的变化一起影响到西边表层的洋流，这种海平面的变化是由潮汐引起的，一般不超过一英寸。

更进一步说，在爱琴海上有表面的蒸发，它一年中有数月连续暴露在阳光之下。相反地，黑海经常被笼罩在迷雾中，表面蒸发很少。因此，就会出现一种情况，即黑海的水平面会高于爱琴海的水平面，然而这种水平面的差别很小，可能被从本都经博斯普鲁斯流到爱琴海的水流所抵消。[27]

此外，黑海在表层上肯定有比爱琴海更多的淡水，因为它从河里得到更多的淡水并且蒸发少。咸水更重，沉在底部，爱琴海的咸水作为底部的深层洋流从达达尼尔海峡和博斯普鲁斯海峡流到黑海，是为了与黑海表层更轻的淡水相平衡。淡水必定需要南流，咸水则相反，从一个海流向另一个海，大自然为努力保持平衡始终在进行这种双向的流动。

所有这些原因最终导致连接本都和爱琴海的奇怪的咸水河中出现了水双向流动的现象，它深处的水向上流动，而表层的水向下流动。换句话说，一股更淡的潜流在表层从黑海流到爱琴海，而更重的咸水洋流在底层反向流动。这条双向流动的咸水河，在大自然为维持平衡而进行的永不停止的努力中，不断流动着。

在不同的地方，表层的洋流速度会有变化。当遇到尖岬时，它会以快达每小时 6 英里或更快的速度流入强大的洋流中，而且这个洋流会穿过海峡，直到撞击到更低的海岸时速度才慢下来。因此作为水手，首先要学习了解洋流怎样流动和怎样利用它。沃尔特·斯科特爵士（Sir Walter Scott, *Count Robert of Paris*）描述了一个误解这种洋流的奇怪例子，他提到，第一次十字军东征（First Crusade）的士兵遇到麻烦，通过与拜占庭皇帝进行协商，得到他的协助，穿过博斯普鲁斯海峡进入亚洲。他们从君士坦丁堡开始，沿着博斯普鲁斯海峡向上行驶了一段距离，然后驶向亚洲。这样的路程是由洋流决定的，这个洋流几次经过距离拜占庭几英里的欧洲海岸，在那里猛地转向亚洲方向，而沿欧洲方向向南的洋流变得最小，或者几乎消失了。即使蒸汽船也要注意洋流，正如来回穿梭于斯坦布尔（Stambul）和亚洲的斯库台（Scutari）的小客轮一样；但是，只有亲自乘坐一只小船或帆船，我们才能更好地认识它。沃尔特·斯科特爵士参考了第一次十字军东征中的朝圣者的叙述，又结合他所熟悉的北方一些海的情况，他认为，这种现象是潮汐引起的，从金角湾（Golden Horn）始发的船舶，利用北流的潮汐向黑海方向向上航行一段距离，随后随着潮汐的转向而向下驶向亚洲海岸。

博斯普鲁斯海峡的每个渔民都知道这些洋流的大致情况，因为他们每一次下饵就会体验到一次。在接近水面的 20 或 30 英尺深时，他的钓饵就放进海峡了，但是当它到达更深的深度时就会被表层洋流带上来。因此他只要减轻船的重量就可以抛锚停泊，而锚不需要触及底部。通过同样的方式，在某些地方，他甚至可以逆着表层洋流慢慢地向上漂流。

现代和中世纪的人描述了希腊历史中的军事行动和经济状况。那种情况的持久、不可改变的特性在他们的描述中呈现出来，并得到说明。我个人

第十一章　古代小麦贸易的流向　　　　　　　　　　　107

的亲身经历让我了解这些情况。在回家的旅途中,我们在斯库台待了几天。我们要坐晚间的火车从君士坦丁堡到布达佩斯(Buda-Pesth),那天早上,我去了斯坦布尔的帝国博物馆,下午晚些时候要回斯库台收拾行李。因为错过了加拉太大桥(Galata Bridge)的大轮船,我预订了一只小桨船。船夫有些勉强,但是有一个人上前来,要求出两倍的价钱,毕竟这是件小事,而我着急赶路(如我认为的那样),我们达成了协议。但是航行了 200 码后他转回来,反悔了。因为害怕错过的火车,我找到了另一个人并且游说他。他划了很远,到了欧洲方向那边,我坐在那里因为时间溜走而生气,催促他穿过去并且要赶紧。当我们刚刚开始跟上洋流时,他转而航向亚洲这边,不久我们就陷入困境。当我们到达博斯普鲁斯的中部时,洋流湍急,迅速地袭来,轻飘飘的船在狂风和强流当中颠簸不停。从大桥到斯库台的下一班轮船经过我们这里时,差点儿把我们弄沉。我们快速地顺流而下,最后,我叫船夫随便停靠在一个地方,因为显然他到不了斯库台了。我不得不走一段长路到山顶,那里是美国女子学院,我的妻子住在那里。我找不到运输工具,因为司机集中在码头附近,而我从另一边过来。不过,我们赶上最后一艘船并最终赶上了那趟我们已经预定并付了费的火车。因此,我学会了不要忽视博斯普鲁斯的洋流。

不仅仅洋流会给那些试图从爱琴海驶到黑海的船只制造困难,风也会,甚至会带来更大的困难。风频繁地从黑海较冷的地区吹到博斯普鲁斯海峡和达达尼尔海峡的航线上。船舶不得不逆着盛行的时强时弱的北风前行。直到轮船在地中海中开始使用,才克服了风对航行的影响。那个正在构思的约于 1850 年在布莱尔(Bulair)修建跨过狭窄地峡的轮船运河的计划非常伟大,它把爱琴海和马尔马拉(Marmora)海划分开来,直到轮船被用于航海,这个运河才结束了它的使命。[28]

直到轮船被引进黑海贸易中,影响贸易航行的这些自然因素才被抑制,横帆的现代船只被迫停泊在达达尼尔海峡入口的东边(亚洲的),实际上,是停在叫作"希腊营"的浅滩上,直到从黑海吹下来的风在一两天内变成由南向北吹的热风。纵帆船能更好地航行,因为如果风向偶尔发生一点儿变化,它们能够不断地绕着前面海岸突出的部分前进,然而横帆船则必须等到发生更大的变化才能向前航行。有这样一个关于洋流的故事,发生在1850年到1860年间,它提到,有一次一艘船不得不停泊3个月才能继续驶向[29]达达尼尔海峡。

各个海岸的构造并不相同。一边陡峭的岩石迫使船只停在另一边。船只几乎不可能在加利波利半岛的南端登陆,更不用说停靠在那里。因此,特洛伊和拜占庭能够占据靠路过的商人而获利的位置,在某种程度上,这是自然的,也是合法的。当拜占庭在公元前220年,特洛伊大约在公元前1200年,试图加重贸易的赋税时,那些必须进行贸易的希腊国家便联合起来抵制这种苛税。

另一方面,在博斯普鲁斯海峡的南端,等待风向转变的船只必须停靠在西边(欧洲一边),停在金角湾或其入口。它们不能停靠在亚洲这边的卡尔西顿(Chalcedon),那里有迅速而强烈的洋流出没。因此比拜占庭更早建立的卡尔西顿被称为"盲人之城",它错过了所有因船只停泊及随后的贸易控制带来的好处。

拜占庭能在船员停留在那里时,向他们征收通行费,并因他们的停泊而获得其他利益。卡尔西顿占据了一个很强大的位置,呈现出在这不同寻常的土地上第一城之位置的明显优势。但是建立者们不能预见另一边未来的优势,那边也占据了一个位于金角湾和普罗庞提斯(Propontis)之间的狭窄半岛上易于防守的位置。

注 释

1. 如果有人认为他对古代所有时期的描述都是真实的,那将会是个错误。贸易流动随着时代和坏境的改变而有所不同。
2. Preller, *Ausgew*, *Aufs*, pp. 441 ff.
3. 比西尼亚(Bithynian)奴隶也是罗马城生活的一个特征(Catullus, X.146, Juv. *Sat*. VII.15),在罗马城,他们经常会获得自由,并成为特权市民阶层的成员,但是不知道他们应该穿什么样的鞋。然而,比西尼亚奴隶几乎肯定不是来自博斯普鲁斯海峡,而是直接来自尼科米迪亚(Nicomedia)或者尼西亚(Nicaea)的市场,前者在普罗庞提斯,后者在普罗庞提斯附近。
4. 在更加文明化的国家,农业很大程度上靠借贷运转。土耳其村庄的债务主要用于维持家用,尤其是婚姻庆典。
5. 大屠杀不是起源于大众的情感(因为土耳其农民几乎耐心地屈从于所有东西);对穆斯林而言,有一种通过

第十一章 古代小麦贸易的流向

排除基督徒工人而获得工作和薪酬的政府机制,这是一种无用而具有破坏性的计划。

6. 在存在贸易的地方,部落首领或国王也不会是例外,相反他利用他的职位来为任何一个适合的女儿获取最好的价格,如果他有女儿的话。我已经看到并听到了加拉太北部的西库尔德人中(Western Kurds)和附近的大平原,尤其是塔塔湖(Lake Tatta)的西部和西北部存在的这样的事实。通过诱拐美狄亚,伊阿宋(Jason)在她的价格上对她的父亲进行了欺诈。

7. θρέμματα不能被限定为绵羊,牛也是食物。

8. 79 的读数不正确。

9. 詹姆斯·史密斯(James Smith)的 *Study of the Voyage of St. Paul* 也是关于罗马的海运贸易条件和可能性的最显著和具有启发性的著作之一。他认为,根据现代的计算方法,卢克所提及的亚历山大船只的吨位可能不少于 4 000 吨,卢西安所描述得更多些,尽管我们也承认,他的记载存在夸大之词。然而卢西安是在描述事实,而没有将其理性化或进行杜撰(像一些作者所假设的那样)。

10. Thucydides, II, 56. 为了同希罗多德(Herodotus, VI. 95)相一致,断言不够坚决了(如同珀波[Poppo]所做的),但是修昔底德可能故意同希罗多德相矛盾,希腊人倾向于贬低小亚细亚的发明创造能力而借以提高自身的形象。

11. 在通过它的时候,我们可能发现阿利安平原的港口是艾伊盖伊(Aigaiai)和麦伽索斯(Megarsos),后者在皮拉莫斯河作为马洛斯的港口使用。毫无疑问,在这里暗示的是麦伽索斯。在那时,马洛斯是一个伟大的西里西亚的希腊城市,正如它的铸币所显示的。塔索斯几乎不能够与阿利安平原联系在一起,参见 *H. G. A. M.* (p. 288)。

12. 有人已经对波利比乌斯著作中对θρέμματα的解读提出了一些质疑,但是在斯特拉波著作中类似的例子证明了这一文献。

13. 参见普雷勒的描述,在上述引文中,以及 Robinson, *A. J. P.* (*XXVII*, p. 140)。

14. 在早些时候,像埃吉纳和麦加拉等城市同样依赖于黑海贸易,没有海运货物的供给,这些城市不能支持不断增长的人口。海运货物必定是来自本都,没有其他的来源,因为埃及的大宗贸易还不存在。本都供给和造就了希腊。

15. *Ath*, *Mitt.*, 1884, p. 109. 他引用了其他碑铭上的陈述,达到了同样的效果,*C. I. G.* 2927, 2930, 等等。

16. 对罗马自身的必需品的供给是如此巨大的一个任务,以至于历史学家有时忘记调节和维持整个帝国的食物供给的主要职责。

17. 大多数的希腊土地和岛屿以及意大利的相当大的一部分土地,都不适合种植小麦。

18. 它们现在被叫作士麦那无花果,因为它们从士麦那装运而来。但是士麦那种植的这些无花果不够用来出口,对此,他们给出的解释是,给它们施加了肥料。

19. 向罗马报告即将到来的货物紧缺和传达调运产品的命令都需要时间。

20. 甚至在雅典变得很伟大之前,同样的贸易出现在这个线路上。

21. 根据古代语言的使用,大概每 15 年一次。

22. 从吕西亚或西西里到埃及的路程和艰难的返程,见 Hastings' *Dict*, *Bib.* (vol. V) 中我的文章 "Communication in the First Century"。

23. 因此,有经验的船员的建议是航行到菲尼克斯,是再自然不过的了,这与保罗建议留在平静的港口(Fair Havens)的建议相反。

24. Le Bas, Waddington, No, 1192. 这个铭文写道:"遍布整个世界。"卢克说得更加温和,"遍布整个文明世界"。ἡ οἰκουμένη 是在帝国的管理世界中普遍使用的一个词汇,在那些"文明"土地上,除了能干的皇帝之外,没有任何人考虑到将"蛮族"的土地包括在内。

25. 饥荒是个复杂的而非简单的事实。在那里,有"世界贸易"(如同在帝国中一样),一次歉收是一个改变贸易活动的简单的事实。人们在下一年才感觉到坏收成的影响,虽然生意人看得更早一些。

26. 一个本地人做我们的向导,他说这是一个经常使用的浅滩。在有段时间内,我认为我们可能会被冲走。我浑身湿透了,因为寒冷而发烧。但是这个本地人把衣服卷起来,没有沾到水。
27. 这种流动在古代是众所周知的,已经被尤维纳尔(Juvenal)所提及,正如前面所引用的 *torrens Pontus*。
28. 这个陈述来自奈特先生(Mr. Knight)的一份记载,大约是他在1856年的达达内尔海峡的亲身经历,他是哈里奇游艇俱乐部(Harwich Yacht Club)的副队长。
29. 这是导致英国远征军(British Expedition)没能成功地占领加利波利半岛的原因之一。法国人看到亚洲那边是正确的行动地点,他们的分遣队拒绝加入危险的英国人的行动。

第十二章
希波纳克斯论吕底亚情景与社会

A. 经过吕底亚的皇家道路（Royal Road）

　　本章的目的是，在一些例证中考察希波纳克斯在大约公元前600—前500年对以弗所、吕底亚，甚至普遍的安纳托利亚状况的阐述，说明通过对这个古老的以弗所诗人的系统研究，可以挖掘出很多东西。现代人对他的残篇的修订应该抛之一旁，因为通过所谓的"修订"，修订者把注意力从要点上转移开了。希波纳克斯是一个安纳托利亚和古爱奥尼亚诗人，他的作品曾被饱学之士编辑过，这些学者用欧洲眼光来审视他，这种眼光会令他的东方特征被扭曲。他们的目标是使他变得像一个欧洲希腊人。通过巧妙地扭曲篡改传统的文本，能够做更多恶毒的事情，编辑们运用他们的技术、才识和智巧来达到这样的目的，并取得了成功。像策策斯（Tzetzes）这样的一个训诂学的权威谦虚地说自己的著作写得不好，[1]但是至少他能使希波纳克斯变得明白易懂。然而，在一个残篇（*disiecti membra poetae*）中，现代博学的编辑们篡改和曲解古老的诗人的文字，使得他真正要表达的意思遗失了，却将一些伪造的新的意思添加进去。

　　在贝格（Bergk）的笔记中，原始权威的文本的意思通常隐藏得很深，以至于我们要克服很多困难才能弄明白。但是如果我们进一步探讨施纳德温（Schneidewin）、贝格或克鲁修斯（Crusius）对希勒（Hiller）文本的修订，观察策策斯未经修饰的文本或其他原始权威，倘若我们不继续透过欧洲希腊的双倍望远镜来不恰当地聚焦于一个亚洲的目标，那么，意思就很明白了。然而，有时，这些学者每人都只贡献了一点儿有价值的东西。"重建"古老以弗所的文本不是我的兴趣所在，我的目标是弄清楚他在安纳托利亚商人与小亚细亚和它的港口的贸易的关系中对它们所进行的描述。安纳托利亚商人在这里经商，他们是一个混杂而不讨人喜欢的群体。

因此，我的每一行评注都依据原始文本，但是我期望阐明文本中所隐含的东西，并用现代勘察的经历证明它。对我来说，古老的旅行者是最有帮助的，因为他们一直在谦逊地学习和探索。现代的旅行者喜欢讲述他们思考或幻想的东西，而省略所有他们不理解的东西，认为它们不重要，但是那些被他们省略的东西往往是最重要的。

然而，为了达到我们的目的，理解出自诗人之口的话是必要的。策策斯等人传承了它们，虽然不是非常的精确，但带有一些真实的"古代旋律的回响"。然而这种声音完全迷失在那些矫揉造作的书籍中，在其中，大学者们将爱奥尼亚的演讲和粗俗的笑话混合在一起，听众能够从它们那里领悟到东西方之间的竞争的严肃而不祥的声音，这种声音从特洛伊战争以来从不曾停歇，还可能长久地蔓延。这个文本可能偶尔被重新修订，但是在很大程度上，这个过程将会使传统语句再现，改变很小，通常只是改变个别字母。

在我建议对其进行研究的第一个片段里，我发现了一个很好的例子，正如克拉默（Cramer）所刊出的（*Anecdota Oxoniensia*, III. p. 310），[2] 策策斯的文本让我们看见一个旅行者沿着皇家道路（Royal Road）行走，经过吕底亚，来到以弗所，并观察到他的道路是怎样被安纳托利亚模式的"符号"标记出，搜集到一些反映哈梯（Khatti）或赫梯国王给吕底亚带来的各种影响的有趣事件。我们发现了策策斯流传下来一份文本，它编排得几乎完全正确，然而在其中，由于古代或现代学者们错误地分割而产生了一些错误的词句。

克拉默使用了两份策策斯的手稿（*Treatise on Metres*），一份在巴黎，一份在伦敦。正如他所提到的，在两者中巴黎的手稿较好，但是它至少在一个例子中更差，因为在他给出的一行中，出现了5个韵脚，正如我（通过我们的老朋

第十二章　希波纳克斯论吕底亚情景与社会

友莱纳赫[S. Reinach])在咨询巴黎古文字学的主要权威人士时所看见的。在牛津手稿里我发现了相应的正确文本。

有两份更古老的希波纳克斯的手稿，一份被第欧根尼所使用，赫西基奥斯根据第欧根尼的记载修改了他的辞典，或者说更可能是根据他前人的记载，即潘菲洛斯(Pamphilos)和泽佩里翁(Zopyrion)。第欧根尼生活在2世纪上半叶，潘菲洛斯则活跃在公元前1世纪，泽佩里翁的作品被潘菲洛斯完成，他所处的时代更早些。策策斯所知道的文本源自希波纳克斯另一份不同的手稿，他生活在12世纪的中叶。他自己是否读过希波纳克斯的著作，或者是否从其他人的引文中引用过那位诗人的东西，是值得怀疑的。但是他关于自己的学问的描述可能说明他读过希波纳克斯和品达(Pindar)等诗人的作品。毫无疑问，在君士坦丁堡，他可以获取手稿。希波纳克斯的两个版本的手稿的区别完全在于诗中的安纳托利亚词语的拼写和形式，但是，策策斯所使用的手稿比起泽佩里翁和潘菲洛斯所使用的手稿，对于认识这位古爱奥尼亚诗人具有更多的价值，也更真实。泽佩里翁和潘菲洛斯所使用的手稿受到亚历山大学派学识的影响，它试图用一种更纯粹的希腊形式修复希波纳克斯的著作，但是通常只是产生了一个现代化了的文本。

希波纳克斯的词语 Λυδίζων(说吕底亚语的)正是我们所期待的。他出生在以弗所。他知道米利都的市场和来自安纳托利亚内陆的弗里吉亚人[fr. 43(30)³]，弗里吉亚人来到这里，意在出售家里种植的大麦并购买这个大港口的进口商品。那些来自弗里吉亚的陌生人必须面对沿迈安德峡谷的长长旅途中的危险和强盗。[4]

  καὶ τοὺς σολοίκους, ἢν λάβωσι, περνᾶσιν
  Φρύγας μὲν ἐς Μίλητον ἀλφιτεύσοντας.

  (如果他们抓住那些弗里吉亚人，将把他们卖作奴隶，他们来到米利都把大麦放在市场上销售，用混杂的语言讨价还价。)

这个以弗所诗人使用了从混合语(σολοίκους Φρύγας)中所获取的短语和词汇，在米利都和以弗所的市场上，用这种语言进行贸易，这是一种包含吕底亚语、希腊语和弗里吉亚语的混合的语言，或许它还同一些原有的安纳托利亚语相混杂。在赫西基奥斯词典中，Λυδιστί(在吕底亚语中)这个词几乎就是"在希波纳克斯作品中"的意思。但是这两个词最好都翻译为"在以弗所和米利都的那些古爱奥尼亚市场所使用的演说术语"。

巴克勒很好地描述了希波纳克斯："当一个人记住自己对他的主题隐含的东西所知有多么微不足道的时候，就会认识到编辑们修订希波纳克斯的猜想是多么荒谬。""我猜想，他像阿里斯托芬(Aristophanes)或吉尔伯特(W. S. Gilbert)一样——不停地提到这个时期的人、地方和俚语以及在以弗所音乐咖啡馆(cafés chantants)中最喜欢的东西。"在这篇论文中，我主要专注于特有的名字。我发现传统的文本不需要多少修改，甚至那些经常出现的无用的名字也不需要修改，而只需要解释。或许甚至对于认识这些隐喻和嘲讽的话，解释性的想象比创造性的修正更加适宜和富有成效。在我们发现的名字中，正如同所预期的，我们发现，在吕底亚，一个新名字被叠加在古老的安纳托利亚名字上，这是东方安纳托利亚的典型特征(吕卡奥尼亚、伊苏里卡、西里西亚、彼西底)。相似地，在吕底亚的名字中，后来的名字叠加在更早的名字上。苏恩德沃(Sundwall)努力把所有的安纳托利亚名字分解为一个层次，这减少了他研究这个课题的有用性。

希波纳克斯的残篇 5(Bergk-Rubenbauer 15)在地形学上和历史学上都是极其重要的。下面是由希勒-克鲁修斯的版本(1897)所提供的五行文字[5]，在贝格的第四版中也出现了这五行文字[5]，虽然经过了编辑们修订，但是仍然需谨慎和更加保守地对待它们：

克鲁修斯： πᾶσαν, τέαρ', (ὄδευε) τὴν ἐπὶ Σμύρνης·
ἴθι διὰ Λυδῶν παρὰ τὸν Ἀττάλεω τύμβον
καὶ σῆμα Γύγεω καὶ Μεγάστρυ<ος> στήλην
καὶ μνήματ' (Ἄτυος Ἀττάλυδα) πάλμυδος,
5 πρὸς ἤλιον δύνοντα γαστέρα τρέψας.

第十二章　希波纳克斯论吕底亚情景与社会

贝格：Τέαρε ... δεύειε τὴν ἐπὶ Σμύρνης·
Ἴθι διὰ Λυδῶν παρὰ τὸν Ἀττάλεω τύμβον
καὶ σῆμα Γύγεω καὶ μεγάστρυ στήλην
καὶ μνῆματ᾽ Ὦτος μυτάλιδι πάλμυδος
5 πρὸς ἥλιον δύνοντα γαστέρα τρέψας.

这个残篇被策策斯保留在他关于古代韵律的论著中（参见 Cramer, *Anecd. Oxon.* III, p.310）。[6]如果我们拿出克拉默所给出的来自策策斯的文本，按照早些时候的方式来书写它，几乎不需要什么改变，只要正确地断分词句。

仅仅有三个字母需要改动。文本是——

πατίαν, Τέαρ᾽, ὅδευε τὴν ἐπὶ Σμύρνης·
Ἴθι διὰ Λυδῶν παρὰ τὸν Ἀττάλεω τύμβον,—
καὶ σῆμα Γύγεω καὶ μέγ᾽ ἄστυ,—καὶ στήλην
καὶ μνῆμα Τῶτος Μυτάλιδι πάλμυδος,
πρὸς ἥλιον δύνοντα γαστέρα τρέψας.

我的朋友塞斯教授和巴克勒先生给出的建议和批评令我受益匪浅，这段文字变得简洁主要应归功于他们。就我自己而言，我的贡献仅限于对第 1 行的认识，在第 1 行有对"皇家道路"的描述，第 4 行写作准确无误，但是因为策策斯对词句的错误划分而被歪曲。我也一直负责指导这个讨论，但是我从朋友那里所学习的东西比我自己的贡献多得多。

希波纳克斯所说的士麦那不是历史上的士麦那——那个被以弗所人带进爱奥尼亚联盟的古勒勒吉人（Lelegian）城市。斯特拉博（Strabo, p.633）提到，在古代，以弗所被称为士麦那。大约在公元前 700 年，以弗所诗人卡利诺斯把以弗所人叫作士麦那人。他说："士麦那是一个占领以弗所的阿玛宗女战士[7]，用她的名字称呼这里的居民和这个城市，成为一种风尚，正如在过去，一部分以弗所人的名字来自希苏尔波（Sisurbe），叫作希苏尔比塔（Sisurbitai）一样。"[8]以弗所的某个地方曾被称作士麦那，正如希波纳克斯所展示的——

他住在士麦那的城邦之后

在特雷西亚和施迦比海角（Scabby Headland）之间

特雷西亚，即粗糙的（山脉），是加斯托（Caystros）峡谷南面从东到西的锯齿状山脉，它通常被称作克雷索斯（Koressos）山（见波利·维索瓦［Pauly-Wissowa］作品中的地图，或者在 Letters to the Seven Churches 第212页中的简图）。施迦比海角是一个叫作皮翁（Pion）或裴翁（Peion）的巨大山脉流行的名字，它几乎被隔离在克雷索斯北部的平原中，有一座山脉与它相连。

希波纳克斯描写了一条从迈奥尼亚（或是西弗里吉亚）经吕底亚到士麦那（以弗所的）的公路，这些描写是对阿里斯塔哥拉（Aristagora）相关句子的评注，这些句子（在 Herodotus, V, 49 and 53 中进行了补充）描写的是从苏撒（Susa）到萨迪斯和爱琴海岸的皇家道路的西边部分。在其他地方也提到了这条路，描述者沿着标明这条道路的重要地点上的纪念碑和巨大的坟墓标记，从萨迪斯到桑格里厄斯峡谷一段接一段地追溯这条路的中间部分。那些重要的地方主要在峡谷的入口或通向平原的道路入口处。[9]希罗多德著作和希波纳克斯（Hipponax fr. 5）所提的这条"皇家道路"与在 fr. 43(30)[10] 中暗示的道路有所不同，它是"中央贸易大道"（Central Trade Route），它的西边部分从克莱纳-阿帕梅亚-基布托斯（Kelainai-Apameia-Kibotos）到米利都和以弗所海岸，这一部分被中央贸易大道和彼西底大道共有，它们在克莱纳-基布托斯（Kelainai-Kibotos）大约三四英里处叉开。

赫西基奥斯解释了大多数单词，给我们提供了很大的帮助。他（或是他的"第欧根尼"词条）使用了策策斯所知的希波纳克斯的一个不同的文本，在一些专有名字上存在差别。这种差别是有用的。最近出现的手稿中的两个文本给我们以希望，或许我们会发现一个希波纳克斯的纸草复本。

现代编辑们未能意识到残篇中对公路的描述是一个点一个点地进行的，这样的失误加大了解读文本的困难。每一个有安纳托利亚旅行经验的人都知道，这条公路被鲜明的标记所标志，有时是自然的标记，有时是人工的。一个城镇的位置被它自己的山峰或标记所指明，有时是由一对山峰指明，在城市进入人的视野之前的数天中就可以看见它们。旅行者知道怎样从很远的

第十二章　希波纳克斯论吕底亚情景与社会　　117

地方观察一座城市。城市因它的标记而被人知晓。对于古代人而言,城市保护者的灵魂栖息在山顶的标记上,在那里保护城市及它的公民的生命和安全。古安纳托利亚的生活和宗教的这种特征是对自然的一种解释,这种解释在古代小亚细亚的社会生活中很显著。对许多学者而言,我的观点是荒诞离奇而不可证明的,但这只表明他们没有真正了解那里早期的思想。那里的很多地方都体现出这种思想,它在大中央平原上的山脉、丘陵和孤立的山峰间不断得到巩固和加强。探索者必须逐渐缓慢而费力地学会领悟那种奇特而古老的理解自然的方式,并且把自然视为人类的向导。

一位尊贵的朋友委婉地嘲笑我通过标记和古代的纪念碑追溯一条道路的主意,因为正如他所说的,这些东西无处不在,它们的确数量众多,但是需要亲身体验和了解来不断探索这条道路。在苏格兰,四处是山,但只有一座山能给真正的旅行者标明道路。在中央安纳托利亚高原凸起很多山峰,但只有一个标明了德尔贝(Derbe)的位置,在很远的地方你看见"朝圣者之父"(Hadji Baba),你到德尔贝的道路就明确了。

第1行,开始是全篇中最困难的,但是重要的是最后三个字,它们是确定的——τὴν ἐπὶ Σμύρνης——"在你前面的区域通向以弗所-士麦那"。因此,我们应该为此跳过开始的困难,专注于对这条公路的回溯,专注于解释标明它的路线的标记。

第2行没有带来什么困难——

Ἴθι διὰ Λυδῶν παρὰ τὸν Ἀττάλεω τύμβον.

唯一的麻烦是由施纳德温的Ἀλυάττεω τύμβον(阿鲁阿特斯的坟墓)的猜想引起的(这通常被作为权威而引用,但是被希勒-克鲁修斯和贝格恰当地拒绝了)。阿特里斯(Attales)是萨杜阿特斯(Saduattes)王的两个私生子之一;另一个是阿德拉姆斯(Adramus)。他们的母亲是姐妹,两个儿子的名字分别被用来命名吕底亚城市阿塔卢达(Attaluda)和阿德拉姆顿(Adramuttion)。萨杜阿特斯的合法儿子[11]和继承人是阿鲁阿特斯(Aluattes),他俘获了伊奥利亚的士麦那(Aeolic Smyrna)。阿特里斯的坟墓毫无疑问坐落在不知名的城市阿塔卢达附近(Attaluda 词尾同 Attouda 或 Attoudda,Sibidounda 一样,还有－onda，－anda，－inda，－ada,等等)。从萨迪斯往东的皇家道路可能在这个地方进入迈奥尼亚和弗里吉亚的山脉地带(用现代的术语来说是从撒尔特[Sart]到梅耶[Menye]、寇拉[Koula]和乌沙克[Ushak])。从迈奥尼亚山脉地区和中央高原边缘走出来的旅行者,向西走便进入赫尔姆斯的宽阔峡谷。

或许赫西基奥斯所使用的文本以另一种形式Ἀττάλη解读了这种属格：ἀττάλη· φάρυξις ὑπὸ Φρυγῶν。φάρυξις因为接下来的Φρυγῶν的影响而变形。[12]用希腊语进行表达的时候,这种吕底亚和安纳托利亚名字的属格具有不同的形式。在第欧根尼的文本中读作Ἀττάλη的单词在策策斯的文本中读作Ἀττάλεω。

第3行,所有的编辑在前4个单词上是一致的,即καὶ σῆμα Γύγεω καὶ(古阿斯的标记)。皇家道路直接通向萨迪斯,我们应该寻找一座标志那座城市的坟堆[13]或是一座自然的山峰,它也向旅行者标明沿着这条路一直可以走到皇家道路(从苏撒到萨迪斯)末端,或许从阿特里斯的坟墓那里也能看到。普遍的见解当然是正确的,即古阿斯的标记(Sema of Gyges)是吕底亚酋长坟墓中的一个,在古阿斯湖科勒(Gygaean Lake Koloe)附近。这些坟墓虽然在赫尔姆斯的北边,但对于皇家道路上的旅行者来说,很容易看到它们。最为高耸而清晰可见的是古阿斯的标记。

有些人在Γυγαίη λίμνη(古阿斯湖)附近发现了σῆμα Γύγου(古阿斯标记),他们在它和另外一个著名的山丘之间进行辨别。就我的判断来看,所谓的古阿斯之墓(Tumulus of Gyges)是Ἑταίρας μνῆμα(伙伴的纪念碑),古阿斯为纪念一个特别喜爱的高级妓女而建立,这个坟堆是如此高,以至于他在穿越特摩罗斯山(Mount Tmolus)北部的国家进行旅行时,随处都可以清晰地看见它。所有居住在吕底亚的人都很容易看见它(Athen. XIII. 573 A,出自Clearchus的 *Erotika*, book I. *F. H. G.* II. 314)。这个高级妓女的故事是一个流行的传说(*Erotika*),但是这个故事说明了重要的事实,即这个标记是清晰可见的(在安纳托利亚风俗中,所有的标记都因一个古老的君王或是领袖的坟墓而神圣化)。[14]在很远都能看见它,因此,人们在这里可以观望到很大的范围。希格桑德(Hegesander)对麦格尼西亚(Magnesia)的伙友节(Hetairideia)的解释(被阿特纳奥斯引用,参见 *F. H. G.* IV. 418)揭示了旅

第十二章 希波纳克斯论吕底亚情景与社会

行和航海与宗教的联系，这种联系在希腊很多民间传说中都有所反映，而且通常被奇怪地曲解。[15] 在一个自西北向东南走向的路上，从很远处就可以看到 $μνῆμα\ ἑταίρας$ 或是 $σῆμα\ Γύγεω$（古阿斯的标记），这条路从赫勒斯滂海峡穿越凯科斯（Kaikos）峡谷，经过推雅推拉（Thyateira）到萨迪斯、蔻加摩斯（Kogamos）、莱克斯（Lykos）峡谷和潘菲利亚港，从"皇家道路"上也可以看到它。我的朋友巴克勒提醒我，通常当萨迪斯的探寻者乘火车到达城市的时候，他们接近萨迪斯的第一个信息是看到古阿斯湖附近的坟堆。由此可以看出，我们应该站在旅行者的角度研究小亚细亚，必须从这个方面审视它的宗教和生活，否则，它的本质和起源将会被误解。拉德特（Radet）在他的具有指导性的著作中（*La Lydie et le monde grec*）强调了安纳托利亚国家或部落间的贸易和市场的重要性。

第3行的末尾残缺不全。但是在巴克勒的指引下，很容易修正它。伟大之城萨迪斯，对于像以弗所沿海城市的希腊人来说，是这个世界的著名城市，在研究道路时，不能遗漏它。从苏撒到萨迪斯的皇家道路经过了古老的赫梯纪念碑、赫梯人的首都、弗里吉亚人的美罗波利斯（Metropolis）或巴伦阿翁（Ballenaion）（$βάλην$，弗里吉亚王）和阿特里斯的坟墓。[16] 巴克勒省略了一个字母后，给出了令人信服的 $μέγ'\ ἄστυ$（伟大的城市）而非毫无意义的 $μεγάστρυ$（必须以某种方式进行更改以给予某种韵律或含义）。"古阿斯的标识和这个伟大的城市"，这种双重表达极好地描绘出留给每一个旅行者的印象。这些旅行者博古通今，当他来到萨迪斯时，首先看到标记（Sema），在一段时间之后看见的是这个伟大的城市。这样就弄清了这个道路的第二阶段。再添加任何东西都是画蛇添足。但是，末尾的 $στήλην$（柱子，石碑）是指什么呢？[17]

从 $στήλην$（柱子，石碑）开始了第三个阶段，这个道路延伸到士麦那——以弗所，必须通过 $καί$（连接词）与第二阶段联系起来（正如第二个阶段同第一个阶段联系起来一样），$καί$ 在书写中被缩写为 K，在结尾处有一点儿卷曲：这个 K 是残缺不全的，被误读为 P，很明显，它被不恰当地放进了前面的音节，因此文本变成了 $μεγάστρυ\ στήλην$，即"古阿斯的标记和麦加斯图（Megastru）石碑"。幸运的是抄写员没有自以为是修正这个韵律，[18] 丢失的音节能够警示出有错误的地方。在第一行的末尾开始第三个阶段，乍看起来令人感到惊奇，但是 $μέγ' ἄστυ$（伟大的城市）后面的停顿是为了提升效果，正如在第四行里将会见到的。

第 4 行，这一行的连接被改变了，然而它本来就不需要连接，流传的文本是正确的：$καὶ μνῆμα Τῶτος Μυτάλιδι πάλφυδος$（穆塔里迪斯城的托斯的古墓）。[19] 克拉默、施纳德温、M. 迈尔（Mayer）、贝格-希勒，甚至克鲁修斯解释为（带着策策斯对单词的错误划分）$μνήματα$（复数形式，古墓），但是如同在前面那些行里的一样（正如塞斯和克鲁修斯主张的），这里应该是个单数，只需要一个单独的纪念碑和标记。[20] 然而，编辑们已经使用了字母 T，创造出 $μνήματ$（纪念），必须找到一个叫 $Ὦτος$ 或 $Ὦτου$（迈尔）[21] 或 $Ἄτυος$ 的名字。克鲁修斯在他的笔记中建议是 $μνῆμα τῶτυος$（托斯的纪念碑），但没有把它放在他的文章中。托斯（Tôs）这个名字属于吕卡奥尼亚、伊索利亚（Isauria）和西里西亚发现的一个阶层的安纳托利亚名字（参见刻在克里克斯的小寺庙的一个壁角柱上的祭司或祭司首领长长的名单），[22] 诸如莫斯（Mos）（属格 Motos）、加斯（Zas）（属格 Zatos）、普洛斯（Plos）、克诺斯（Knos）、托斯（Tous）、克洛斯（Klous）、格罗斯（Glous），也有罗斯（Ros 或 Rous）（仅仅在著作中使用）、巴斯（Bas）、托斯（Tos）、塔斯（Tas）、特斯（Tes）、格斯（Ges）等。[23] 托斯（Tos）出现在希波纳克斯[24]的著作中是有趣的，正如这种名字的最初形式在东安纳托利亚是常见的。从前它向西传播穿越吕底亚，直到与以弗所接壤的山脉。托（Toi 或 Tou）是一个赫梯名字（2 Sam. VIII. 9；1 Chron. XVIII. 9）。托（Toi）是哈麦斯（Hamath）（一个赫梯城市）的国王，他把他的儿子约兰（Joram）或哈多兰（Hadoram）派遣到大卫王（King David）那里"向他致敬并祝福他"。Toi 或 Tou 在安纳托利亚语中以 Toues 的形式留存下来。[25] Tos 则不同，它是吕西亚语的 Teattes。

末尾的 $πάλμυδος$（帕尔默多斯）已经为大家所接受，但是 $μυτάλιδι$（穆塔里迪斯）这个词则引起了极大的争论。贝格推想应该是 $Ἀττάλυδα$（阿塔卢达）（对照 Steph. s. v.），[26] 克鲁修斯赞同他的观点，而施纳德温和希勒给出了 $Μυρσίλου τε$，即穆塔里迪斯（Mutalidis），或者（假如 Mutalidis 这个单词的安

第十二章 希波纳克斯论吕底亚情景与社会　　　121

纳托利亚——古爱奥尼亚语的属格结尾看起来奇怪的话）我们可以把它读作穆塔里达（Μυταλιδα）。[27] 每一种读法都给出不同的父系或种族名称，它"起源于穆塔里（Mutalli）或穆塔鲁（Muttallu）"（塞斯与萨克奥[Sachau]很久以前就认出了它，Berlin Sitzungsber.，1892, p.320)[28]，他是古赫梯的一位国王（参见 C.B. Phr.，1895，I. p.141，在西南部弗里吉亚的或东南部吕底亚，科梅·莫特拉[Kome Motella]和人名莫塔里斯[Motalis]都被从赫梯语的起源进行解释）。像托斯一样，绰号穆塔里达（Mutalida）告诉人们，吕底亚曾归属于赫梯，塞斯早已将它标记了出来（Academy，1879）。44 年的光阴肯定了他所陈述的大胆的历史见解，但是，没有任何事情比这更令人震惊。

赫西基奥斯从这一行里得出了两个条目"穆塔鲁达：伟大的"（μυττάλυτα μεγάλου）[29]（由一个属格解释另一个属格）和"帕尔默斯：巴赛勒斯，他和帕尔默斯的父亲"（παλμύς·βασιλεύς.Πατήρ.οἱδὲπάλμυς）（明显是这一行的πάλμυδος省略了δ）。Πάλμυος被赫西基奥斯理解为一个主格，他把βασιλέως（巴赛勒斯——王）（从原来的注释者的正确解读那里借鉴了注释）[30]改为βασιλεύς，并附加上说明："某些人说这个单词是πάλμυς"。在希波纳克斯的词语μυττάλυδα πάλμυος中，[31]第一个词对第欧根尼来说是陌生的，他猜测这个意思应该是μεγάλου βασιλέως，即"属于伟大的王的"。

然而，在赫西基奥斯词典中，πάλμυος可能被视为πάλμυδος的残缺形式，事实可能是，在第欧根尼之后的希波纳克斯的文本中有属格πάλμυος，而不是πάλμυδος。υ是长音，这一点并没有异议，如果爱奥尼亚人能够说πόληος（希波纳克斯著作第 146 页引用了），他们就能够在一个跛脚抑扬格的结尾使用πάλμυος。在希腊语中，安纳托利亚名字变音有极大的自由，从Μεννέα到Μεννέαδος[32]或Μεννέου都被自然地使用。也参见本章第二部分的Κανδάλητος。Πάλμυος和πάλμυν的变音与πόληος和πόλιν一样，在以弗所人的爱奥尼亚方言中是允许的（并且可能是最好的）。

穆塔里迪斯这个父系名字是典型的安纳托利亚语中的名字。在《希腊研究杂志》(1918，p.146 f)中引用了许多这样的安纳托利亚名字。别迦摩的"埃庇拉伊达（Epilaidai）"、希纳达的"图恩纳里达（Thunnaridai）"、科洛丰

(Colophon)的"源自阿杜斯(Ardus)的赫拉克勒斯后代"都是大家族,它们或源自某个历史人物,或源自神圣的或英雄的祖先。在科洛丰,伟大的祭司家族代表了吕底亚——赫梯时代的早期赫拉克里德(Herakleid)王朝,其中一个王朝是阿杜斯王朝,阿杜斯是卡杜斯(Kadus)的兄弟,二者都是阿杜阿特斯(Aduattes)(Nic. Dam.)或阿鲁阿特斯(Aluattes)(Euseb.)的儿子,这个古老的吕底亚家族甚至是在克拉罗斯和科洛丰属于希腊人和爱奥尼亚人时都担任了祭司职务。在安纳托利亚的碑文中发现的具有这种神圣起源的第一个家族是"摩尼阿拉玛(Manes Ourammoas)的后代"。[33]在奥尔巴,这种祭司家族分别是艾安特(Aiant)和图克罗斯、雅完和太阁(爱奥尼亚人和前爱奥尼亚人[34]或安纳托利亚人轮流着)。俄瑞斯忒斯(Orestes)(本地的奥利斯[Oaris])是祖先、祖先的名字或科曼纳(Komana)和卡斯塔巴拉(Kastabala)祭司的称号,在靠近伊康的齐齐玛(Zizyma),俄瑞斯忒斯僧侣家族常用这个名字。

从萨迪斯到以弗所农村的道路[35]远离现代的铁路线,离开赫尔姆斯峡谷主干道,进入捏莫费奥(Nymphio)侧面的峡谷和叙佩罗斯(Sipylos)和特莫罗斯(Tmolos)山脉。横穿峡谷后,这条路进入伸向卡拉-贝尔(Kara-Bel)的幽谷,它穿过群山进入以弗所。在这个峡谷的峭壁上有著名的赫梯雕刻,它通常被命名为塞索斯特里斯(Sesostris),希罗多德(Herodotus,II. 106)和埃利乌斯·阿里司提戴斯(Aelius Aristides)(*Or*. 16, vol. I. p.397)也是这样描述的[36]。贝格注意到,这个雕塑被希波纳克斯提到过,但是他曾试图在第3行中把 $\mu\varepsilon\gamma\acute{\alpha}\sigma\tau\rho\nu$ $\sigma\tau\acute{\eta}\lambda\eta\nu$(伟大的石柱)改为 $\Sigma\varepsilon\sigma\acute{\omega}\sigma\tau\rho\iota\sigma\varsigma$ $\sigma\tau\acute{\eta}\lambda\eta\nu$(塞索斯特里斯的石柱),用这种方法证明它的存在,不过他并没有把这个修改放在文章中,而是放在注释中。如果用希波纳克斯的研究所带来的新视角来研究,就会发现"石碑和托斯的古墓"(Stele and Mnema of Tos)确切的双重含义。像平常一样,一个古墓($\mu\nu\tilde{\eta}\mu\alpha$)标记了通向卡拉-贝尔道路的大门[37],而且那些墓堆通常在顶上树立一个石碑或石柱($\sigma\tau\acute{\eta}\lambda\eta$)。依巴克勒之见,石柱仍然矗立在古阿斯湖附近的一个墓堆上。在1888年,我在阿帕梅亚-凯莱奈(Apameia-Celaenae)的一个土耳其古墓见到了大约三英尺高的一个石碑,它的形状像一个土耳其头盔,但是它应该不是土耳其人建立的。在上面,有用希腊语刻下

第十二章 希波纳克斯论吕底亚情景与社会 123

的几乎难以辨认的铭文（很明显，在罗马时期已经作为一个墓碑使用）。在形式上，石碑是圆形的，有一个较大的顶，与人的躯体与肩膀和头部大略类似。托斯（Tos）的纪念碑是成对的，包括石碑和坟墓，正如它在以弗所的市场上流行的传说中被称呼的那样，这个传说被希波纳克斯记载下来。

　　希腊文学中习惯于用 stele 表示石雕和铭文，虽然这可能并不准确。希罗多德在描写（Herodotus, II. 102 和 106）塞索斯特里斯（Sesostris）为纪念他的征服行为而建立雕刻时，一般把它们称作 stelai。相似的，在靠近贝罗塔特（Beyroutat）的纳尔-埃尔-科巴（Nahr-el-Kelb）岩石上的浮雕被许多现代学者称作 stelai（例如 Hall, *Ancient History of the Near East*, pp. 149, 162, 358, 499）。塞索斯特里斯是希腊流行的传说中的人物，有人（例如豪尔[Hall]）发现其埃及原型是塞努塞尔特三世（Senusert III）时期的卡卡奥拉（Khakaura），有人（例如塞斯）发现是拉美西斯二世（Ramses II.）时期的塞斯图拉（Sestura）。[38] 豪尔甚至通过推想，发现在曼涅托（Manetho），塞索斯特里斯是塞努塞尔特一世（Senusert I）和塞努塞尔特二世（Senusert II）的希腊名字（一个"粗心的抄写员"用 Sesonkhosis 代替他们）。就历史基础而言，塞索斯特里斯的传说是埃及在外国领土上的征服活动的产物，可能代表了很多意义。[39] 要寻找一种真实的原型是徒劳的。虽然它们只是石刻，即在岩石上加工了的部分，通常被称作 stelai，但是赫梯的纪念碑应归功于塞索斯特里斯是不争的事实（或是归功于曼农）。因此，希波纳克斯可以把两个卡拉-贝尔的浮雕中的一个称作 stele。希罗多德将塞索斯特里斯所树立的纪念碑说成是 stelai，特别是他声称亲自在叙利亚幼发拉底河（Syria Palaestina）沿岸所看见的那些纪念碑。虽然他将卡拉-贝尔关口的浮雕归类于 stelai 中，但是将其更确切地描述成石头上的两个雕塑这一点是正确的。在这个关口有两块彼此相似的浮雕，一个在左边，一个在右边，其中一个比另一个更高一些。这一对浮雕可能被希波纳克斯描述为石碑（stele）和古墓（mnema），因此希罗多德实际上是说"在塞索斯特里斯的石碑中间有卡拉-贝尔岩石上的两个雕像"。但是石碑和古墓应该被区别对待。

　　在古代和现代西亚，一个坟墓和死去的英雄具有神圣性，这是普遍的信仰。那些以弗所附近的纪念碑被称作石碑和古墓，它们因希波纳克斯给公众所作的演讲而被知晓。[40]在1879年，塞斯根据卡拉-贝尔的两个雕像推导出他的理论，即伟大赫梯帝国的扩张超出了小亚细亚，延伸到爱琴海沿岸（德国在伯格兹-卡伊［Boghaz-Keui］的考古发掘再次证明了这一点）。这些雕塑和铭文同许多柏林博物馆正在出版的楔形文字泥板一起，已经说明了这一点。这座坟墓和托斯的名字同卡拉-贝尔雕塑或卡尔凯美什（Carchemish）的象形铭文或伯格兹-卡伊的楔形文字一样是真正的赫梯的纪念物。

托斯属于穆塔鲁族（Mutallu），在词语 Muttalidis 的第一个和第二个音节之间有一个长度的变换。这个父系名字的形成像从 Atreus 到 Atreides 一样，可能会被拼写为 Mutaleidis，属格是 Mutaleidi。在外国名字的变形中没有通用的法则，长音和重读的变换是寻常的。

写下上面的那些段落并与我的朋友塞斯讨论之后，我拿到了贝格的第四版文本，而且我知道他以前的推测是 $\mu\nu\tilde{\eta}\mu\alpha\ T\omega\tau\grave{o}\varsigma\ \mu\upsilon\tau\tau\acute{\alpha}\lambda\upsilon\tau\alpha$（托斯·穆塔鲁达之墓）（与我和塞斯的结论相近），但是贝格放弃了这种美妙的想法。他引用了赫西基奥斯的东西，但是漏掉属格$\mu\varepsilon\gamma\acute{\alpha}\lambda o\upsilon$（属于伟大的），他将其变为形容词$\mu\varepsilon\gamma\acute{\alpha}\lambda\alpha$（伟大的）。在关于"托斯"（Nic. Dam. 49）的注释中，他也表明，如果这个文本没有给出一个不同的、更好的名字，这应该就是好名字。这种转变令人失望，他触及事实却又转而踏入迷途。它具有一定的误导性。

在计算驿站和标识物时，有一种层进法：（1）阿特里斯的坟墓；（2）古阿斯的标记和这个伟大的城市；（3）穆塔鲁道路上托斯国王的石碑和墓。重点在于最后一个，它最靠近以弗所，最为希波纳克斯演讲的听众所熟悉，也是古代文学中最著名的安纳托利亚石刻纪念碑。按照克莱门特的说法（Rom. I. 5.），作为赫梯艺术和影响的西边的边界（$\tau\grave{o}\ \tau\acute{\varepsilon}\rho\mu\alpha\ \tau\tilde{\eta}\varsigma\ \delta\acute{\upsilon}\sigma\varepsilon\omega\varsigma$），它是很重要的。[41]

这样的层进法明显是故意而为的。希波纳克斯不仅仅是一个刻薄的讽刺文学家和爱开玩笑的人，在他身上还有某种诗人气质。甚至，即便是在他仅有的残篇中，看到更多的是刻薄而不是诗意，并且词句大多罕见而晦涩，但他的诗意没有完全失掉。这就是他的本性，就是在像这样的旅行中，他也没

第十二章　希波纳克斯论吕底亚情景与社会

有完全脱离他通常的角色，这个爱开玩笑的人用"将腹部转向落日"的话进行描述。

第5行，没有出现什么困难。

我们现在再回到很困难的第1行。在 TCAPCΔCYC 中，施纳德温辨别出 OΔCYC 是一个词，并经过修改后得出了 TEAP' 而非 TEAPE。我们现在转向赫西基奥斯辞典，辞典中有一个 ὁδεύει· περιπατεῖ, ἀπέρχεται 词条（旅行：散步，来），施密特在这里加上了卡利马什的一个解释（Callimachus Del. 18）。第二个注解"来"适合卡利马什的风格和旅行（ὁδεύει）的语境，但 περιπατεῖ 的注解（散步）则有点可笑。两个不同的词条被混在了一起，其中一个是来自希波纳克斯的 ὁδευε· περιπάτει（走：来回走，散步），另一个是来自卡利马什的 ὁδεύει· ἀπέρχεται（旅行：来）。某个评注者给出了合适的解释："当这些岛屿在俄刻阿诺斯（Okeanos）和忒提斯（Tethys）宫廷聚集时，提洛岛是第一批被召唤的，并且最高贵地离开。"ἀπέρχεται（来）是对 ὁδεύει（旅行）令人满意的解释，但是 περιπατεῖ（散步）非常不适合，不可能为评论者所使用。施密特一部分正确，一部分错误。

赫西基奥斯的注释"旅行：散步"强调这条道路能够徒步穿越。περιπατεῖται ἡ ὁδός 意思是"这条路是用来行走的"。希波纳克斯自己曾在那个道路上旅行，因此这个描述在某种程度上是准确的。[42] 相反，希罗多德明显从来没有到小亚细亚内陆，但是记录了海港上一些关于到萨迪斯的道路和路上的纪念碑的闲言碎语（这远非准确）。[43] 希罗多德说到从萨迪斯到士麦那的道路时（Herodotus, II. 106），他可能一直依赖于某个权威人士的说法（或许是口头上的），实际上，他所说的是以弗所到士麦那的路。[44] 他提到的从以弗所到弗卡尼亚（Phokaia）的第二条路模糊不清，这种表达存在着某些错误。

提罗斯（Tearos）这个名字可能被公认为属于吕底亚或安纳托利亚。彼西底的布罗斯坦纳（Prostanna）硬币上的欧雅罗斯（Ouiaros）山是一个类似的例子，我们认为它有一个明显的长音 a。阿里斯（Aris）（被赫伯代-威廉[Heberdey-Wilhelm]重读为 ἆρις, *Reise in Kilikien*, p. 77）出现在克里吉亚（Korykian）名单中（祭司？）。同一个名单中的奥利斯（Oaris）[45] 可能有一个 a

的短音,桑纳罗斯(Thunnaros, θυνναρίδαι,出现在一个六步格诗中)也是如此。提罗斯是色雷斯的一条河(佩普-本斯勒[Pape-Benseler]),但是水量不为人们所知。类似的最好的例子是库德罗斯-胡德罗斯(Kudrelos-Hudrelos)、卡里亚的胡德洛奇斯特斯(Hudrelaoikistes)和爱奥尼亚的米欧斯(Myus)(Strabo, pp.633,650)。胡德拉(Hudrela)同希罗多德著作中的库德亚拉(Kudrara)一致,最初,他们殖民的领导者(oikistes)一定是库德拉罗斯(Kudraros)(*C.B.Phr*. I. p.85)。至于欧雅罗斯(Ouiaros),当我们看到长音 a 时,其意义就明显了。OY 和 B 在用希腊字母书写安纳托利亚名字时可以互相替换。Biaros 表示强壮的、有力的,它比较适合作为一座山的名字,类似于克里吉亚名单中的名字。

巴克勒认为,陶利亚斯(Taoreas)是在大约公元前 400 年的以弗所硬币上的地方长官的名字,它可能是将安纳托利亚名字提罗斯(Tearos)(或 Teoros 或 Taoros)希腊化的另外一种尝试。毫无疑问,它包含了古希腊字母 F,或许最接近的希腊的近似词应该是 Tewaros 或 Taworros,然而 Taoreas 包含了一个后缀-eas。人名托罗斯(Tauros)(如同在安纳托利亚的托罗斯山脉一样)可能来自同一个词,不过,这个名字也有可能是罗马时代由拉丁文的名字托罗斯(Taurus)而来。[46]在阿克赖特(Arkwright)的一个引语中可以发现一些类似的例子(*J.H.S.*, 1918, p.66),"梅萨比语(Messapian)Θator 转变成 Tiator 或 Teator 的形式,类似于弗里吉亚语的形式。"[47]

巴克勒是正确的,最初,Tearos 是一个与 Taoros 完全等同的人名,赫西基奥斯似乎曾暗示过这一点,但贝格(M. 施密特赞成)明智地规避了它:τεωρός· συκο φάντης. καὶ τὰ ὅμοια("一个阿谀奉承者等")。这不会被视为对泰奥罗斯(τεωρός)的解释,而是将希波纳克斯的泰奥罗斯(Teoros)解释为某个低等的恶棍和马屁精(为希波纳克斯和以弗所的公众所知晓的)。巴克勒指出他是一个肥胖的大腹便便的人,他转向西边和落日,不是他的脸,而是他的 γαστήρ(肚子)。语境的丧失掩藏了他同内陆国家可能存在的联系。无论如何,他必定是一个弗里吉亚人或安纳托利亚人[如同在 fr. 43(30), Bergk 46(30)中一样]。因为希腊人很少进入内陆国家进行贸易。高级些的商人待在港口城市，与乡村商人打交道，正如在现代甚至在今天的情况一样。[48]希罗多德正是在他们之间有熟悉的人，从他们那里得知了一点他提到的关于内陆乡村的情况和事实。除了那些之外，在他的著作中（Herodotus，VII）提到的来自那些国家的波斯的援军名单可能来自更好的权威（很可能是书写出的）。那些进入安纳托利亚的希腊人一般是贫穷的、低阶层的人，但是，在他们中的罪犯或有小过错的人不是"大腹便便的"，而是消瘦而结实的。旅行者很难进入中心乡村地区。

没有人能够对 $πάντων$（每一个）作为第一个单词感到满意。巴黎的四份手稿中最好的一份手稿可能保留了减缩的 $πατίαν$。都伯纳（Dubner）指出减缩的单词 $πατίαν$ 意思是 $πατέρα$（父亲），但是结尾处的 a 表明这个单词实际上应该以-$αν$ 结尾。赫西基奥斯用注解解决了这个困难：$πατίαι$ 是指 $χώραι$（内陆国家）。[49]

出现在特克莫利亚（Tekmoreian）名单中的帕提亚（Patia）是安纳托利亚语，在名单中的民族是（帕提诺斯）Pateênos，用"e"取代"i"（一种安纳托利亚希腊语中普遍的错误拼写）。巴提诺斯（Batteanos）这个民族也出现在那些名单中，因此，那里应该会有一个田园或村庄叫作帕提亚或巴提亚（Battea）[50]，还有许多其他类似的例子。这些都是罗马时期的皇家的地产，在那里，原有的习俗长期遗留下来。Patia 或许表示"家庭农场"。

最后，我提一下另外一种修改意见，我建议做那样的修改，不过经过认真地考虑，最终决定放弃。有一个谚语流行于罗马时代（对我们而言最为熟知的时期）的安纳托利亚，它作为一种固定短语经常出现在墓志铭中，一般用希腊语来表达，但思想却为安纳托利亚人所熟悉。款待旅行者是由习俗和宗教所规定的一种职责，[51]在安纳托利亚社会中，对旅行者的殷勤是一种应受到赞誉和褒奖的美德。旅店很糟糕，当生活令人烦恼时，旅行者沮丧时，回想起这些旅馆时可能只有恐怖的记忆。然后，一个人会想起很多村民，甚至城里人的盛情款待，他们欢迎陌生人，倾其所有为他所用。带着这种记忆，他们就能够理解在墓志铭中的 $πάντων$ $φίλος$（"所有人的朋友"）更多的含义。在更大程度上希腊人拥有同样的观念，例如在库梓科斯（Cyzicus）(Or. XVI.；vol. I. p. 396 f. Dindorf) 的一个集会中的演说中，阿里司提戴斯（Aristides）将征服这座坚固的城市的君主与他自己进行了比较，表现他的美德、正义的令人敬佩的例子大家有目共睹。事实上，这些君王和能人取得的胜利是神赐的礼物，这样的人佩戴上不朽的皇冠，他们可以合理地被视为众神的朋友，因为他们是其他人的朋友，完全被视为人类的恩人。当他称他为"我的主人和整个教会的（主人）"时，塔尔苏斯的保罗在他简短的话语中"给盖乌斯佩戴上不朽的皇冠"。这个安纳托利亚短语中表达的思想无处不在，但是实际上，它源自小亚细亚的生活和文学。

希波纳克斯用真正嬉闹的爱奥尼亚的希腊精神拙劣地模仿和腐化了最为神圣的谚语和故事，他召唤赫耳墨斯神来助阵，$\varphi\omega\rho\tilde{\omega}\nu\ \varepsilon\tau\alpha\tilde{\iota}\rho\varepsilon\ \delta\varepsilon\tilde{\nu}\rho\delta\ \mu o\iota\ \sigma\kappa\alpha\pi\alpha\rho\delta\varepsilon\tilde{\nu}\sigma\alpha\iota$（小偷的伙伴到我这里）。他的残篇5（Fr. 5）是转变例证吗？希波纳克斯的转变可能导致施纳德温的建议是$\pi\tilde{\alpha}\sigma\alpha\nu\delta'$, $\varepsilon\tau\alpha\tilde{\iota}\rho\varepsilon$（每一个，同伴），把$\pi\acute{\alpha}\nu\tau\omega\nu\ \varphi\acute{\iota}\lambda o\varsigma$（属于每个男性的亲爱的人）转变为$\pi\alpha\sigma\acute{\varepsilon}\omega\nu\ \varepsilon\tau\alpha\tilde{\iota}\rho\varepsilon$（属于每个女性的男性同伴），即与所有的妇女相配的人。[52]我提到这个不合格的修订，仅仅是为了让大家关注这个安纳托利亚铭文里的普通短语，关注它所隐含的深意。我曾经认为这个短语只是习语而毫无意义，在许多其他例子中我们都能发现它。在墓碑上，表达生者感伤的爱的绰号和固定的措词同样意味深长。把安纳托利亚的铭文，尤其是有韵律的铭文仅仅视为惯用语，对其中所蕴含的深意视而不见，是一个通常的错误。那些为这个碑文填词的朋友和亲戚是充满悲伤的，但是这种悲伤又很难在口头上直接表达出来，固定的短语是他们能想起的唯一形式。但是对他们而言，这些平常而模式化的词语表达了真实的情感和忧伤。以前我也曾持有这种我所批判的错误见解。但是，我试图改进对那些铭文意义的解释时，有时会遭到批评家指责，他们认为我对一个常用的词句进行了太多的解读，认为使用它仅仅是出于一种习惯，没有什么含义。当批评家认真研究安纳托利亚，而不是以希腊人的眼光和先入为主的态度审视安纳托利亚的事物时，他将领会到我所研究的事实。

赫西基奥斯所依据的希波纳克斯的文本与策策斯所阅读的文本有很多不同之处：$T\acute{\varepsilon}\omega\rho\varepsilon$与$T\acute{\varepsilon}\alpha\rho\varepsilon$的不同，$\dot{A}\tau\tau\acute{\alpha}\lambda\eta$与$\dot{A}\tau\tau\acute{\alpha}\lambda\varepsilon\omega$、$M\upsilon\tau\tau\acute{\alpha}\lambda\upsilon\delta\alpha$与$M\upsilon\tau\acute{\alpha}\lambda\iota\delta\iota$、$\pi\alpha\lambda\mu\upsilon\acute{o}\varsigma$与$\pi\acute{\alpha}\lambda\mu\upsilon\delta o\varsigma$都存在着不同，可能它们的不同主要是在第1行中不确定的第1个

词,这些差别主要或完全是在用希腊语解读安纳托利亚词语的过程出现的,这种解读通常存在着很大的多样性。

一、文本——克拉默文本来自策策斯的论著(On Metres),它们主要出自 4 个牛津大学图书馆的手稿和一个法国国家图书馆的手稿,但是只有其中的两个中有页旁注解(在他著作的第 310 页给出的 3 个来自希波纳克斯的引语),即牛津图书馆的手稿 B 和法国国家图书馆中的手稿 A。手稿 A 更加古老并且更正确,但是抄本 B 有更完整的注解,包含了大量在手稿 A 中因损坏而丢失的东西。克拉默相信,这些注解出自策策斯自己,贝格在第 1 行中,也引用它们作为策策斯的证据。唯一值得克拉默关注的变化出现在手稿 A 中(对此我受惠于 H.欧蒙特[Omont]先生惠赠的信息,肯定了克拉默的陈述)。在 A 中,在$μεγάστρυ$(伟大),$\tilde{ω}τος$和$μύταλι$上面有一个横线(最后一个词的全称是$μυτάλιδι$)。在 A 中,在开头处有$δύνονται$和一个重要的变体,即$π^{\overline{α}}_γ$。克拉默将其解释为$πατέρα$(父亲)。贝格解读了 B,并指出 A 中对$πάλιν$(重返)错误的解读,他将其归因于策策斯,是策策斯用$καὶ πάλιν$引入了第 2 个引语,用$καὶ$引入了第 3 个注释。我认为贝格的设想是不对的,比起第 2 个来,第 3 个引语用$καὶ πάλιν$引入自然得多,更重要的是$πάλιν$不能更加令人满意地解释 A、B 文本。手稿 A 和手稿 B 都可以追溯到同一个来源,即策策斯,二者都代表了一组由策策斯所写的符号。在 A 中所用的缩写明显地被理解为$π$-$γαν$,但那是不可能的。克拉默将 $γ$ 看成是破损的$τ$,但是他给出的$πατέρα$注意到 $α$ 的标记,这表明末尾应该是 $ν$。如果我们设想 $γ$ 是 $τ$ 的误写,如同在 B 中一样,这个解读能够被理解为$πᾶσαν$(每一个)。[53]无论如何,在这里对 A 的更正是必要的。

在 A 中的$τεαρε$和$δευειε$(它替换$δευει$)之间有大约五个字母的空缺。我们忽视了这个空缺。$Δευει$代替$δευε$如同 A 中的$δύνονται$代替$δύνοντα$,最后一个 $ι$ 是作者的一个失误,可以忽略。在 A 中,边上的 $ε$ 可能应该是 $ει$,或许这个错误可以追溯到策策斯身上,他在给自己的诗写注解的时候,犯了这种错误(自愿的或不自愿的)。在他之前抄写 A 文本的抄写员已经解读了$π$-$αντεαρε\ δευει$,在一个旁注中修正为 $δευε$。

二、安纳托利的父系名字:一个以 di-s 结尾的安纳托利亚或古爱奥尼亚名字已经在第1行和第4行中被假设过。或许它也作为呼格出现在梭伦对密涅穆斯(Mimnermus)的演说中,Λιγναστάδη中短韵律的 eta(H)可能是因为在omega(Ω)之前才变短的。[54] 梭伦虽然是雅典人,但在对爱奥尼亚的密涅穆斯演讲时,喜欢使用安纳托利亚语。梭伦曾经到吕底亚旅行,同克洛伊索斯交谈过。使用方言在适当的场合会取得某种特殊的效果,这在希腊化的文学中是一种惯常的策略。科斯的多利亚人希波克拉底在医学论文中恰当地使用爱奥尼亚方言,阿提卡的悲剧诗人在合唱诗中使用多利亚方言。梭伦称密涅穆斯是"歌喉清晰的歌唱者的后裔[55]",他用这种赞扬来表达他的歉意,因为他曾训诫和责备过密涅穆斯,他说:"不要说六十,而是八十,你是诗人们的后裔。"正如现在的短语"预言家的儿子"表示作者想要迎合希伯来语的腔调,因此,Λιγναστάδις暗示出一种安纳托利亚语的语调。可能是梭伦创造了这个词Λιγναστάδις,但是,或许它是一种普遍的用法,苏伊达斯(Souidas)的话暗示了这一点。然而,这个绰号似乎更加可能是梭伦发明的,因为(1)它在那个例子中传达了一种更大的赞扬,(2)它明显是 Λιγυρτιάδου 的一种奇怪的变形,Λιγυρτιάδου 是指里基尔提阿德斯(Ligyrtiades)的(儿子),梭伦认为他的祖先的名字古阿斯特斯(Liguastes)中包含ἀστης(歌手),因此创造了这个词。

三、赫梯到特洛伊之路:鲍桑尼阿斯指出这条路是"皇家道路"的一个分支,在这方面他具有权威性,因为他出生在麦格尼西亚[56]或其附近。他曾到小亚细亚旅行,到达弗里吉亚边界,在那里,他听说(但却是一个几乎不可相信的故事),在特蒙欧-塞拉(Temenou-thyrai)[57]小镇的一个小山顶(lophos)上,挖掘出一个巨人的骨骼,这个小镇在现代的乌沙克附近。小山顶(λόφος)可能坐落在皇家道路穿越迈奥尼亚(实际上是中央高原的断开的边缘)出现在乌沙克平原的地方。这个古代英雄的墓冢可能是标记这条路的纪念碑中的一个[58],据说,这个英雄被视为一个巨人,他骨骼很大。它曾在对1881年的一次旅程的回忆中被提到(H.G.A.M. p.31),那里所提及的坟墓可能是鲍桑尼阿斯所说的小山顶。

鲍桑尼阿斯曾说(X.31.7),门农(Memnon)征服了从苏撒到特洛伊所经过的所有国家,弗里吉亚人指出他[59]率军走过了穿越这个国家最近的道路(道

路τέτμηται διὰ τῶν μονῶν).[60]

我在一个书面的注解(*H.G.A.M.* p.31)中发现,罗伯森·史密斯认为门农是叙利亚名字,是那曼·阿多尼斯(Naaman = Adonis)的一种希腊化的形式。鲍桑尼阿斯的说法证明了这一点,在他那个时代,在吕底亚人中流传着一个关于古代特洛伊与小亚细亚内陆之间联系的传说,有一条路穿越弗里吉亚沿着里恩达克斯(Rhyndakos)峡谷通向赫勒斯滂海峡。这个传说把这条公路与一个叙利亚国王或神明联系起来,它应该与普里阿摩斯国王年轻时在桑格里厄斯河岸(*Iliad*, III. 187)所发动的反对阿玛宗人的战争有关。

B. 希波纳克斯论吕底亚祭司

策策斯阐释了荷马对祭司克鲁塞斯的描述(*Exeg. Iliad*. 76. 8),阐释如下:太阳祭司,也就是预言家和法师,诸如克鲁塞斯,过去曾戴着月桂树而称王,正如希波纳克斯所证明的:

Κίκων δ' ὁ πανδαύλητος ἄμμορος καύης

τοιόνδε τι δάφνας κατέχων

Hiller-Crusius 12(5),

Κίκων δ' ὁ (πανδήλητος) ἄμμορος καύηξ

τοιόνδε δάφνης κλάδον ἔχων

Bergk 2(5),edition IV,

Κίκων δ' ὁ πανδάλητος ἄμμορος καύηξ

τοιόνδε δάφνης κλάδον ἔχων

策策斯给出了καύης(祭司),正如赫西基奥斯所说,不能仅仅因为埃尼阿涅斯(Ainianes)曾把καύης[61]这个名字用于那类海鸟,而把祭司说成是海鸟或海鸥。在这个被视为 *Il*. I. 13 或 370—373 一个例证的残篇中,要点有两个:(1)基肯(Kikon)是一个祭司;(2)他手里拿着一支月桂树。希波纳克斯可能提到了这两点,策策斯据此进行了引用。没有必要指出引用的其他部分,因为除了"καύη"这个单词外,没有其他的地方可以表明基肯是一个祭司。现在καύης是吕底亚语中表示祭司一个词,在萨迪斯和以弗所都知道,阴性的词是καύεις,καύειν(参见 Robinson and Buckler 在 A.J.A.[1910]中的见解)。赫西基奥斯词典中有 κοίης 和 κόης· ἱερεύς Καβείρων(κόης:卡贝罗伊神的祭司)。[62] ἄμμορος καύης 是没有薪水的祭司,Metragurtai 类似于苦修祭司(例如,年轻时期的埃斯基涅斯[Aeschines]同他的母亲一起巡游阿提卡,他的母亲是女祭司[Dem. De cor. p.259 f.])。

基肯是一个好的僧侣名字,他可能被公认为指一个真正的人,他就是为希波纳克斯的听众所知道的祭司。在神话中基肯是阿米塔翁(Amythaon)的儿子,他居住在色萨利的伊奥柯斯(Iolkos),是古皮拉斯吉人。阿米塔翁也是预言家墨兰波斯(Melampus)、拜阿斯(Bias)和伊奥利亚的儿子(斯托伦波里群岛)。Bias一词有强壮的或暴力的意思,是一个在早期传说中与许多地方和社会相联系的名字。这个名字经常出现在荷马的著作中。阿密萨-奥尼达(Amytha-onidai)是阿哥斯的王,墨兰波斯是派洛斯的建立者。这个家庭同雅完的后人——古爱奥尼亚人联系密切,也与早期希腊神话中最出名的角色有关。在以弗所,基肯可能是爱奥尼亚人祭司的代表。没有直接的证据表明雅完后代占有这样的地位。但是这个城市历史,有时受到来自西边的影响,有时由本土女神来主宰(根据这个故事),这暗示出祭司和祭司的权力可能被分享了。对真正的希腊城市来说,占据吕底亚的祭司职位可能至关重要,实际上,最终事实证明吕底亚的女神比希腊精神更强大,希腊人不得不给本地的祭司让出一部分祭司职位。以弗所是12个爱奥尼亚城市中最少希腊化的一个。此外,其他小亚细亚混合民族情况的类似性表明这种祭司职位的分割是常见的。

基肯可能是色雷斯部落基肯尼斯人(Kikones)的英雄祖先和名祖,他们是特洛伊人的同盟者(一个领袖,Iliad II. 846,另一个领袖,欧弗莫斯[Euphemos],Mentes XVII. 73;参见 Od. I. 105, IX. 39,一个叫作伊斯马洛斯[Ismaros]的城市,Od. IX. 39 f.)。伟大的基肯尼亚(Kikonian)在宗教神话中是俄耳甫斯(Orpheus)。古老的爱奥尼亚史诗保存了这些故事,把基肯同爱奥尼亚血统联系起来。然而,如果任何人更倾向于认为与墨姆纳德

第十二章　希波纳克斯论吕底亚情景与社会　　　　　　　　　　133

(Mermnads)一起征服吕底亚的基肯体现了多瑙河文化的因素,他就找到了一个很好的例证。

　　πανδαύλητος或πανδάλητος明显是站不住脚的。编辑们假设第一个音节是正确的,并寻找一个带有παν 的被损坏的复合字。贝格在他的文章中有一种不一样的解读,在他的评论中给出了πανδαύχνωτος, 也就是πανδάφνωτος（月桂树）,因此他在这里找到了月桂树,但是策策斯的引文已在下一行中给出了月桂树。[63] 赫西基奥斯给出的注解远远不能表示出一个叶子茂盛的树枝 (δαυχμόν· εὔκαυστον ξύλον δάφνης)。

　　如果希波纳克斯所使用的单词是以一个 παν 开头的常见的希腊复合字,那么,这个词就不能是被损坏的。再者,一个抄写员可能总是下意识地误读一个模糊的首字母而写出一个复合字,例如 kappa。因此,这种错误是在第一个音节,或者是第一个字母,因为无意识的倾向将会影响抄写员的心理。抄写员所犯的错误不是有意而为,不是有意更改,正如我们实际上在每一个例子中所发现的。

　　同样的修正分别出现在塞斯和巴克勒那里。塞斯试图给出一个安纳托利亚词语,并且认为 K 比 Π 更加可能是首字母。巴克勒看出ό的意思是"某人的儿子"。坎道勒斯是一个吕底亚僧侣和皇族的名字,在祭司谱系中,基肯祭司是他的后代。随着对错误字母的修正,真正的解读出现了：Κίκων ὁ Κανδαύλητος, ἄμμορος καύης, 即基肯是坎道勒斯的"后裔"(宣称是来自神的古老僧侣的后代),他是一个没有薪水的祭司。赫西基奥斯词典中有 Κανδαύλας· Ἑρμῆς. ἤ Ἡρακλῆς (坎道勒斯：赫尔墨斯或赫拉克勒斯的后裔),这明显是一个对希波纳克斯的评注,而且在此处暗示出,潘菲洛斯或第欧根尼所知的希波纳克斯的文本中的一些安纳托利亚单词的希腊化形式与策策斯所知的文本中的有少许不同。

　　坎道勒斯是赫拉克勒斯的吕底亚形象,在希腊的神话里,他穿戴妇女的服装,并与吕底亚皇后翁法勒(Omphale)联系在一起(也就是女祭司和女神),她用狮子皮来装饰自己,而这种做法在希腊神话中属于赫拉克勒斯。以坎道勒斯为代表的吕底亚祭司穿着妇女的长袍。或许希波纳克斯认为"源自坎道勒斯"充分地表明这一点,但是,如果我们联系语境就可以看出,更可能描写的是基肯穿女性样式的服装。[64]另外,坎道勒斯相当于吕底亚的赫耳墨斯,他与赫耳墨斯一样,是个贼首,是小偷的伙伴、领导者和保护者。因此,"坎道勒斯的子孙"同样暗示的是"女人气"和"抢劫者",在下一行提到了小偷,那么女性的服装也应该在上下文中有所提及。

在希腊化的安纳托利亚名字中,词尾变化也很随意,带有-ας和-ες的名字依韵律之便或文体的需要被改变成带有-δος, -τος, -ου, -εω, -α, -η 的属格。Χάρητος和Χάρηδος作为属格在同样的地区和同一段时期出现,甚至明显地在同一个家庭和个体中出现。Kidramas 或 Kidramoas 的属格被希腊化为相似的 Kidramantos,Kidrama 和 Kidramoa。[65]κανδαύλη, -εω,-ητος 作为属格都是同样可能的。

古代人认为贫穷会成为罪恶的催化剂,而且总把它当作嘲笑的把柄(参见我的 Pauline and other Studies in History of Religion 371 引用和阐述的例子)。格里高利(Gregory Nyss)描绘了出生低等的艾提乌斯(Aetios)异教徒,他正在为生计而劳碌。这种偏见在西亚并非不合情理,甚至在东欧也并非不合理,在那里,自重的穷人几乎不存在。正如一个谚语所说的,"只有有钱人才会诚实,穷人必须靠机智生活",穷人为了谋生,可能会做任何事情。因此只有在那些成长在相对富裕的家庭里的人中,才能找到一种愉悦、轻松、值得信任的话语,字面上的意思是"穷人总是犯错"。因此,将对手描画成一个贫穷的被迫通过做苦工谋生的人,往往成为谩骂的最高境界。德摩斯提尼就是用他和他所受到的富贵的教育与训练同埃斯基涅斯早期生活作对比,那时他是他母亲贫穷的助手,而他母亲是游走女祭司。不过,埃斯基涅斯出身良好的家庭,后来,在战争中家道中落。为了谋取生计而工作,即便是作为一个孩子的教师,也是可耻的。

希波纳克斯以他通常的方式贬低了吕底亚人神圣的观念,他的方式是将出身高贵的祭司刻画为一个乞丐。毫无疑问,游走的男女祭司在以弗所很有名,正如他们在4世纪的阿提卡一样。关于阿提卡外来(主要是来自亚洲)祭祀仪式的特征,福卡尔的著作(P. Foucart, Les Associations relig. chez les Grecs)

第十二章　希波纳克斯论吕底亚情景与社会

给出了分析。虽然福卡尔认为这些游走祭司（metragurtai）是弗里吉亚人，这种仪式与安纳托利亚其他地区的仪式本质上是一样的，硬币上的形象表明在吕底亚和弗里吉亚，人们想象的神（祭司们在他们的神秘仪式中所代表的人物）的形象实际上是一样的。这些神属于古安纳托利亚，他们被每一个席卷那里的征服民族所膜拜和敬畏。他们的仪式传播到了毗邻的国家，例如到了阿提卡，不是通过任何有意的布道和宣传，而是因为举办仪式是有利可图的。

希波纳克斯在多大程度上讲述和夸大了基肯的事实，或在多大程度上他进行了诽谤中伤，要说明这一点，当然是不可能的。没有禁止诽谤的法律来限制他粗俗的谩骂。只有他自己能够判断为了娱乐大众他需要说多少，要说到哪里才停下来，以免激怒公众情感，并避免给自己带来麻烦。确实，在希腊公众面前，假若听众（或是读者）受到了娱乐，对粗俗的谩骂限制是非常宽泛的。然而，很明显，在阿耳忒弥斯-西布莉的仪式上，基肯不仅仅是一个为赚钱而出现在迷信的皈依者面前的游走祭司。他是女神的一个高级祭司，但是他为举行神秘的庆祝仪式而收取了酬金这一点是毫无疑问的，这种庆祝仪式不只定期举行，而且为了迎合那些重要（并富裕）的人因好奇或宗教虔诚（如在克拉罗斯）的需要，还可以随时举行。或许举行仪式的酬金很惊人，无疑经常会出现因为获取酬金而举行宗教仪式的事情。基肯可能向那些不愿付酬金的参加仪式的人索要很多钱，因而他被讥讽为一个只认酬金的祭司。

安纳托利亚主要的祭司家族自夸起源于神（在这个例子中是坎道勒斯-赫拉克勒斯-赫耳墨斯）[66]，祭司们继承神的性格，穿戴他的节日服装，经常可以分享他的名字或者某个神圣的名字，例如萨博斯（Sabos）、巴克斯（Bacchos）、阿提斯（Atis）、第欧根尼、阿波罗尼斯等。坎道勒斯这个名字不是一种赞许，它可能来自词语 κάνδωλος（坎道勒斯），被解释为 κακουργός ληστής（狡猾的盗贼），或者可能被解释为 γυνὴ ἡ καν（是妇女）（残缺不全，在 M. 施密特的单卷文本中省略）。经常被引用的残篇 1 中很明显地表达出同样的精神。

一旦策策斯通过提到基肯所持的月桂树而达到他的目的，在下面这一行中，他就给出了 τοιόνδε τι δάφνας κατέχων（手持着月桂树枝），很明显，这并不正确。贝格说 τοιόδε 应该是跟随着一个动词，例如，在上下文中的 θεσπίζει（给神谕），或暗示了 τοιόνδ' ἔφη (-δε τι)（这样的话）。但是，这种修订没有完好的。Κατέχων（手持）几乎不正确，贝格建议应该是 κρᾶτ' ἔχων（头戴）。但是，在荷马的著作中，克鲁塞斯手中有月桂树，希波纳克斯的注解被引用来阐释他。贝格和希勒-克鲁修斯偏爱 δάφνης κλάδον 或 κλῶνα。但是 δάφνας，即月桂树枝，看起来是原作中的。我更加偏爱 χειρί（手）而非 κρᾶτι（头），但是，这种改变太大了以至于不能让人满意。在"月桂树枝"之前或之后应该有一个神的名字，阿波罗的名字适合这种韵律。

Kandaules（坎道勒斯）经常被学者解释为 κυνάγχης 的吕底亚语翻译（Cramer, *An. Ox.* p. 351.7）。但是这个陈述仅仅是策策斯根据希波纳克斯的片段（是错误的）做出的一个推论，而且当赫西基奥斯说坎道勒斯是赫耳墨斯的吕底亚名字（如同上面所引用的）时，已经给出了正确的解释。Μηονιστὶ Κανδαῦλα 不是 κυνάγχε（狗的牵引者）这个绰号的一个解释，而只是一个普通的陈述，即迈奥尼亚演说中神的名字是坎道勒斯。或许"强盗"的解释比"狗的牵引者"[67]更接近含义，因为下面的词是以 τοιόνδε（这样的）的变位的形式，这需要大胆的处理。赫西基奥斯的著作经常有助于希波纳克斯的解释，他那里给出了 τεγοῦν· Λυδοὶ τὸν ληστήν（吕底亚的抢劫或偷窃的人）。策策斯之后的文本可能是 τεγῶν δέ（屋顶的）。[68]基肯是坎道勒斯的"儿子"，被称作小偷，因为坎道勒斯是小偷们的同伴。ληστής（抢劫）把偷盗同暴力结合起来，像我们的"土匪"，并把吕底亚神灵性格的两个方面统一起来。在同化于希腊神灵的过程中，那两个方面是分离的，这个神被希腊化为赫耳墨斯-墨丘利（Hermes-Mercurius）和赫拉克勒斯或阿瑞斯。在吕卡奥尼亚[69]的 Ἄρηι καὶ Ἀρείαις（与战神阿瑞斯有关的）祭祀仪式中，这个安纳托利亚暴力之神与他的武装的、好战的女祭司或阿玛宗女战士联系在一起。参见给本尼乌斯和他的祭司本涅提亚（Benneitai）的献词（Le Bas-Waddington No. 774）。

这个引语在一段的中间中断了，因为需要或适合于阐述荷马的意思，这些单词在这里终止，把 χερσίν（手）设想为跛脚抑扬格诗的最后一个单词是错误的。[70]在 ἔχων（拿着）之后不会再有直接与荷马的词语相对应的词。

第十二章 希波纳克斯论吕底亚情景与社会

τεγουνδετιmay可能暗示了 τεγοῦν δέ, χερί, 或者可能是 τεγουνα, χερί, 加了一个轻松的更正。这样同荷马的 στέμματα χερσὶν ἔχων（手里拿着一个花冠）的一致性就完整了。在 ἔχων（拿着）之前的 κατ（连接词）可能会让人猜想，在结尾处可能有 Ἀπόλλωνος（阿波罗）。如果要提供一个神的名字的话，那一定是阿波罗。克鲁塞斯是阿波罗的祭司，而且祈求者往往会将月桂树枝放在阿波罗手中。

在赫西基奥斯词典中的另一个词条引发了讨论：Κίκων· ὁ Κίκων Ἀμυθάονος ἦν, οὐδέναἴσιον προθεσπίζων（基肯：基肯是阿米塔翁的，就没有人预言吉兆了），所有人（施纳德温、迈内、施密特、贝格等）都认为这是对希波纳克斯残篇的一个解释。施纳德温和迈内（不是贝格）认为最后三个单词也出自希波纳克斯。哈通（Hartung）甚至把单词 Ἀμυθάονος（阿米塔翁的）归为这位以弗所诗人。布尔克（Brink）不恰当地推测应该是 προσῆλθεν, οὐδὲν αἴσιον προθεσπίζων（他来，没有人预言吉兆）。贝格指责哈通，认为他的做法更糟糕，因为他把这些单词放在前一行，并将完全不适合的诗句归于希波纳克斯：Ἀμυθάονος παῖς, αἴσιονπροθεσπίζων（阿米塔翁的孩子，预言吉兆）。用悲剧作家的口吻提到神话中的阿米塔翁[71]，希波纳克斯可能不会这样做。或许这个注释暗示出应该是色雷斯人的祖先基肯尼斯人（俄耳甫斯是一个基肯尼斯人）。没有一个修正能还原赫西基奥斯的注解真正的含义。因此，它可以属于悲剧、史诗或是赞美诗，却不属于赫西基奥斯。

策策斯说太阳神的祭司头戴花环，但是荷马和希波纳克斯说到了克鲁塞斯和基肯手中的月桂树或花环。"拿着"这个词对两个诗人来说是平常的，荷马的 στέμματαare（花冠）就是希波纳克斯的 δάφνας（月桂树枝）。在小亚细亚的希腊化城市，斯特芬夫鲁斯（Stephanephoroi）的官员是古时僧侣或僧侣王朝家庭的代表（C. B. Phr. I. p. 56 f.），戴皇冠（不一定是桂冠）毫无疑问是一种习俗，在古代和以后的时代都是如此。[72]手中拿着家谱则是另外一码事，而且，毫无疑问地会表明克鲁塞斯是一名祈求者，是一个游走祭司。策策斯在他的评论中把这两个不同的习俗融合起来。他或许把 χερί ἔχων（拿手）视为荷马著作中的

ἔχων ἐν χερσίν(拿在手里)的一个说明,但是偏离了头戴花环的这种造型。

这个残篇似乎被贝格的残片 I 和 107 所完善,在这些残篇中,残篇 I 是施纳德温(贝格等支持他)把两个不同的残篇拼凑在一起的。其中有几行对基肯进行了详尽的描述,残片 107 对一个希波纳克斯所描绘的堕落祭司进行了恰当的描述。如果把三个残篇放在一起,我们就会看到:

Κίκων ὁ Κανδαύλητος, ἄμμορος καίης,
τεγοῦνα, χερὶ δάφνας ἔχων Ἀπόλλωνος

βασαιγίκορος [δέ..., ἀλλὰ]
συνουσιάξων θᾶσσον [ἢ κύων ?—οὗτος]
ἔβωσε Μαίης παῖδα, Κυλλήνης πάλμυν,
"Ἑρμῆ κυνάγχα, Μηονιστὶ Κανδαῦλα,
"φωρῶν ἑταῖρε, δεῦρό μοι σκαπαρδεῦσαι."[73]

我在最后三行诗篇给出了贝格的文本(被希勒-克鲁修斯所接受),它们非常接近希波纳克斯的话。

"基肯是坎道勒斯(吕底亚的神和国王)的后裔,他是小偷(像他的神一样),手中所持的是阿波罗的月桂树枝,具有女性气质,穿戴女人的服饰,是城市女神的仆人,正如他所装扮的。但是,他比一条狗更加淫乱,这个人大声地向玛雅(Maia)的儿子献祈祷词,他是库勒涅(Cyllene)的国王,'哦,赫耳墨斯,狗的牵引者,在迈奥尼亚演说中是坎道勒斯,小偷们的伴侣,到这里来! 帮助我吧!'"

阿波罗、赫耳墨斯和赫拉克勒斯都与安纳托利亚的祭祀仪式紧密地相关。这是遍布小亚细亚的宗教中的一个事实。在这里,我们在以弗所、在希波纳克斯嘲弄的诗句中、在城市的硬币上都发现了它。在一个硬币上这样描绘"以弗所人的阿婆罗·西科西厄斯(Apollon Hikesios)":当他们彼此相对而站的时候,他伸出右手,从阿耳忒弥斯那里拿走一束月桂树枝。阿波罗因而被女神委任去回应那些呼吁援助和赎罪的祈求者(B. M. Cat. Ephesus 238)。因此,在地上的祭司代表的是天上的神灵,在他的手中必须持有月桂树,正如希波纳克斯所描绘的,但是他依然是江洋大盗坎道勒斯。儿子是父亲的重

第十二章 希波纳克斯论吕底亚情景与社会 139

生,这就是神圣生活的神秘所在。"公牛是蛇的父亲,蛇是公牛的父亲",这个惯用语在弗里吉亚神秘仪式中被大声喊出,并在罗马时期被广泛地模仿,罗马时期是整个异教世界的神秘仪式同化和细化的时期。[74]

赫耳墨斯和赫拉克勒斯也作为这个国家的神灵出现在硬币上,赫耳墨斯是一个裸体形象,除了披着斗篷之外,还拿着钱包和令牌。赫拉克勒斯出现在公元前394—前387年的联盟硬币中,是一个勒死了两条蛇的婴儿形象。这两个形象都只出现了一次。阿耳忒弥斯在以弗所几乎是万能的神,经常与她最喜欢的动物蜜蜂和牡鹿融合在一起,也与当地的环境、河流和海洋融合在一起(ὠκεανός:海洋,以弗所仍然是一个海港)。在罗马时期,出现了一个很重要的例外,罗马帝国的卡拉卡拉和盖塔兄弟在许多硬币中被描绘为孪生卡比罗伊。这个重要的安纳托利亚特征的出现可能是偶然的,这表明以弗所的祭祀仪式同普遍的安纳托利亚宗教联系是多么的紧密。

注 释

1. 这些"所谓的"评注者实际上是在进行现代的"页脚注释"。
2. 克拉默是新学院的学监和公共演说家。为什么牛津不继续克拉默的卷本(起源于1836年)系列的著述呢?格伦菲尔(Grenfell)和亨特(Hunt)一系列华贵的蒲草纸抄本(Papyri)是一项巨大的成就;拜沃特(Bywater)的 *Heraclitus* 是精致学问的小卷本,这些著作,加上对楔形文字和赫梯铭文的解读,不应该耗竭一个伟大的大学的精力。策策斯对希波纳克斯的了解比他出版了的一些著作的章节中所引用的部分多得多。他未出版的著作并不比他所出版的 *Treatise on Metres* 等更值得出版,对这些文稿的研究可能会使一个谨慎的学者重新找回他从真正有价值的古老的学者那里引用的东西。
3. 在希勒-克鲁修斯1897的著作中也是一样的。在这章写完之后,我才拿到贝格的1915年的第4个版本,我添加了这个编号。
4. 赞比克(Zeibek)不是一个种族词汇,它也不是真正地表示"强盗"。它是或者曾经是一个迈安德峡谷边的乡村中一个勇猛的年轻土耳其人,他用身上和手上或者腰带上夸张的本地服饰打扮展示了他的危险的武器装备。他的腰带大约有两英尺长,他的裤子有大约一英尺长,正好从腰下面延伸到膝盖中央,他身体的其他部分包裹在一件衬衫里,一个非常短的带袖子的背心随意地搭在肩膀上,不是为了其他目的,仅仅是缠绕他的臂膀(他可能会像对一个欧洲的帽子那样对此嗤之以鼻),他腿上绑着大的绑腿,穿着细小的袜子,或者不穿袜子而只穿着鞋。他是一个很得体的家伙,不是为了钱而是为了炫耀而偶然从事小的抢劫活动,他是一个"值得尊敬的绅士",并且在苏格兰词语中是一个相当"高尚的人"。
5. 根据1882年的版本重印的,有鲁本保尔(Rubenbauer)的索引。
6. 贝格-鲁本保尔(Bergk-Rubenbauer)的版本引用了 Cramer, *Anecd. Oxon.* (III, p.316)。
7. Smurna, Samorna, Murina 都是女神和她的女祭司头领的名字,是古安纳托利亚词语。菲克(Fick)将它们加以区分。
8. Sisurbe 或 Sisurbitai 只在这里才被知晓,很明显,它是阿耳忒弥斯的一个女祭司,可能是吹笛者。赫西基奥斯的 Sisurbe 被同金属工作联系起来,但是注释残缺不全:συρηβηνεύς,吹笛者;σύρβη,吹笛场合。关于重复的单词参见 C.B.Phr.(I.p.244,II.p.575)。

9. 最显眼的坟墓在靠近铁路的地方,大约在图恩鲁-布那(Tunlu-Bunar)西边两英里远的地方,在一个南北走向的山脊上。在伊斯兰-卡伊峡谷很远的山顶和奥托拉克村庄都可以清晰地看见。一个土耳其人的图尔贝(Turbe)被尖的中央屋顶所包裹,他的坟墓堆在墓坑上(在古代和现代一样,坟墓通常用来传递神圣感并提供保护)。在 History. Geogr. A.M.(p.30,11.27,28)中简略地提到。

10. Bergk-Rubenbauer 46(30)。

11. 根据 Nic. Dam. fr. 63(Müller, F.H.G., III. 396),阿鲁阿特斯是萨杜阿特斯的姐姐所生,尽管说他是粗暴地把她从丈夫米利特斯(Miletos)那里带走的,但是他还是合法的儿子和继承人。色诺芬(op. Anonym, de claris mulieribus 8)称她为路得(Lude)。米利特斯逃到了达斯基隆(Daskylion)。阿鲁阿特斯通过他母亲获得合法的权利,萨杜阿特斯通过他的姐姐的权利成为国王。这是叙利亚和埃及的一个古老的继承法则,在安纳托利亚习俗中也是明显的。墨姆纳德王朝是外来的,但是必须遵循古老的继承法。

12. 或许这个通过一个属格解释另一个属格的注释(正如第 4 行里面)有些像άνακτος υίού Φρυγῶν [ἤ Λυδῶν](参见 Nic. Dam. fr. 63)。όαρ 也是一个安纳托利亚单词,是荷马的典型代表。Όαρις 是克里克斯(Korykos)的人名。όαριστύς 在 Il.(XIV. 216)中被解释为πάρφασις。安纳托利亚名字Όαρις 以希腊化的方式翻译为Όρέστης,这是一个在科曼纳、卡斯塔巴拉等地很广泛的祭司名字(或称号)。他的后代Όρέστου παῖδες 领导了伊奥利亚人在吕底亚和达达内尔海峡-米希亚(Hellespontus-Mysia)的殖民。然而,可德里达(Kodridai)领导了在 12 个爱奥尼亚城市的殖民,这些名字取自祭司或国王家族的姓氏,参见铭文第 4 行。

13. 当然,所有的地界标都被坟墓所神圣化,这就是安纳托利亚习俗。我所挖的几英尺深地标中只有一处有一个赫梯铭文(Histor. Geogr. As. Min. p.311)。

14. 参见"Sepulchral Customs in Ancient Phrygia", J.H.S. (1884, p.241 f)。

15. 希腊传说试图解释古阿斯建造这么大一个墓堆的原因。

16. 弗里吉亚美罗波利斯、阿穆巴森(Ambason)或巴伦阿翁(国王的城市)(Πάλην, βάλην, Πάλμυς),的"弥达斯之墓",是一座神庙和坟墓。关于这个献给弥达斯王的神圣地方是否也标记了这个坟墓的争论,在安纳托利亚研究中没有意义。因为每一个神圣的地方都有坟墓来标记,每一个坟墓都是神圣的地方(ναός)(Studies in the Eastern Roman Provinces. pp.270 ff.)。

17. "Megastry"更可能是波斯语而非安纳托利亚语,有一个音节适应语法和韵律。

18. 在它流行过之后再进行纠正是容易的。Μεγάστρυος或Μεγαστρύου,可能被使用,错误被隐藏起来了。像许多其他编辑一样,我掉入这个陷阱,并寻求到友好的帮助。

19. 我拒绝在希腊语这样的单音节中重读Τωτός。

20. 我听说关于叙佩罗斯的一座纪念碑的报告,它在尼俄伯往东靠近麦格尼西亚的地方,在 1880 年的冬天,我徒劳地搜寻过。我的失败不能提供否认它存在的依据。我对这个国家和它的道路都很陌生,虽然在城里的一些人能够听懂希腊语,但是仅仅懂希腊语在这个国家是没有用的。

21. 巨人俄托斯(Otos)已在编辑们的脑海中。

22. 参见 Heberdey-Wilhelm, Reise in Kilikien (p.76 f),在未出版的铭文和他们其他的铭文中也有许多。

23. 与贵族的复合名字相比,它们的数量很多,这些单音节词具有很一般的形式,但都混合在祭司君主(Priest-dynasts)的名单中。几乎可以确定的是,他们属于一个更古老的民族,被使用高贵的复合名字的殖民民族征服。安纳托利亚的征服者,如果曾经有过的话,也很少完全驱逐旧有的祭司,而是同他们共享职位。典型的例子出现在佩西诺斯,在那里,五个高卢部落和五个古老的祭司家族组成了一个元老院。

24. 在吕西亚(参见 Ormerod 和 Robinson 在 J.H.S. [1914, p.21]的文章)的名字 Ektous(属格- tos)是 Ktous 的变形。一般来说,吕西亚名字在特征上与赫梯和东部安纳托利亚的不同。在那个铭文中读作

第十二章 希波纳克斯论吕底亚情景与社会 141

$Αρμοα[ς]Κτουος$，而在罗宾逊对评论祭司中有一个女祭司这一奇怪的事情时，将它读作 $Αρμόα ΕΚτουος$。将 Σ 读作 E 是在有难度的铭文中很常见的错误，这样一来女祭司被排除掉了。托斯（属格 Totos）是卢贝斯（Roubeis）的父亲，这个名字出现在古老安纳托利亚词汇的故乡特雷齐奥提斯，在克拉克森的一份祭司名单中出现（Heberdey-Wilhelm, p. 138）。

25. Ormerod-Robinson，*J. H. S.*（1914，p. 22）。参见 Hall，*Ancient History of the Near East*（p. 430）。
26. 阿塔利达（Attalyda）是吕底亚的一个城市，由阿提斯（Attys）建立，在他去世之后，他的儿子里德斯（Lydos）继续他未完的事业，这是唯一具有一些学术性的解释（参见铭文第 2 行）。
27. 例如贝格以$Αττλυδα$结尾。
28. 萨豪（Sachau）引用和肯定了塞斯的建议，即 Mutnr，是在拉美西斯二世和赫塔（Kheta）签订的协定中一个赫梯国王的名字，它是 Mutalli（穆塔鲁）的一种埃及化形式。参见 Hall，*Anc. Hist.*（p. 361）。
29. 施密特给$λυτα$加上剑号，并标记出引自这个残篇中的词条。$τα$应该读作$δα$（或者是一些其他的属格结尾）。
30. $πατήρ$这个单词，即"父亲"，也出一个原始的好的权威，他知道$μυττλυδα$是一个姓氏，有安纳托利亚语的含义，即托斯（Tos）的父亲（祖先）是穆塔鲁王。最初是$πάλμυος βασιλέως$ [$τώτος$] $πατρός$：主格遭到损坏。
31. 可能赫西基奥斯将$πάλμυνος$误认为是主格。但是，在希腊韵律中 υ 几乎不能被视为长音，虽然在变形的安纳托利亚单词中，它发长音。
32. $Μεννεάδος$这个重读通常出现在现代的书中，它可能是正确的。在一个变形的安纳托利亚名字中，两个连续的音节的数目调换过来（例如，Mutallu, Muttalu），因此可能重音也转移了。
33. 1882 年在卡拉加奇（Karagatch）（彼西底的尼卡波利斯）发现的一份 1 世纪的铭文，发表在 *Ath. Mitt.*（1883，p. 72）。很久以后，在 1918 年，阿拉玛的土地被发现了（*J. H. S.*，1918，p. 146），摩尼（Manes）（起初是 Masnes）被视为那片土地的太阳神。毫无疑问，他属于前赫梯和古安纳托利亚时期。
34. 祭司职务在征服者和古老的世袭祭司之间分享，正如前面所陈述的。当然，"雅完的儿子们"是爱奥尼亚人。
35. $Ἐς τήν Ἐφεδίην$（比照 Herod. II. 106）。从萨迪斯到士麦那的道路起初连接着这条路，但是不久就远离了这个以弗所道路，在海边进入士麦那峡谷。希罗多德是不正确的。
36. 卡拉-贝尔峡谷的浮雕离士麦那只有 15 英里。贝格认为，士麦那的阿里司提戴斯实际上看见了那些铭文，然而希罗多德（如同他正确地主张的）只在传说中讲到。我不能同意关于阿里司提戴斯的这种观点，它仅仅来自希罗多德的解说，而且没有考虑卡拉-贝尔纪念碑，却把所有这样的征服的纪念碑视为塞索斯特里斯建立的。很明显，演说家信任受过教育的听众，读者将会捕捉到希罗多德的话语的暗示：$ίστη$和$περιών$，尤其是$άμφοτέραις$（这仅仅是参考 Herodotus, II. 103. 1. 获得的含义）。阿里司提戴斯可能从希罗多德那里借用了$ι'στα$，虽然丁多夫（Dindorf）给出了阿提卡形式$ι'στη$。无论如何，有一点是确定的，那就是塞索斯特里斯的石碑作为征服的纪念碑对受教育的希腊人是如此熟悉，以至于阿里司提戴斯能够信任每一个听众能领会他相当复杂的、修辞性的暗示。
37. 在入口有这样一座小山。
38. 正如塞努塞尔特战争被局限在努比亚（Nubia）的尼罗河河谷，他似乎是塞索斯特里斯不充分的代表者，他被希腊人想象为全西亚的征服者。塞索斯特里斯穿越红海进入欧洲，在那里征服了西徐亚人和色雷斯人，在巴勒斯坦（也在爱奥尼亚）建立了石碑。纳尔-埃尔-科尔巴的石碑是拉美西斯二世建立的（在纪念那位在这条路上行军的伟大征服者的一系列浮雕之间）。
39. 没有埃及国王到过吕底亚或爱奥尼亚。
40. 在后来的爱奥尼亚墓志铭中，用两个甚至更多的名字来描述坟墓的建立者是寻常的，因为墓志铭是合法的档案。在卡拉-贝尔的石头上，骑士国王的名字几乎被抹去了，解读是值得怀疑的。第二个标志是 da (ta,给)，第一个可能是 mi，给 Mida，但是可能是 Tua，即两轮战车（正如 Tuana，马车的地方，Tuati，战车的驾驶者），给 Tuada 或 Tuata，塞斯也这样告诉我。

41. 在克雷蒙特的文字中,这个短语可以以两种方式被理解,"他西边的界限,"也就是,意大利和罗马,或是"西边的边界,"也就是西班牙。克雷蒙特关于保罗的旅行证词的意义是有争论的。两边的争论者都忽略了克雷蒙特含义的决定性证据。他说保罗在东边和西边都进行了布道:一个罗马的居民不可能用它指出在亚洲和意大利布道的差异,他可能从他的观众和他自身那里指向东方和西方,即罗马帝国的东部和西部。

42. 如果希波纳克斯是跛足的,他可能会旅行。荷马虽然是失明的,却"看见了广阔的景色、亚洲的沼泽、埃及的土地和士麦那的港湾"。

43. 在希罗多德所提到的任何安纳托利亚内陆地区中,没有一个地方能表明是他亲眼见过的,但是甚至有错误可以表明他根本没有亲自旅行到那里。士麦那含义的解释带来了这个演讲,希罗多德部分同意这个解释,认同希波纳克斯。而且,如果 $ή\ Eφεση$ 能被理解为凯斯特(Cayster)峡谷的下面部分的话,通向弗卡尼亚(Phokaia)(正如塞斯对 Herodotus II. 106 所建议的)的道路可能被理解为通过特莫罗斯通向叙佩罗斯北部的一个隘口,路上有尼俄伯或其他人的纪念碑。这个解释是站不住脚的。

44. 希罗多德提到这个道路,同希波纳克斯所说的在一个方向,不是在从萨迪斯到士麦那的方向,这对在希腊城市中做一个普通演讲的演说者来说是很自然的。我的意思不是说他引用了希波纳克斯的话(因为他可能在那个例子里提到了他的权威著作),而是说在那个环境中必定有某样东西来解释从萨迪斯到士麦那的路线。

45. 它是同妇女($όαρ$)、妻子(owar)相联系的,毋庸置疑,它是一个古爱奥尼亚和安纳托利亚词汇(几乎是荷马独有的)。比较一下$όαριστής$(一个熟悉的朋友)(Od. XIX. 179)。奥利斯是安纳托利亚名字,被变形为 Orestes(俄瑞斯忒斯),一个伟大的祭司形象,参见铭文第 2 行。Oar 只是指安纳托利亚社会早期发展中的组织 $οα$, owa, oua 的成员,$κώμη$用一个比 oua 更高级的阶段表达了同样的见解。

46. 有一件事是确定的。如果 touros, teoros 等名字都是安纳托利亚语的,他们同$ταΓως$——孔雀没有任何关系,"孔雀"在安纳托利亚语中是 palln,拉丁语是 pavo-n(正如 Revue Archéologique, 1923 中的一篇文章中所显示的)。因为那种鸟在早期安纳托利亚时代,或者迟至波斯统治时期并不被知晓,它是从印度或东方引进的。因此,有至少两个不同类别的单词和名字,或者是三个,Tewaros, Taworeas, Tawuros 以及 Tawo-Pawon 等。甚至很有可能,在安纳托利亚的 tauros 多样的使用中,两种不同语言的两个单词在希腊语翻译中被混在一起(我们单独拥有的)。

47. 然而,对于他的一些观点,我不能苟同。比如,他说的"几乎是确信的,那就是,在吕卡奥尼亚和伊索利亚说一种弗里吉亚方言"。相反,那些国家,尤其是伊索利亚,是前弗里吉亚的堡垒,即在种族和语言上属于古安纳托利亚或赫梯。在伊康和吕卡奥尼亚北部说的是希腊语;在南部和吕卡奥尼亚东部,没有线索或是可能性表明弗里吉亚语言曾经渗透过,本土的语言是吕卡奥尼亚语,正如在伊苏里卡区域一样(参见 Acts XIV. 7),它是吕卡奥尼亚的一部分。霍曼纳德斯(Homanades)的演说是不确定的,但是也不可能是弗里吉亚人,因为他们在四面都被彼西底和非弗里吉亚部落所包围,除了他们可能靠近俄隆狄人(Orondeis)(其可能被弗里吉亚人所征服)的地方,他们被召唤到吕卡奥尼亚,而不是西里西亚。

48. 高阶层的外国商人在安纳托利亚定居几乎是在 80 年前开始的。这些定居者是沿岸的或是英格兰的商业公司值得信赖的经理人。

49. 施密特排除了它,并且在一个注脚中建议是$πατρίαι\ χώραι$。在一个比牛津和巴黎的手稿更古老的手稿中,这个词是$π\bar{τ}$,在其中 T 变有含混起来,被读作 Γ。因此,巴黎的手稿有$παγαταν$或$παγαν$,在牛津版本中以$πάσαν$取代了它。可将施密特的文本与下一个段落对照。

50. 斯特雷在这方面是正确的。我错误地分解为$β\ Αττεανός$(Hist. Geogr. As. Min.)。

51. 在巴克斯和菲力蒙的故事中,他们款待了两个无家可归的旅行者,发现他们是神和天使,即宙斯和赫耳墨斯。像这样的一些故事属于小亚细亚。这些名字是属于安纳托利亚语和希腊语,"亲切的妇女和友善的男人",参见赫西基奥斯的$Βαυκά\ ήδέα$。这两个种族,分别是东方的和西方的,经常在小亚细亚混合在一起,这对它们的发展都是必要的。巴克斯和菲力蒙有安纳托利亚语和希腊语的名字。

第十二章　希波纳克斯论吕底亚情景与社会　　143

52. 有足够的证据来证明这种解释被考虑过,但是不能担保它与巴黎的手稿相对立。
53. 与这种推测相反的是它或者被克拉默拒绝,或者没有被他想起,但是他如何能从 A 的缩略版本中得出这样的解读,我不得而知。
54. Theognis 有规律地出现 $Πολυπαίδη$,像 $Λιγυαστάδη$ 一样被缩写。
55. 这种谱系上的虚构使得"种族"和"学派"在这样一个例子中成为同意词。
56. 鲍萨尼阿斯的安纳托利亚起源在 J. H. S. (1882, p.67 f) 中得到了简短的描绘,但是对于那个论题有更多的东西要陈述。他被视为安纳托利亚人具有偶然性,不是从一个更古老的作家那里借鉴而来(如同他对希腊的记载被许多人主张说是借用来的)。弗雷泽也把他视为吕底亚的安纳托利亚人。
57. 毫无疑问,最初是 Temeno-teira,即坦密诺斯(Temenos)的城镇,与 Teira,Thua-teira 相比照,我认为莱纳赫是发表这个理论的第一人。
58. 因为它包含了一座坟墓,不可能仅仅是一座自然的山。鲍萨尼阿斯只是在重复流行的谣言。
59. $Ἔτι ἀποφίνουσι$ 这个单词看起来暗示弗里吉亚人确实给鲍萨尼阿斯指过路,也就是在这个通向西弗里吉亚旅途上,他在特蒙诺西亚(Temenothyrai)(正如刚才所提到的)听到了这个故事。
60. 舒巴特(Schubart)没有引用任何变体,可能读出(与 Strabo XII. 568 一起)$Μοριμηνῶν$(在西卡帕多西亚),虽然它可能会被推测是在弗里吉亚西北部的一个地方或部落。
61. $καυής$ 是拟声词,是对鸟呼唤食物的嘶哑叫声的模仿,正如一个人在船上或是海滩上所听见的。这种名字与称呼祭司的吕底亚词汇的相似只是一种巧合。
62. 关于卡比罗伊,参见第 19 章。我在 1879 年的一本古老的笔记本中发现了 $μεγακηεύς$,即塞浦路斯,它出现在一份亚洲的名单中。$κηεύς$ 明显地起源于 kawus 或 kawos。赫西基奥斯可能是通过形式上的相似把 $κόης$ 同 Kabeiroi(卡比罗伊)联系起来,这是正确的,Kabeiroi 是 kawei-ro-i,有后缀-ra(-ro),赫梯语中的 Khabiri 意思是皇家保镖。
63. 当提到祭司和月桂树这两个要点时,策策斯的引用终止了。第 2 行的一部分被引用的唯一原因是因为月桂树在那里被提及了,被拿来完成这个阐述。
64. 我曾经猜想,基肯所反映出的女性气质由他穿的女性鞋子暗示出来($σανδάλια$,参见 Hesychius)。但是 $σανδάλητος$(暗示一个动词 $σανδαλέω$,穿女性的鞋)不如塞肯和巴克勒所提出的词更合适。然而,女性的着装必定在这篇文章中被提及,一个口齿不清的、柔弱的演说方式被提到了。他是一个古老的安纳托利亚角色,不是吕底亚独有的,参见 Luke, the Physician and other Studies in the History of Religion, pp. 203—207。
65. 同一个人以属格的形式作为 Kidramantos 和 Kidrama 出现在奥米里安(Ormelian)名单中。
66. 克拉罗斯的祭司是"来自阿杜斯的赫拉克勒斯的后代",是一个吕底亚的赫克里德的国王。
67. 这个绰号是对这个神的一种形象的描述,在他伸出的两只手里有两条狗,他抓住它们的脖子。
68. TOION 指的是 ΤΟΓΩΝ 而不是 ΤΟΓΟΥΝ,在其他的文本中给出了不同的拼法。Ω 或 ΟΥ 代表了安纳托利亚语的 ου。
69. 来自萨瓦特拉(Savatra)未出版的铭文。
70. 我支持这一点,但是因为上面所述的原因而摒弃了它。
71. 阿米塔翁是预言家墨兰波斯和拜阿斯的父亲。
72. 皇帝们的高级祭司在加拉太行省可能戴金色的头冠(参照 Acta of Paul and Thekla)。
73. $συμμχήσαι$"在我的偷盗事业中帮助我吧,哦!小偷之神。"在一个权威著作中,最后一个单词被改写,它可能仅仅是一个猜测,却是一个好的猜测。
74. 写作者认为,这样的相互影响和借鉴发生在 2 世纪和 3 世纪,参见 Annual BSA, 1910—1911, pp.39 ff., 1912, p. 153 f.; Ency. Brit. ed. IX. art. "Mysteries" Hastings' Ency. Relig. and Ethics, art. "Phrygians" 和 Dict. Bib. v. art. "Religion of Greece and Anatolia", Aberystwith Studies, IV. p.1 ff。

第十三章

四轮马车

两个单词 Apeme 和 Apene(车)引出了接下来的问题:(1)两者中哪个更古老些? 也就是说,apenna(apāna)还是 apemma(apāma)是最初的形式呢?[1] (2)Hamaxa(马车)和 Apene 最初的区别是什么,或者说它们仅仅是同一个物体在两种不同的语言中的名字呢? 两者都出现在荷马著作中。

在以弗所的货币上,Apêmê 或"神圣的(Apêmê)"通常代表用来搬运圣物的古老的车辆,宗教通常保留最古老的形式和习俗,它是四轮车,并且带着一个类似现代土耳其汽车(araba)的圆篷的篷子,车夫就坐在篷里(正如现代安纳托利亚的交通工具),车上挂着花环,由一对骡子拉着(只要有钱)。这可能表明 apene 或 apeme 是一种运输东西的货车,而 hamaxa 则是一辆二轮战车;另一方面,harmamaxa 主要是用来供妇女和小孩使用的家用马车。斯特拉博说,凯尔特人(Celts)在战争中使用 apênai(p. 200, IV. 5.2)。但那可能只表明他们用这样的马车装运战争物资,并不是把 apênai 作为战车,因为它的形式不合适。居鲁士在与克洛伊索斯作战的军队中用骆驼来运送小麦,但是,那并没有使骆驼成为用来作战的动物(像马那样)。

更进一步,在以弗所,在宗教事务中使用 apême,表明它很古老,然而 apênê 是在使用中变化了的一种形式。但这并不是很确定,因为 apeme 可能是一种爱奥尼亚语形式,而流行的形式 apenna 可能既更早、更持久。[2] 那么,后者可能是 benna(四轮马车)的希腊语形式,benna 是高卢、梅萨比和瑟拉克-伊利里亚(Thrako-Illyrian)的马车(参见 Deecke, *Rh. Mus.* XXXVII. p. 385)。位于特姆布里斯或特姆布罗基乌斯上面靠近阿尔提恩塔什

(Altyntash)的普利本尼希斯(Prepennisseis)在描述宙斯·本尼厄斯(Zeus Bennios)时,说他是一个驾着马车的神,是车的制造者,他让我们使用马车,是改良农业和交通的农民之神。在这里,民族名可能是普利本尼希斯,在《希腊研究杂志》(1887,p.511)中,它被与 Trebenna、Prebena、Trebena、Perbaina(ai = e)和 Trebendai(托勒密的)吕西亚词语进行比照。[3]它表明 Prepennisseis 源自 Prepenna 或其他类似的形式,像难懂的吕西亚语 Trebenna-Prebena。托勒密的 Propniasa 是一个流行的变体。[4]吕西亚语 Trebenna 在钱币(公元 238—244 年)上出现,因而被保存下来,然而拜占庭语的形式更本土化,因此比钱币上的变形的名字更接近原始的安纳托利亚语发音。[5]Prepenna 很可能是本土的发音,是 benna 的一种重叠形式,P 在希腊化过程中变为 T,Prepenna 变成 Trbenna。对照一下特索斯-塔索斯(Tersos-Tarsos)的英雄建立者珀尔修斯(Perseus)(P-TW-T),字母的变化导致的单词形式上的变化,产生了一个无意义的希腊传说。珀尔修斯-柏勒罗丰(Perseus-Bellerophontes)是一个英雄。

可以推断最初的形式是 benna 或 abenna,在爱奥尼亚方言中修改成 apêmê。四轮马车可能是南部俄罗斯和罗马尼亚平原上的游牧部落引进的。亚洲游牧的土耳其人或土库曼人(Turkmens)使用马或骆驼作为交通工具,并且驯养动物。甚至在 45 年前,在安纳托利亚高原上很少使用马车,马车被认为是来自俄罗斯的穆斯林鞑靼人(Tatars)的发明,其实,这种所谓的发明更应该被叫作再次引进。土耳其人废除了马车(更确切地说是土库曼牧民)[6],在他们所掌控的地方毁灭了农业,将社会降为游牧社会。[7]

有一种非常简陋的两轮马车,是用坚固的轮子和一根木轴制成,木轴牢固地连在车身下面,在车下不停转动,在很远处就能听见非常大的辗轧声。在那些农业大规模普及的土耳其地区使用这种马车。[8]以弗所硬币上的 hiera apeme(早在 1881 年再度使用)[9]就是四轮无弹簧的马车,它被叫作鞑靼-阿拉巴(Tatar-araba)。带弹簧的马车是从鞑靼-阿拉巴改造而来,直到 1890 年才开始使用,并迅速普及。所有这些车辆都是本地制造的。在高原上的城市里也使用西方的车辆,但都是进口的。现在汽车普及了,但是农民仍然使用结实的车轮和车轴,它们依然在车身下转动着。

由车轮和车轴构成的简单马车,是由两个(或三个)用于搬运重物的圆木发展而来的,两根圆木支撑着重物,推重物时,第三根圆木就向前滑行。后来,圆木被制作成结实的轮和轴。车轮很牢固,收获的重物堆在一个由两个轴支撑的木板上,木板前面有两个杆,将牛轭栓在木杆上,套在一对牛身上,让牛拉回去。在蒙昧的乡下人看来,把牛轭系到杆上的结很了不起,有了它,戈尔迪(Gordius)马车形成了,那是上帝赐予他子民的礼物。这个结是一个精妙且简单的发明。戈尔迪马车在戈尔迪保留下来,这个结为将来的土地所有者带来一场考验,换句话说,他的继承者必须明白怎样去做农活。在传说中,亚历山大切断这个结,以此证明自己是合法的继承者;在传说的另一版本中提到,他扯出栓,然后结自己就松了。

这种形式简单的马车现在仍然能在田间(如我所说)看到。我们在1926年4月27日看到一个。任何手头上有木头的农民都可以做成这样一个马车(那给了它一个优势,那里木匠不熟练而且很少)。

如果我们不考虑埃及第19王朝的二轮青铜战车(开罗和日内瓦的样式),四轮马车和战车的发明应属于铁器时代,古人认为那是最后也是最坏的时代。牛车可能在农田中很有用,其他时候就没有用了。但是对于旅行来说,它毫无价值,在战争中也会是累赘。战车属于大胆的、无法无天的时代的发明,它不是上帝的礼物,而是人类为战争和屠杀精心制作的工具,而且第一个制造战车的人可能被诅咒,如同从宙斯那里偷火给人类的普罗米修斯一样。如果"普罗米修斯的解缚"被保留下来,我们或许有权利考虑普罗米修斯被罚是因为让火落入无法无天的人之手。神本来只是要把它作为一种对人类的赐福,鲁莽地任意地使用它就太危险了。宗教诗人认为,人类过于大胆的发明创造力与知识技能的无止境地发展是不合法的。

莱纳赫先生认为,在欧洲带轮子的车随铁器时代而来,大约于公元前1100年出现。战车作为一种有力的武器一定很迅捷。迦南(Canaan)的国王耶宾(Jabin)有900辆铁制战车,对未经训练的农民军来说,只要它们能比人移动得更迅速,它们在对阵中的影响力就会很大。但是,在美吉多(Megiddo)的山谷中,当吉辛(Kishon)被暴雨吞没,战场不适合全速猛烈的进攻之时,它

第十三章 四轮马车

们就毫无用处并且成为累赘。

到目前为止，benna-apenna-apeme（四轮马车）的一个车轮上有 6 或 8 根辐条，以弗所钱币上的车有所不同，但是，可能是雕工削减了很多辐条的数量。因此，很可能在那时的车上有 8 根。这样的车轮当然是用来绕着车轴一端旋转的。在原始的牛车上，车轮很牢固地联结在车轴上。显然，车轮可能有 4 根辐条，可能是用四块坚固的木板做成的，由一个车圈（一定是金属制成的）连在一起。

赫梯词语图安纳（Tuana）被塞斯解释为战车（tua）之城，而 tuati 是驾驭战车者，变形为 Teattes 和 Tot（Tos）。tua 很可能表示一辆战车。在荷马史诗中，Hamaxa 和 Apene 看起来实际上是一样的，从未被用来表示战车，两种车都是由骡子牵引的。战车（ἅρμα δίφρος，essedum）由两匹、三匹或四匹马牵引，diphros 严格上来说是框架或框架结构，即置于一对车轮和车轴上的框架结构，但它却既用来表示整个战车，又表示一种椅子或座位。塞斯给我看了一幅四马拉的车的缩略图，车夫坐在放置于后面的座位或是高凳上，日期大约是公元前 2300 年，它出土于卡帕多西亚的凯撒里（Kaisari）附近，靠近哈利斯河的地方。

关于希腊语 apenna 词首的 a，与色雷斯-伊利里亚的 benna 相似，塞斯指出"马车的赫梯名字是 kuana，由此看来 benna 就代表了一种更为古老的 kwenna 或 gwenna"，apenna 中的前加元音通常位于双子音 kw 之前。费恩尼翁-米迪恩（Phennion-Median）路这个词语的意思是马车可过的路，赫西基奥斯认为它出自帕姆菲洛（Pamphyloi），[10] 肯定是从 benna 派生出来的。这个费恩尼翁明显是从特洛阿德（Troad）经瑞恩达克斯到叙利亚的马车路，在其旅途中，鲍萨尼阿斯曾在迈奥尼亚和弗里吉亚的西北部看见其痕迹。[11] 在安纳托利亚也偶然发现了一些明显的被车轮压在岩石上的深深的痕迹。其中，我所知道的最重要的一些在吕卡奥尼亚的阿姆巴拉拉斯（Ambararassi）（塞佩克[Serpek]）西部，在向东通向西里西亚门的伟大的彼西底路（Pisidian Route）上。但是自从 1882 年以来，我就从未去过那里，考尔德于 1909 年在邻近的地方也没有观察到大车轮的痕迹，卡兰德（Callander）在 1908 年也没发现。这样的痕迹很容易被离它10码的人所错过。

马车上的神——本尼乌斯(Benneus)或宙斯·本尼厄斯(Zeus Bennios)[12]是农神,是农艺之人的训练者。他如同戈尔迪一样,生活在神话中,他的牛车被保留下来作为弗里吉亚戈尔迪的神圣遗迹。迪克(Deecke)将其同 benna(马车)的伊利里亚名字 Bennus、伊利里亚的及南意大利的一个家族的名字本尼乌斯(Bennius)、色雷斯城镇——马车城(Benna)(安纳托利亚的图安纳)联系起来(loc. cit.),又将其与比提尼亚(Bithynia)的哈马科萨(Hamaxa)、西里西亚的哈马科西亚(Hamaxia)、阿提卡的哈马科仙提亚(Hamaxantia)、特洛阿德的哈马科希托斯(Hamaxitos)进行对照。在阿尔提恩塔什附近发现了"致宙斯和铭记他的名字的本尼泰(Benneitai)牧师(以及他的后代)"的献文。很明显,这里的宙斯应该被认为是本尼乌斯(Benneus),变形更多的形式是宙斯·本尼厄斯。从阿尔提恩塔什向西和西北方延伸的这整个峡谷属于皇帝,并保留了安纳托利亚很晚时候的名字的形式和习俗。皇帝作为神和主人来统治人们,地位与古老的本地神一样,本尼泰是他的牧师及他意志的解读者。

注　释

1. 在$δάρχνα$-$δρχμή$方面出现了相似的疑虑:$πυθμήν$—Skt. budhna; Ger. bodem, boden; 现代是西玛(Simav),古代的苏纳沃斯(Sunawos)等。
2. 我把爱奥尼亚方言视为一种后来的发展,并且相信古老的爱奥尼亚人的语言更接近伊奥利亚语而不是完全发展的爱奥尼亚语,即克拉纳(Kranna)起源于安纳托利亚,而不是希腊语$κρήνη$。因此在爱奥尼亚语中所使用的一种形式不一定是原始的。
3. 这些硬币是这样被沃丁顿(Waddington)在 B.M.Cat 中进行归类,它们在更古老的钱币学归类中被错误地称为潘菲利亚的。
4. 或许是 Prepenasa(参见 Olbasa 等),Prepniasa, Propniasa。
5. 我们可以发现这是一个更加安全的原则,那就是粗俗的本地发音比起文学中或诸如钱币这样的官方档案中的形式更少希腊化。
6. 关于这个区别参见 Hist. Geogr. As. Min. p.213。它清楚地被拜占庭作家所陈述,在1070年,在土耳其人首先出现在小亚细亚东岸之后的50年里(曼齐克特战役,1071年)。安娜提到了 Tourkomanoi(II. p.284),然而在 Nicetas, 156 和 Cinnamus, 295 中称他们为游牧者。
7. 城市人口和统治阶级继续实践不同种类的工业并维持罗马的司法习俗,直到君士坦丁堡权力的集中逐渐压制扼杀了所有古老工业,除了西欧的影响能够维持的地方。
8. 在1884年,我有一匹马,它从来没有看见过有轮子的车,它几次看见任何有车轮的车辆时,都表现得很慌乱。
9. 我在东部地区比在高原的中部和西边更早地看见了鞑靼-阿拉巴。它迅速向西边传播,在1886年,我们发

第十三章 四轮马车

现在科尼亚租马匹是不可能的,并被告之现在几乎没有任何马匹可以出租,因为马的运输已经被马车的运输所取代。1882 年,在任何地方租用马匹仍然是很容易的,1881 年,在锡瓦斯(Sivas),我却是第一次看见一个有轮子的驮鞍-阿拉巴。

10. "潘菲利亚的"可能仅仅表示是安纳托利亚语的或者来自从安纳托利亚的一个方言。
11. 参见前面第 12 章。
12. 提到了宙斯·本尼厄斯和索诺伊(Soenoi)的本尼乌斯的铭文首先发表在 Lebas-Waddington,No. 774,也参见 *Hist. Geogr. A. M.* p.114。字母 Soa 出现在名字 Souagela(Steph. Byz.)和 Suassos(可能应该是 Souassos,坟墓所在地,等同于 Ballenation——国王巴伦的财产)(弥达斯之墓的城市)中,沃丁顿创造了一个城镇 Benneisoa,而没有把这两个单词分开。索阿(Soa)是在铭文中使用的普通名字。但是,本尼索阿(Benneisoa)——本尼乌斯的坟墓,也是有可能,虽然可能性不大。本尼乌科(Benneueke)是"本尼乌斯的土地"($\beta\varepsilon\nu\nu\varepsilon\iota\ \Sigma o\eta\nu\omega\nu$)在铭文的末尾以一种更加本土的形式被添加上。

第十四章

兄弟会与胞族

在吕科斯峡谷,在希拉波里斯,有马库斯·尤利乌斯·马克敦尼克斯(Mar[cus]? Julius Macedonicus)与其妻子阿里亚·艾欧里亚(Ar[ei?]a Ioulia)的坟墓。很明显,坟墓是他们建造的,仅限于他们自己使用,在墓碑上,有一个具有很多安纳托利亚的典型风格的墓志铭。这个墓志铭可能属于2世纪或者甚至是1世纪(阿里亚可能证明是在1世纪),如果阿里亚(Areia)这个名字被接受的话,那时皇帝的名字只能是尤利乌斯。侵害坟墓要受到的处罚只有500迪纳里厄斯(denarii)[1],而在1世纪之后,这种行为所要受到的罚款大大增加,达到成千甚至上万迪纳里斯。然而,西科里乌斯(Cichorius)将名字解读为 Aī(lī)a,代表它就属于2世纪。为了在每年第一个月的第三天和每年第十个月(省略了天),在墓穴上放一个花环,死者的孩子要投资一大笔钱,给领导者阿波罗·阿奇吉提斯(The Leader Apollo Archegetes)的掌旗官(塞米阿弗洛[Semeiaphoroi]),领导者阿波罗·阿奇吉提斯是希拉波里斯伟大的神的简称(塞尔比诺斯[Sairbenos]或阿波罗·塞尔比诺斯)。每次的收入达250迪纳里厄斯,也就是每年500迪纳里厄斯。这些日子明显是双亲的祭日,在游行中,父亲明显地被视为领导者阿波罗·阿奇吉提斯的掌旗官之一(或许神的离去也就是当它的肖像从寺庙拿走,然后经过城市再次回来的场面)。

根据西科里乌斯的抄本(他完全省略了1.6)出版的版本和我们的有很多不同之处。我更加偏爱τόπος Μαρ而非贺加斯(Hogarth)在 1. I 中的βωμός,

---

[1] 古罗马钱币。

第十四章 兄弟会与胞族

偏爱贺加斯的 $A\rho$. 而非西科里乌斯在 2、3 中的 $A\iota[\lambda\iota]\alpha$。在 II. 3—5 中我们是一致的,但是在我使用的阳性的 $\tau\tilde{\omega}\ \phi\acute{\iota}\sigma\kappa\omega$ 的地方,西科里乌斯使用了阴性的 $\tau\tilde{\eta}\ \phi\acute{\iota}\sigma\kappa\omega$。在东边更远的地方,阴性和阳性(甚至是中性)都被使用,但是严格意义上的阳性使用得更加普遍。罚款是毫无疑问的,贺加斯大胆推测 50 个 $\tilde{\eta}\,[\H{o}]\sigma'\ \check{\alpha}\nu\ \delta\acute{\epsilon}o\iota$,"或者差不多被固定下来(根据法律决定)"。西科里乌斯在这个墓志铭中没有给碑文,而仅仅在文本下作了注释。我在这个地方用的是 $H\Delta$,而西科里乌斯只有 Δ,我们都推理出 $[\H{\omega}]o\sigma\alpha\nu\ \delta\acute{\epsilon}\ o\acute{\iota}$,正如我们所承认的,石头上有 $M\alpha\kappa\epsilon\delta o\nu\iota\kappa o\acute{\iota}$,西科里乌斯遗漏了它,然而我推测以 υ 代替 ι,即"马克敦尼克斯的[儿子们]"。Semeiaphorois(塞米阿弗洛)的最后的 σ 被石匠省略了(因此我的复制品省略了,西科里乌斯省略了 5 中的第一部分)。末尾的数字是不能信赖的。最后一段只是我给出的,虽然难以辨认,但是西科里乌斯承认其存在。[2]

似乎可以合理地设想(正如我们在这一章中要看见的),掌旗官属于一种为上帝服务的兄弟会,或是胞族(Phratra)。阿波罗·阿奇吉提斯作为安纳托利亚的太阳神被打扮成头上有辐射状东西的形象,当他被希腊化以后,手里才有了竖琴。这个城市的钱币上的形象是支持我们的权威证据。

虽然在墓志铭里没有规定掌旗官负责保护坟墓的圣洁,但是他们因为一年两次把花环放在坟墓上而得到可观的赏赐。如果坟墓被破坏的话,这个赏赐自然就被取消了,因此阻止破坏符合他们的利益。

没有例子证明在这个城市中存在过这种为了服务上帝而结成的兄弟会,但是,这种解释看起来相当自然。

塞米阿弗洛的真正的解释可能是:他们是"一个专业的制造奇迹的阶层,好似现代穆斯林国家的苦修士"。他们是一个协会或兄弟会,在对神或女神的祭拜下联合起来。这些苦修士不完全属于穆斯林。他们是古老习俗的遗存嫁接到伊斯兰教之上的产物。毛拉维酋长(Mevlevi Sheikhs)公开喝酒,没有真正的穆斯林会这样做。他们给我们提供了香槟酒,我非常珍惜地酌饮,我的妻子则礼貌地拒绝了,酋长和塔克拉比·阿凡提(Tchelebi Effendi)把瓶子喝干。他们保持了其他的前伊斯兰的传统,其中有一些也是前基督教的传统。

在彼西底的安条克西北部，即所谓的崇拜里姆那伊（Limnai）的阿耳忒弥斯的特克莫利亚故乡，他们在宗教崇拜中与希拉波里斯的阿波罗联系在一起。他们自愿捐钱设立一个公共基金，用于建造农业器皿和用具，并建立共同宗教崇拜的神的雕塑。他们在罗马皇帝的国土上延存着最后的异教信仰，因为在位的罗马皇帝代替了他们的神，作为上帝而被膜拜。这样的联系巩固了反对基督教信仰的皇帝和古老宗教的联盟。农民是严格意义上的异教徒（pagani）。他们根据他们的工作性质组成了行业工会。

直到1880—1890年，来自一个偏远地区的搬运工人到士麦那或君士坦丁堡赚钱，糖果工人来自另一个地区，这些是真实的。行会里年长的成员把他们的知识和贸易联系传递给他们的朋友和亲戚。毫无疑问，在他们之间有一些秘密的口令和秘密的规则，虽然对此我确实没有明确的资料。在不同情况下，行会的头目管理着所有人的业务运作，并制定法令。没有人能违反他的意愿，没有人不经他的授权来工作。如果有人想租用马匹，行会的首领会找到他们并开出价钱。我第一次了解现代土耳其时，情况是这样的，但是在50年间已经发生了巨大的变化。

巴克勒先生关于罗马时期[3]行会的重要论文与这个课题紧密相关。皇帝和他统治任何省份的代表不能允许社会遭受帝国之外的联盟的威胁，也不会允许任何破坏贸易、城市或土地经济的骚乱的威胁。这样的联盟比城市更古老，持续时间更长，在城市体系里不会受到青睐。希腊人或希腊化的城市根据个人的权利而组织起来，通常以怀疑甚至敌视的态度对待行业协会和兄弟会。因此，罗马天主教廷（Roman Catholic Church）反对它自身之外的一个联盟——共济会（Freemasonry）。正如我们从图拉真（Trajan）给普林尼的信中所知道的，[4]罗马皇帝甚至不会允许成立一个消防员行会，以免它会形成国家和帝国的一元法律实体的政治威胁。然而，在原始的安纳托利亚体系盛行的地方，胞族蓬勃发展，它们以下的方式通过塞尔柱突厥人传递给奥斯曼土耳其人。

伊本·拔图塔（Ibn Battutah）是一个来自丹吉尔（Tangier）的阿拉伯人，

第十四章 兄弟会与胞族

他提到了安纳托利亚城镇中的兄弟会制度。他在安塔利亚（Antalia）、布尔杜尔（Burdur）[5]、拉迪克（Ladhik）、库尼亚（Kunia）见到过"胞族"，时间大约是在公元 1333 年，他指出，它们通常存在于塞尔柱城镇里。他把那些城镇叫作土库曼，他对这个词的使用不如两个世纪之前的安娜·科穆宁娜（Anna Comnena）或任何一个当今有经验的旅游者更恰当。正如他说道："没有人比他们对陌生人更有礼貌，更加乐意提供给他们食物和其他的必需品，或者说没有人比他们更加反对压迫者。在安塔利亚，兄弟会是 200 个丝绸商组成的协会。在布尔杜尔，他们邀请他参加在城外一个花园里举行的宴会。"

在伊本·拔图塔的描述中，我们可以看到，那些年轻人是积极的、精力旺盛的。[6] 被称为"大哥"的是这样一个人，他是同一职业的人，或者甚至是外国青年，碰巧又很贫穷，年轻人聚集在他的周围，并推选他为会长。他修建了一个库房，[7] 在里面他放置了一匹马、一副马鞍以及需要的其他工具。然后他每天关照他的伙伴，用任何他们碰巧需要的东西帮助他们。在晚上，他们带着全部收获的东西来到他这里，这些东西被出售，以便购买食物、水果等，来填充库房。如果一个陌生人碰巧来到他们的领地（也就是属于他们村庄和城镇的土地），他们会邀请他与他们在一起，用这些食物款待他。他们因此被称作"年轻人"，他们的会长是"大哥"。

这份叙述与现代土耳其保留着的有点衰落的好客习俗相一致，它简单、诚恳，但是被整个村或是村里最富裕的人所拥有。这里有家庭客栈，欢迎每一个外地人。村子里的长者每晚都聚集在那里，坐下来交谈。以前，拥有一个自己的家庭客栈是每个渴望获得荣誉的人的特权和荣耀。在 1890 年之前，当我们进入一个村庄的时候，我们经常去探查谁的屋子是最好的，我们骑马到那里，在夜里，让自己有宾至如归之感。甚至一个很傲慢、很自负的穆斯林也不能拒绝我们的任何要求。好客是他的职责，也是整个村子的职责。

1826 年对禁卫军（Janissaries）的大屠杀削弱了伯克塔失（Bektash）苦修士的权力之后，他们的主要职责只剩下铺张地招待客人，因为禁卫军都是伯克塔失。哈吉·伯克塔失（Hadji Bektash）是禁卫军的第一个首领和保护人，在大约1328年逮捕穆坦尼亚（Mudania）时，他是领袖。小亚细亚的苦修士的主要所在地是哈利斯河转弯处的哈吉·伯克塔失，它在科-什赫（Kir-Sheher）和通往凯撒里、希迪-吉兹（Seidi-Ghazi）的河流的交叉点之间，享有一个在安纳托利亚广为人知的神话人物的名字；还有一处是希迪-吉兹和厄斯基-什赫（Eski-Sheher）之间的塞伽-伊德-迪恩（Sejah-ed-Din）。在塞伽-伊德-迪恩，迟至1908年还保持着贵族的习惯，60个陌生人坐下来吃晚饭时，我们4个人被分开招待，两个女士在族长女人的房间，我和我的儿子在男主人的卧室。

在这个事情上要重点强调，因为它与古老的好客之道的资料有关，尤其是与4世纪甚至3世纪的各式各样的基督教铭文有关。"爱所有的人"是基督徒所使用的一个短语，但是它起源于异教，像圣保罗的措辞，"盖乌斯是我的主人，也是整个教廷的主人"。在一个吕卡奥尼亚墓志铭（其实它是我们在一个土耳其人坟墓外挖出的一些小碎片）中，[8]诺瓦·伊绍拉（Nova Isaura）的一个牧师被赞颂为寡妇、婴儿、陌生人和穷人的救助者。诺瓦·伊绍拉的另一个牧师被称作贫困的寡妇们的救助者。然而，最鲜明的例子是在一个墓志铭里发现的，我在1905年看到了完整而清晰的版本，而考尔德和考克斯（Cox）在1924年看到了破损的版本。他们带着有分歧的观点已经将它出版了。

考克斯与我的意见一致。考尔德的摹本和在摹本中修复的文本在关键词语上与我的有所不同，例如，寇拉斯（Koulas）给陌生人梭伦的，等等。

梭伦是陌生人，在这个村被人们以古老的方式热情周到地款待。他死在那里，被寇拉斯所掩埋，在他的坟上立起一个简单的碑铭，"寇拉斯为宾客梭伦：一个纪念碑"，[9]主人埋葬了客人。

接下来的纪念碑（图3）使图1和图2更加清楚。

我在复制的时候不怎么走运。在日落时，一个陌生人将我带进卡巴拉（Kabalar）一个房屋的庭院。我本来应该与这个家庭交朋友（也就是买走），但是我想赶紧利用短暂的有光的时间，没有费力去与他们讨价还价将它买走。实际上，起初我认为将它介绍给我的人是它的主人，因此我将报酬给了他，这激怒了它真正的主人和他的家人。

第十四章 兄弟会与胞族

图 1

156　　　　　　　　　希腊文明中的亚洲因素

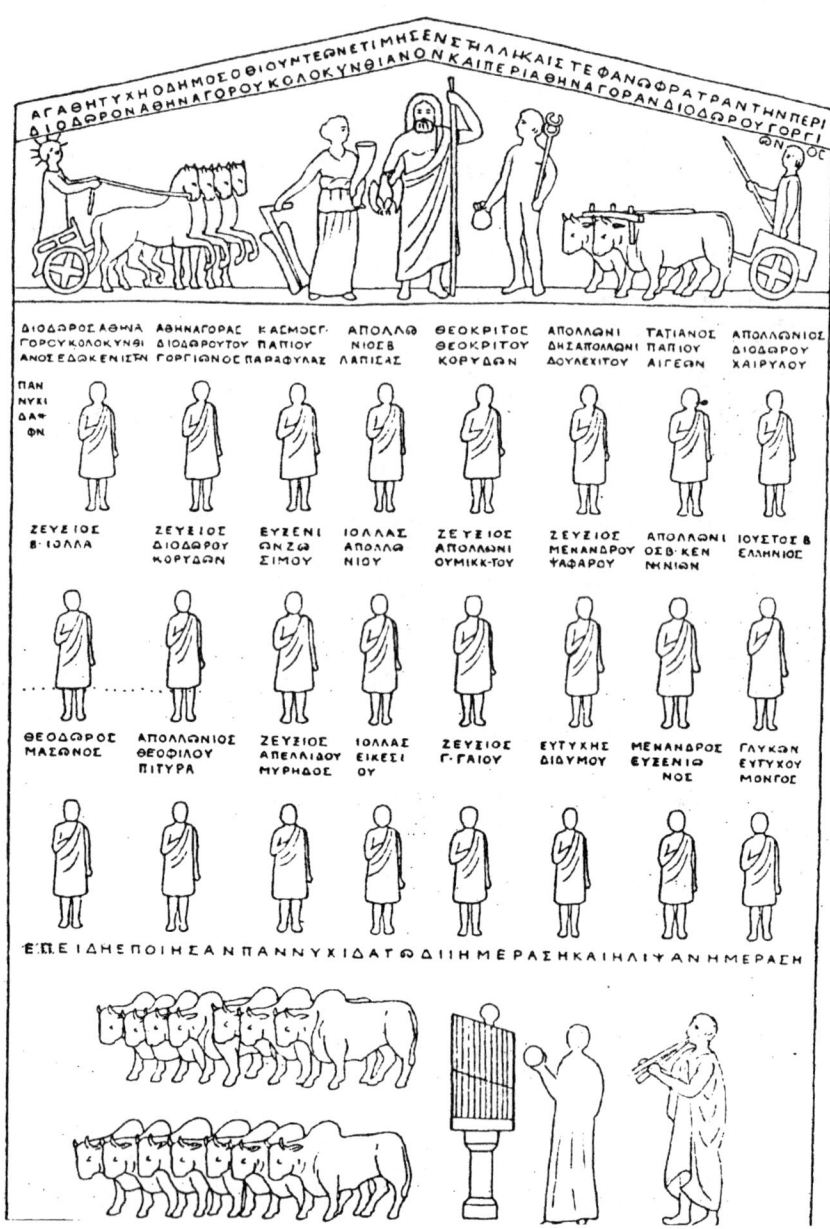

图 2

第十四章 兄弟会与胞族

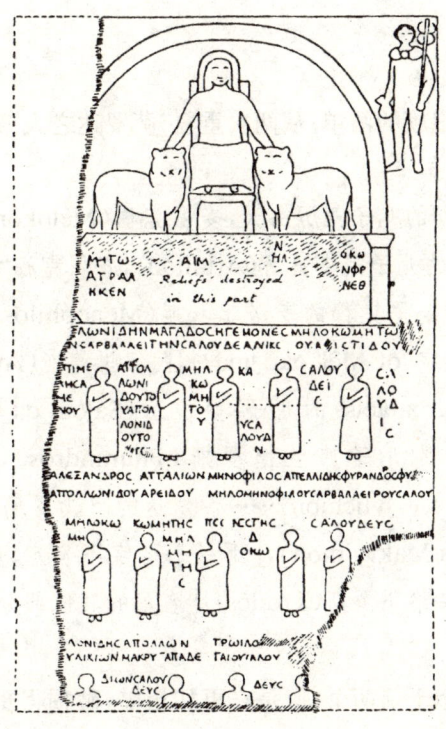

图 3

令人遗憾的是这块浮雕磨损严重，石头破碎。弄清在左边的高大的足以与右边的赫耳墨斯（拿着手杖和钱袋）相称的神圣随从是谁是很有益的。女神西布莉带着她的狮子坐在中央的王座上，她伸出手去抚摸狮子，把她的脚靠在高高的踏脚上。这个碑铭或许应该像下面那样修复，它被毫无规则地雕刻在下面磨损严重的小浮雕上：

[萨罗达（Saloudeis）和 M]elokometai（麦洛克米塔）的胞族奉献的（这块纪念碑?）。麦洛克米塔的首领[尊重]阿波罗尼德斯（Apollonides），马加斯（Magas）[和]萨巴拉伊特斯（Sarbalaeites）的儿子，萨罗达的居民，尼克马库斯（Nikomachus）的儿子，阿里司提戴斯（Aristides）的儿子：在阿波罗尼德斯的看管之下工作，阿波罗尼德斯的儿子，[祭司?]……萨罗

达人。

接下来有一份胞族的清单：从两次重复"萨罗达之人"开始：

阿波罗尼德斯的儿子亚历山大，麦罗克穆（Mêlokôme）本地人；阿里伊德斯（Areides）的儿子阿塔里翁（Attalion），麦罗克穆本地人；麦诺菲罗斯（Menophilos），麦罗克穆的麦诺菲罗斯（Menophilos）的儿子，Pes[e]nestes？第四个名字（of Mêl[okô]me?），阿佩里德斯（Apellides），萨罗达的萨巴拉伊斯（Sarbalaeis）的儿子；萨罗达（Salou[da]）的弗兰德罗斯（Phu[rand]ros）的儿子弗兰德罗斯（Phurandros），阿波罗尼德斯（[Apol]lonides[. .]vlichion)……萨罗达的阿波罗尼德斯·马克里·迪翁（Apollonides Makry dion），[下一个名字不确定，Papade]：萨罗达的盖乌斯的儿子特洛伊罗斯（Troïlós）；[名单的其他部分损坏了]。[10]

这个纪念碑类似于前两个，但是它更加粗糙，破损得更严重，以至于我很难给出一个翻译（这个我不能保证）。上面只有一个罗马名字盖乌斯。它可能是上面所有名字中最早的，它是如此粗糙，被乱七八糟地编排，因此，即使它得到更好地保存，解读的工作也将会非常困难。如果它保存得更加完好的话，或许可能会更加有益。

希腊国家（尤其是雅典）的人口分类的多样性问题以及对它在不同阶段发展变化的问题，将会在第17章部分内容中予以关注。然而，它必须时刻被记在心里。

我们知道，血统和家庭构成了国家最初的基础，但是罗马时期的爱琴海世界变成一个新的国家，却没有抛弃一个人最初的公民权，这没有什么困难。罗马公民，诸如圣保罗，似乎在他们居住的东方任何城市都被接受为公民："同他们一起享有公民权的人们（德莫）和罗马人"是一个法律和行政用语。[11]在那个时代的同一个人可能会成为两个或六个国家的公民。可能如果一个人愿意，他又碰巧出现或永久居住在那个国家里，他可以在他那里的任何一

第十四章　兄弟会与胞族

个国家行使公民权。最终所有的自由人都被承认为罗马人。

这样的公民权不再有任何真正的价值。它太模糊不清，不明确，以至于除了用于恭维之外，它不具有任何价值。如同"创立者"（$κτίστης$）这个词一样，它被任意地给予任何一个捐助国家的人或在国家建立基金的人（无论是多么微不足道）。成功的运动员经常被许多他在职业生涯中所到过的城市接纳为公民。

实际上，德莫（Demos）这个词，本来表示一个国家的公民整体，尤其是指聚集在会议室里，对法令进行投票并共同行事的人，在不同的城市很难以同样的方式对其进行定义。"德莫这样做看起来是很好的"[12]这样的措辞是如此常见，表面上如此简单，以至于初学者都能够翻译它，然而最有学识的人也不能给它明确的定义，因为它的意思随着不同的国家和时代而改变。在许多城市，这样的措辞意味着整个自由城邦在委员会里集合，[13]但是在阿提卡，据说有100到174个德莫，我们已知的名字有182个。

从相伴随的插图中可以看出，胞族这个术语是指一个古老的安纳托利亚公共机构，它们的位置甚至可以告诉我们一些信息。我已经穿越这个国家若干次，没有听说它们所在地方附近的那个村庄。在最后一次旅行中，我最后一次穿越那个地区时，却偶尔听说了。当一个徒步旅行者路过并与我们坐在一起的时候，我们已经停下来休息并吃了一些午饭。我们交流了一些问题，这个人建议我们去科伽-沽兹拉（Kodja-Geuzlar），在那里有一些奇妙的石头，但是"不要留在那里过夜"，他补充道。按照他指的路，我们要折回3个小时的路程。这一天进行得很顺利，我们的露营地在前面，还有4个多小时的路程，看起来，最好的办法是我的妻子同其他两人继续前行，而我则折返回去临摹石头，[14]然后晚些时候赶回营地。

我和我的土耳其朋友很容易找到了这个村庄，它坐落在迈安德峡谷陡峭的一侧的小径上，但是在那里，没有值得一看的东西。我的土耳其朋友低声说，这个村庄是吉兹-巴什（Kizil-bash）（红发人），这个名字适用于所有穆斯林异教徒和什叶派（Shiya sect）阿里（Ali）的波斯随从。这些人在一个偏僻的地方驻扎下来，在那里，他们容易躲开监视。逊尼派（Sunni sect）的成员鄙视和憎恨他们，避免同他们的一切交往。在这种情况下，交流是必要的，我的随从在询问后发现，沿着这个峡谷一侧更远的地方有两块大的雕刻过的石头。沿着陡峭的峡谷往下走，我们能够到达那里。它们是巨大的石碑，大约有8英尺高，由火山岩质材料切割而成（我没有足够的科学知识来确定无疑地辨别），在山的一侧。两块石头都有文字和图形。临摹它们的任务明显会是漫长而艰辛的，我后悔没有让我的妻子帮忙对其进行绘制和测量。在它们旁边几乎没有空间可以站立，无法获得它们的全景。在那个位置，无法拍照，并且我妻子是摄像师，相机在她那里。然而，制作出一个概括的绘图并不困难，因为几乎所有的24个人物形象（胞族的成员）恰好是相同的简单类型，在山形墙顶端和底部的画像，都是简单而熟悉的形象，能够很容易绘制下来，如图1和图2所显示的。我完成绘图的时候，太阳正在下山，在夜色中，不可能穿过崎岖不平的乡间小路到达宿营处。当我们爬上山的一侧到达村庄的时候，黑暗已经来临，问题是我们怎么打发这个晚上。在这些村庄中，非教会派教徒和土耳其逊尼派人员之间存在很强烈的仇恨情绪，这使得情况很尴尬。这些教徒避免同他们的邻居所有的接触。他们的居住地没有公路和小道，他们没有这个国家几乎普遍存在的村庄宾馆。我的土耳其朋友非常不愿意在这个村庄过夜，但是没有其他办法。他试着询问哪里有好客的家庭宾馆，然而一些人把我们带到村庄外看起来好像狗窝的地方，它还靠近一堆垃圾。

我们走回去，在路上，看见了一个有开放的走廊的像模像样的房屋，可以通过木质的楼梯或梯子上去，能看到街上，而不是（像通常那样）在一个门后面的庭院上。我走上梯子，坐下来，告诉朋友，我要在那里过夜，把商讨住宿的事宜留给他，他成功了，而且花费适中。这个房屋里的居民离开了，并允诺送来一些食物，他们带着虔诚的信仰做了这件事。借着烛光，我研究了这个意外的、奇妙的摹本，直到非常熟悉以至于我几乎能够全部凭记忆进行复制。第二天的清早我们与他们告别，很高兴我们安全地离开，并且没有惹出任何的纠纷。

这两个刻有铭文的石碑的年代很难准确地确定。我称之为图1的一个，明显更加古老，另一个——图2或许是相隔一代之后的。在两个清单中出现了相当数量的同样的人和名字，但是首领是不一样的，以至于在20或30年之内，几乎不能被分开。胞族(Phratra)的成员明显地被限定为24个。两个纪念碑属于罗马时期，因为出现了盖乌斯和贾斯特斯(Justus)这两个名字。但是前者是最普遍、最简单的罗马名字，后者明显是一个安纳托利亚人名的翻译，它是一个拉丁语翻译，这表明罗马时期已经开始。然而，在靠近希拉波里斯、劳迪西亚和歌罗西(Colossae)的亚洲地区，情况有所不同，那个名字并不一定暗示一个很晚的时期，因为亚洲在公元前133年成为了罗马的一个行省，第一个总督的罗马石碑在更远的东部被发现了。

Phratria(胞族)是希腊语中通常的形式，Phratra(胞族)是荷马所使用的形式，在所有的亚洲文档(其中有一些我们接下来会引用)中也采用这种形式。那两个词实际上是同样的意思，两个都来自与拉丁词语 frater 相对应的古老的单词，即兄弟，这是毫无疑问的。一个胞族的成员如同兄弟(不是来自同一个父亲)一样被联合在一起，成为根据家族谱系组建起来的一个家族。

胞族成员是由共同的宗教信仰或一种亲密关系而不是由遗传联系在一起的。我们的术语"兄弟会"有一个类似的宽泛意义，一个兄弟会的成员通常是被某种政治的(如同共产主义者或社会主义者一样)、宗教的(如同一个修道院里的修士)或者其他的纽带联系在一起，但是没有任何血缘联系。不同种族和国家的人可以根据某种想法或信仰(或多或少有些模糊)互相称为"兄弟"。如果完全凭自愿，而不是因共同反抗所有人都厌恶的强加的外部束缚而组织在一起，这样的"兄弟"可能经常在兄弟会里反目成仇。

一个惊人的谚语出现在《伊利亚特》(IX. 63-4)，它出自涅斯托耳(Nestor)之口：他在德莫中挑起战争，德莫就是不同国家的人们出于共同的目标(例如反对特洛伊的战争)而结合起来的联合体。任何兄弟会都将他拒之门外，他不受任何国家神圣法律的保护，也被家神所抛弃。[15]在这里，三个不同的联合体——胞族、国家和家庭被加以区分，最后一个是最简单、最自然的，第二个是最宽泛的，而且完全不需要用任何血缘团体的外衣做伪装，第一个是介于二者之间，保留了某种遗传关系的虚假的外壳。

此外，石碑顶端和下面的浮雕是特色鲜明的罗马式和希腊式的。赫耳墨斯的形象属于罗马类型。拿着舵杆和羊角的幸运女神（Good Fortune）是罗马和希腊帝国钱币上的典型图案。因此，它的日期不可能早于奥古斯都（Augustus），或许还应该晚一些。雕刻这两个石碑的艺术家当然来自劳迪西亚或希拉波里斯，他不是乡村里的手艺人。这种描绘手法沿用了从亚洲的罗马首府到东方沿途经过的城市里的艺术风格。他熟悉并且习惯运用希腊罗马艺术。

一个重要的推测标准是上面没有出现一个皇帝名字：没有尤利乌斯，没有克劳狄，没有弗拉维（Flavius）。罗马事物和名字只是了解这个偏远村落的开始，但是它的偏僻或许使得这种了解很缓慢。基于同样的原因，在今天，土耳其的习俗在传播到这个村的时候很缓慢。这里的人所归属的教派被认为保存了许多前伊斯兰教，甚至前基督教的风俗。他们就是披着伊斯兰教外衣的异教徒，是要避开与土耳其人所有交往和所有感情的团体。土耳其人是一个善良、愉快而好客的民族。关于这个教派的成员有很多真真假假的传说，虽然阿卜杜勒·哈米德（Abd-ul-Hamid）的目标和政策是灭绝他们，使这个国家成为统一的逊尼派。但是在这个国家，到处都可以发现这些人的村庄。当然，他没有成功，但在强制改变信仰方面上他做了大量的工作，不过，强制改变信仰一直没有使这个人或这些人的性格发生改变，或者甚至使得他们更加坚信原有的信仰和观念（虽然它们可能在残暴的法律下隐藏起来）。

这两个石碑属于同样的兄弟会，风格相似，虽然图1中的一个比另一个更古老、更粗糙。两者都有一个矮的山形墙，在中央树立一个宙斯·劳迪西亚风格的高大塑像，他的左手靠在一个长长的令牌上，而在他伸出的右手上坐着一只鹰。在每一个山形墙的左边都有一辆四匹马拉的马车，马车里是头顶散发光芒的太阳神。轮子有4个辐条，马车朝向宙斯。在山形墙的右边是由两匹牛拉的牛车，朝向中央。这两驾马车中的人物磨损严重，宙斯手上托着的老鹰也是如此。赫耳墨斯拿着手杖和钱袋，站在牛车和宙斯之间。在宙斯的另一边站着常见的罗马风格的幸运女神，手执舵杆和羊角。

毫无疑问，在这两个石碑上的兄弟会是一个农业组织。牛车是农业工具，载着太阳神的马车开始他通向天堂的旅行。这一天开始了，它是欢快的乡村的一天。兄弟会准备种植蔬菜,而不是小麦。在这样一种形势下,村民可能没有麦田。图2中的兄弟首领,即胞族的首领,他的绰号是"西瓜种植者"克罗基恩西阿诺斯(Kolokynthianos)。[16]

这个兄弟会属于西奥温塔(Thiounta)村,在希拉波里斯,制造这两个石碑的火山岩石过去常被用来建筑一些通向城外的公路边的大型坟墓,铭文中称它为西奥温特涅(Thiountene),[17] 伯克(Boeckh)在《希腊铭文集》(*Corpus Inscrip. Graec*. Vol. II. No. 3915)中将其修改为德齐门涅(Dokimene)。[18] 他没有到过那里,因此不知道这个石头属于西奥温特涅火山岩,而不是翻山越岭跋涉200英里,沿一条坑洼不平的路从迈安德峡谷搬运而来的德齐门涅大理石,况且那条路一直是下坡路。

兄弟会的名字被印刻在他们的肖像上面,所有肖像几乎都是同样的类型,除了有些满面胡须,有些年轻一些。在这方面,绘画是不准确的,但是随着时间的流逝,这一点就不重要了。在每一个兄弟会中有两个首领或酋长,兄弟会的成员被限定为24个,他们被列成两排。

很明显,宙斯是这样一个神灵,兄弟会因为对他的崇拜而集合在一起。一方面,他是太阳神,另一方面,他或许是戈尔迪,即第一辆马车的驾驶者。他在中央,是一位希腊罗马式的形象,在他的旁边是其他神灵,一个是商品出售之神,另一个是幸运之神。这个兄弟会欣欣向荣。第二个列表比第一个列表有更大的财富的标记。[19]这个兄弟会立于天堂和尘世之间(见第十五章)。

最下面那块区域中关于尘世间的图景非常迷人。在中间,站立着一位妇女,她在一个织布机上纺织。它与在一个花瓶上出现的喀耳刻(Circe)所用织布机相同。图画没有很好地描绘她工作时拿在手中的梭子。很明显,她在拂晓时分开始工作,她的梭子看起来像一个羊毛球。在图1中,她向右边看,这给出她用左手持梭的情景。在图2中,她向左边看。在她的后面是一个穿着长袍的人在吹奏双笛,在她的前面是七头牛,分作两群,每群都正在离开她,走向远方。她代表家庭,时间是在清晨,牛正要出去吃草。在图2中,它们被描绘成脖子上带瘤子的样子(瘤牛)。

在赫西基奥斯那里提到,"kerku"表示双笛,有一个兄弟会的名字叫科尔库斯(Kerkus)。兄弟会成员中的大多数人有双重名字,其中一个名字通常是安纳托利亚语的。

要描绘出一系列谱系很容易,一个可能要延伸三代。很明显,兄弟会没有完全地丧失家庭特性,首领的地位通常是世袭的。这样的谱系在我的《弗里吉亚的城市和主教辖区》(*Cities and Bishoprics of Phrygia*, Part I. p. 144)里进行了展示,但是在数量上可能增加了不少。[20]

在一个陡峭的斜坡上,坐落着科伽-沽兹拉。这里无法种植小麦,甚至不能使用牛车,也不适合放牧牲畜。但是在斜坡下面,迈安德河两岸有一块很好的平地,在这里,可以使用牛和牛车,能够放牧成群的牛,或许甚至也可以种植一点儿小麦。没有理由认为西奥温塔占据的恰恰是这个穷困的现代村庄的位置,它安置在这里,不过是躲避外界敌人的注意,无论是拜占庭统治下的基督徒还是土耳其统治下的穆斯林。西奥温塔坐落在一个更好的位置,而且明显是一个高度繁荣的村庄。

或许在这两个列表中的血缘和关系最强有力的证据是一对阿波罗尼斯(Apollonis),[21]图1中阿波罗尼斯是米克塔斯(Mikketas)的儿子(Mikka通常是安纳托利亚女性的名字),在图2中的左克西厄斯(Zeuxios)是阿波罗尼斯的儿子、米克塔斯的孙子。在图2中,欧克辛翁(Euxenion)是佐西莫斯(Zôsimos)的儿子,可能是同一个列表中的米南德的父亲。图1中的奥克辛翁(Auxiniôn)是一个不同的名字,或许是安纳托利亚语的。图2中的阿特那哥拉(Athenagoras)是狄奥多罗斯·戈尔贡(Diodoros Gorgion)的儿子,在图1中也是狄奥多罗斯·戈尔贡[22]的儿子。在图2中的首领是父子。

父子几次同时出现在一个列表中不仅仅证明在这个兄弟会中存在一个多么强大的家庭连带关系,而且也表明了一些人物是满面胡须,其他人是年轻人的原因(这个细节在这些绘画中没有表明,正如已经解释了的)。

在这些名单中仅仅提到一个工匠,阿菲阿诺斯(Apheianos)的儿子米南德,他是lepta(或许是精致的陶器,更可能的是漂亮的薄衣服)的制造者。[23]有一些名字会成为被人优先选择的名字:(1)来自兄弟会的神灵,例如,第欧根尼、狄奥多罗斯、塞奥多罗斯(Theodoros)、塞奥菲罗斯(Theophilos)、狄奥尼索斯（Dionysis）、狄奥尼西俄斯（Dionysios）等，因为这些场景的愉悦气氛暗示狄奥尼索斯被认为是兄弟会的神，来自太阳神的阿波罗尼斯被视为阿波罗，西科西厄斯（Hikesios）阿波罗被视为净化之神，也就是太阳神，他将会保持国家继续洁净和健康。西科西厄斯的形象出现在以弗所的硬币上；(2)有好兆头的名字，例如，欧迪克斯（Eutyches）、克里森（Krusion）、奥克辛翁、欧克辛翁、贾斯特斯、迪狄莫斯（Didymos）、格里孔（Glykon）、泽斯莫斯（Zosimos）、凯隆（Kyron）等；(3)与农业耕作相联系的名字，例如，宙克西斯（Zeuxis）和左克西厄斯（一对牛的驾驶者）、克罗基恩西阿诺斯、阿佩尼翁（Apenion）(?)、克里顿（Korydon）、[24]佩提拉斯（Pityras）（他看管打谷场上的谷皮）等；(4)与历史和诗歌相联系的名字，例如，阿特那哥拉、亚历山大、米南德、忒俄克里托斯（Theocritus）、海伦尼厄斯（Hellênios）(?)、凯龙(?)等；(5)在希腊神话中所发现的名字，或同神话人物相联系的名字，例如，伊俄拉斯（Iollas）、戈尔贡、卡斯摩斯（Kasmos）[来自卡德摩斯（Kadmos）][25]、埃加翁（Aigeon）。

一个官员出现在图2中，他是卡斯摩斯官员，他的官职同帕加马王国一样古老，被罗马人沿用，它是一种治安员首领官职。

根据弗雷尔（Forrer）和塞斯的见解，戈尔贡和戈尔贡的村庄（Gorgorôme 等同于 Gorgorûme，见第八章）无疑起源于安纳托利亚，她张着嘴，伸出舌头，在赫梯铭文中是预言的创造者。戈尔贡是地母，是她的孩子们的教导者。预言在铭文中通常间歇出现，但是总是用那种难以理解的语言表达出来，弗雷尔称其为原始赫梯语。需要更仔细地研究的名字是吉尔托斯（Kyrtos）、欧雅罗斯（Euaros）、莱比萨斯（Lapisas）、勒吉塔斯（Lechitas）、披萨法罗斯（Psapharos）、肯涅尼翁（Kennêniôn）、玛森（Masôn）、蒙格斯（Mongos）。这些名字看起来是安纳托利亚名字。欧雅罗斯可能是一个半希腊化的安纳托利亚名字，可以与阿波罗尼亚、特克莫利亚帝国的宙斯欧鲁达米诺斯（Eurudamenos）和奥路达米诺斯（Ourudamenos）相媲美。

或许在这些名单中最不寻常的特征是，赫耳墨斯的名字或其衍生词从来没有被用作个人的名字。或许他在西奥温塔已有一个本地名字，西奥温塔人没有使用希腊名字。只有在未经解释的名字中找寻他的影子，或许他被认为与狄奥尼索斯一致，在神话中，这两个神都被描述为至高之神宙斯的儿子。

幸运女神明显地在几个人名中被涉及到，例如，奥克辛翁。[26]

在图1中，狄奥多罗斯的儿子有祭司职能（appas），[27]"appas"在安纳托利亚语中用作祭司头衔。出现在麦格尼西亚神秘信徒联盟中的"狄奥尼索斯的祭司"这个头衔，看起来似乎是确定的。希尔利乌斯（Hiereus）这个人名（不是作为一个头衔被使用）经常出现在奇拉尼亚（Killanian）帝国地产的耕种者的名单上。现在"appas"成了安纳托利亚的一个人名，或许希尔利乌斯是这个亚洲词语的翻译，正如隆格斯和德里克斯（Dolichos）、贾斯特斯、麦斯（Macer）、宙克西斯等是后来所使用的语言中的安纳托利亚名字的翻译一样。但是，在图2中没有"appas"，这也不能成为质疑它的一个强有力的证据。因此，图1中的宙克西斯应该是兄弟会的祭司。他是这个场合中唯一的捐赠者，只有立碑需要花费，在这种情况下不会花费很多。图2中的Chairylos比起图1中的Cherylos的拼写更好些。

注解：奇怪的名字勒吉塔斯（Lechitas）或许可以解释更为奇怪的名字安菲罗科斯，安菲罗科斯是克拉罗斯（Claros）的两个预言家之一，他带领古老的爱奥尼亚人沿着南海岸移民。安菲罗科斯是希腊化的名字，但不是一个真正的希腊名字。人们参考他在西里西亚的坟墓上的神谕。克拉罗斯的阿波罗的两条狗有安纳托利亚语的名字——莫普苏斯和安菲罗科斯。

注　释

1. 我设想应该是Ar(ei)a Julia，前面是一个本地名字。在1887年，当我和贺加斯在那里看见它的时候（II，1、2是被贺加斯复制的，3—6是被我复制的），这个文本很难阅读。我们只在那里待了1天。不久之后许曼（Humann）、西科里乌斯、尤代希（Judeich）和温特（Winter）作为工程师在那里花费了10天，对这个城市做了全面的审视和规划，发现了许多我们没有看见的铭文。西科里乌斯给出了Ai(li)a，参见他们的 *Hierapchs*。
2. 在 *Journals of Hellenic Studies*（1888）贺加斯发表了我们在希拉波里斯读到的铭文。
3. *Anatolian Studies*，Buckler Calder主编。
4. 参见普林尼写给图拉真的信，以及这位皇帝的回复。
5. Antalia直到最近是Adalia的常见发音，Burder和Buldur几乎是可以互换的。
6. 因此这个年轻人站起来，把亚拿尼亚（Ananias）和萨菲拉（Sapphira）搬到了他们的坟墓，见 *Acts* v。
7. "房舍"这个单词在李（Lee）的翻译里就是现代的Musafir-Oda，即客房。
8. 在阿卡恩（Alkaran）的墓地，*Journals of Hellenic Studies*，1905，p.167。

第十四章 兄弟会与胞族 167

9. 我在 1909 年看到了完整的铭文。考克斯赞同我在解读残篇 ενω 上的复制本,考尔德提到了不一致的地方,并修复为 τῶ ὑ]ειώ。我在一篇"The Church of Lycaonia during the Fourth Century"论文中将其发表,论文刊发在 Luke the Physician , and other Studies in Religious History (p. 360),但是错失了要点,翻译成"a stranger"而不是"the stranger"。

10. 安提格诺斯(Antigonos)是佩兰达斯(Pyrrandas)的儿子,他的名字出现在一个阿卡纳尼亚(Acarnanian)坟墓的墓志铭中(S. E. G. I. p. 60,No. 244.)。

11. ὁ δῆμος καί οἱ συμπολιτευόμενοι Ῥωμαῖοι..

12. εδοζε τῶ δήμω.

13. 尤其是德莫,是聚集在阿提卡的市民议会,它探讨和通过法令。在罗马帝国统治之下,它的事务主要或全部是官方性质的。

14. 考古旅行者的生活中成功与失望的比例是 1∶10。一个人从来不奢望从这样的报告中获得太多,但是所有的又都必须被调查。偶尔一个报告会证明一个真正重要的信息。然而我已经进行了连续 15 天的旅行,调查了一个关于巨大的遗迹的报告,却没有发现任何东西。

15. 这三个形容词让人想起了《哈姆雷特》中精彩的一行,"无家可归的、失望的、未受临终涂油礼的"。在荷马的著作里类似的词语是 ἀφρήτωρ , ἀθέμιστος , ἀνέστιος 。

16. 如我所想的,这个是真正的含义。

17. 我不明白为什么在一个铭文中,石头被叫作白西奥温特涅(参见 Humann,Judeich,etc. , Hierapolis , No. 113,p. 108)。我怀疑这个解读。土耳其人将其称为 Kara-tash——黑色的石头。

18. 这种设想没有可行性,在他的碑文中,字母是正确的,而且也没有遗失。

19. 在图 2 中有一个夜祷仪式,还有够八天使用的油。在还不知肥皂为何物的时候,油是最为必要的。

20. Σαβυς 或许是同萨巴齐奥斯(Sabazios)相联系的。在上述引文(30, 1. 2)中读作 κυρων , Ἀπολλωνις 或许是 Ζεζις [δις Ἀ]πη[νιων]。

21. Apollonis 代替 Apollonios,是一个下流话,在后来的名单中废除了。

22. 图一中的 δ 显示狄奥多罗斯·戈尔贡是狄奥多罗斯的儿子、孙子和曾孙,用戈尔贡这个别名加以区分。

23. 在图 1 和图 2 中的女士,明显地穿着很好的衣服,这个词是 λεπτοπυού。兄弟会足够富裕,买得起这种精致的衣服。

24. 我认为 korud 是与 skorod(大蒜)相联系的,而不是同云雀相联系(参见我的文章"Specimens of Anatolian Words", in the second number of Oriens)。

25. 可以设想,Kasmos 与 Kadmos 是一样的(正如 Pape-Benseler, Lexicon der Eigennamen 所说,也正如每一个人所设想的)。Kasmilos、Kasmillos 的拉丁语形式是 Camillus,它们也是一样的,而 Kadmilos,即从属的祭司,则应该是 Kadmelos(即赫耳墨斯)。

26. 名字以 - ion 结尾的偏好是一个显著的特征,它们中有许多没有出现在希腊的人名命名法里。

27. 西博思(Ziebarth)在 Vereinswesen (p. 153)中首先指出了这一点,布雷施(Buresch)在 Aus Lydien (130 f.)追随他的观点。他们的观点在我看来是正确的,但不是很有结论性,正如在这一段的下面所显示的。

第十五章
天堂与尘世

在前面引用了柏拉图的《理想国》第九卷末尾的一段文字,它用哲学的形式表达了理想城邦存在于天堂,尘世中的城邦是其低劣的、不恰当的复制品,真正的哲学家和智者将会只从事具有前者特征的事情,前者就是指理想城邦。这是一个彻头彻尾的东方观念,从安纳托利亚经由陆路传到柏拉图那里,而不是从叙利亚漂洋过海到了那里。

这种见解以另一种方式,即纯朴的乡村样式,在安纳托利亚的纪念碑上被阐释出来。天堂的世界给尘世的世界制作了模型。在天堂上,做着与尘世中同样的事情。这些纪念碑最清楚地表达了这种观念,在那里,衰退了的希腊精神没有太深地植入安纳托利亚人的内心。

最好的例子发现于一个现代城镇或迈奥尼亚的寇拉(Koula)的一座纪念碑,但它很可能来自桑达尔(Sandal)或古尔德(Geulde),这两个村子已经取代了卡塔克卡乌米涅(Katakekaumene)(被称作吕底亚,但是实际应该属于迈奥尼亚时期,即前吕底亚和古安纳托利亚)古代的神圣家园沙达拉(Satala)的位置。在这些村庄都有许多关于一个本地神庙的证据。

正如其他地方通常的情况一样,沙达拉的位置上建立起一个叫古尔德的土耳其村庄,这是古老的基督教主教辖区沙达拉逐渐衰微的遗迹,在安纳托利亚语里它被叫作桑达尔(Sandal)(在那里的变形把"t"转化为"d")。然而,Sandal 很可能是一个真正古老的形式(参照赫西基奥斯的 sandalia,即女性的鞋),而"satala"是更简单的形式,其中的基督教元素逐渐消失了。《一千零一个教堂》(*Thousand and One Churches*,p.31 f.)中对这些情况产生的原因进

第十五章 天堂与尘世

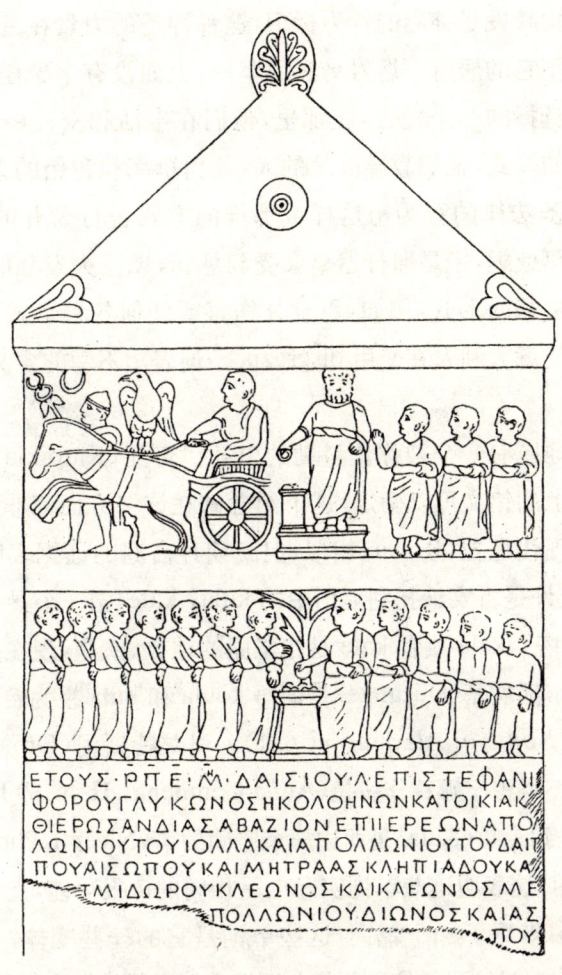

图 4

行了推测。基督教和穆斯林元素共存于古代的一个地点，例如在德里-希德里（Deli-Hiderli），希德里（Hider）的圣乔治（St. George）和萨利克里（Sarikli）即戴头巾者；戴芬尼（Tefeni）（也就是斯戴法尼［Stephani］）和卡拉曼里（Karamanli）；锡瓦斯里（Sivasli）（古代的塞巴斯特）和赛尔尤科勒（Seljükler）。这些词在末尾都有一个土耳其语的转变，关于这种情况，参见《弗里吉亚的城市和主教辖区》(Cities and Bishoprics of Phrygia, I. 30 f, 279, 303, II. 576)。

最近的火山喷发是神启的行为标记，这种神圣的力量在吕底亚的卡塔克卡乌米涅选择了它的居所。熔岩乌黑而坚硬，上面没有集聚任何土壤。沙达尔是神和女神选择的一个地方，在那里，他们在生活和交往中为人类生活制定出一种神圣的模式，他们教导顺从的人，处罚草率和犯错的人，要求有罪者对所有违反神圣法律的行为用这样或那样的方式进行公开的忏悔和赎罪。惩罚可能来得早或迟，但是罪行迟早会受到惩罚，以圣火发狂的形式来惩罚，或者用其他的灾祸的形式，例如，用意外伤害或任何各种形式的厄运等方式进行惩罚。现代意大利人在使用 disgrazia 一词表示不幸的含义时，也暗含了同样的想法。

在临近的地区有一个被称作科勒的卡托伊奇亚（Katoikia），这一点通过附随的纪念碑上的铭文可以确定，这个纪念碑在许多方面都非常重要。虽然古代的科勒同现代寇拉（Koula）相似，但晚期拜占庭的证据表明寇拉被解读为土耳其语，或许是古安纳托利亚语中的 kula，kale，指一个堡垒或城堡。

Koula 是"塔"，kala 或者 kale 是指坚固的地方、堡垒，现在人们在二者之间作出了区别。都坎基（Ducange）将词语 koula 和 kula 视为希腊人用来解释所有卫城的词（*Notae in Alexiadem*，621）。奥龙特斯河（Orontes）上安条克的卫城被安娜·科穆宁娜称作寇拉（Anna Comnena，II. p. 89 f.）。斯基里泽（Scylitzes）曾提到卡拉（Kala）是西边一个坚固的塔（Niceph. Phocam），它们都曾被都坎基引用，这表明这些单词实际上是相同的。很可能，土耳其人从古安纳托利亚词语中借用了一个单词，这些单词是它的一些变体。但是，基佩特（H. Kiepert）在一封给我的信里更偏向于把它们视为早期土耳其词语。[1]

一个贩卖茜草根的希腊商人给我们带来了浮雕，主人向我们担保是从离寇拉北边不远的卡拉-塔什（Kara-Tash）地区带来的。我们参观了卡拉-塔什，但是在这个旅途上没有发现要找的东西。那里的希腊人和土耳其人关心的是对茜草根的需求停止了，它从前曾使他们富裕起来。我们发现，很难向他们解释清楚，茜草根——这个被用来制造著名的土耳其红的颜色的东西，已经被低劣而便宜的苯胺染料所代替。寇拉曾是，并且可能一直是土耳其地毯的中心。在1884年，我们对这个浮雕进行绘图之前，它已经在同一个家族中保存了将近30年，这个家族很富裕，他们向我保证这块石头发现至今一直在他们家中。

一座山峰通常像一个标记一样标明和守卫着一个城市或村庄，在其附近，旅行者能够看到它。但是在古代信仰中，在城镇旁的山峰即是神灵的家园，也是向旅行者指示它位置的一个标志。它具有神圣的特性和品格。上面的天堂满是生物，例如大熊（the Bear）、猎户（Orion）、仙后（Kassiopeia）等，有所有的黄道十二宫图（Zodiac）、白羊座（Ram）、处女座（Virgin）、天平座（Balance）、双子星座（Twins）、宝瓶座（Aquarius）等，正像天堂一样，尘世是天堂的不完美的复制品，安纳托利亚和爱琴海平原遍布着这样的形象，例如隆托斯科法拉（Leontoskephalai）是弗里吉亚的赫洛玛（Hyroma）（母猪村）最坚固的堡垒，还有欧非尔斯科菲尔（Opheoskephale）（圣蛇的头，一个人可以在恰当的地方看见长蛇蜿蜒至湖边）、吉诺斯科菲拉（Kynoskephalai）、格尔格罗姆（Gorgoroma）（戈尔贡村）、"正在升起的月亮"等，诸如此类。下面这些可以被确定无疑地作为调查和观察的原则：(1)我们现在所知的信息比起我们还不知道的东西来是少之又少的。格特鲁德·贝尔（Gertrude Bell）小姐说，对于贝都因人（Bedouin）来说，每一个突出沙漠表面的石头或山丘都有自己的名字；(2)每一个神圣力量伟大的居所会通过这些标记显示给人们；(3)本地的名字能够把这些神圣的东西揭示给人们，但是，它们被保存下来时，已经不是原来的本土的安纳托利亚形式，对我们来说，它们是难以理解的，因为这种语言是未知的。

有时在一个希腊语翻译中能了解到这样的本地名字的含义，这样的例子（在第二章中）已经给出了，有时在现代土耳其语中也可以发现这样的例子。神之山——安拉山，这种说法不是由于土耳其人对自然富于幻想的解释而产生的，因为土耳其的命名法不是那种类型；也不是由于伊斯兰教而产生的，因为伊斯兰宗教信仰禁止任何这样命名山脉的主意。安拉并不是住在一个山上，除了在阿拉伯半岛之外，他也没有任何确切的居所。在那里，某些地方性的神圣地方和事物对阿拉伯人的心灵有如此巨大的一种约束力，以至于穆罕默德不得不予以重视。这些地方和事物被接收并伊斯兰化为其信仰的一部分，例如，麦加的黑色陨石（Black Stone at Mecca），朝圣者要到那里朝圣，在穆罕默德传授更高的思想很久之前，它就是一个神圣的事物或偶像。然而在伊斯兰教中，克尔白神庙必须被视为中心和真正的信仰者的集会地。

因此，安拉山是安纳托利亚的神之山，这个名字既不属于土耳其，也不属于伊斯兰教。它来自更为古老的安纳托利亚观念和命名法。或许是直接这样命名的，或许是后来被翻译成希腊语后得来的。

"正在升起的月亮"——埃都戈穆施（Ai-Doghmush）对于每一个从西边或西北边观看的旅行者来说，即使是距离很远，也是显而易见的。我已经看见它，甚至在乌沙克和艾拉-什赫（Ala-Sheher）之间的马道上就能识别阿帕梅亚-克莱纳（Apameia-Kelainai）的准确位置。当我沿吕科斯谷，在航海公路的许多地方看这座美丽的山峰时，我逐渐意识到这个名字的重要性。埃都戈穆施斜靠着中间的山脊，像一半伸入地平线的圆月一样。它是升起的月亮，而不是快要落下的月亮，因为仅仅当它在东方和东南方升起的时候才能被看见，而不是在西方将下沉时被看到。一个东边来的旅行者在附近望向这座山时，他看不到这样的外貌，因为埃都戈穆施只是中央高原边缘的一部分。是否能看到这种外观完全依赖于观察的地点和方向。日本诗人加茂（Kamo）以相反的视角，从东往西看时，他"看见月亮之光落下西山是悲哀的，要是光线能够永存就好了"。[2] 升起的月亮是令人高兴的，西下的月亮是令人悲哀的。人的情感与尘世和天堂的形式保持一致。它不是想象的，而是看得见的事实。在安纳托利亚人的观念中，情与景是和谐一致的。波士顿（Boston）浮雕里发现了这样的一个很好的例子，它通常（可能正确地）被视为石棺或纪念碑的一部分，在另外一面有阿弗洛狄忒（Aphrodite）从海上升起的精美图像。

在《希腊研究杂志》中，欧内斯特·加德纳（Ernest Gardner）教授恰当地强调这部精美的作品中的艺术的"爱奥尼亚"特征，虽然，我一刻也不能接受他对于其真实性的怀疑。在情感和构思上，它是安纳托利亚风格的，它由一个爱奥尼亚学者制作完成。在这里，神圣的统治力量被描绘成一个伟大的带着翅膀的裸体形象（通常被错误地理解为爱神厄洛斯[Eros]），[3] 他拿出神圣的天平，用它掂量英雄的命运、市场的商品、天上的灵异和一年四季的恰当的次数和运转。两个女神站在两边，注视着在做这些事情时的神。她们代表了自然中的悲伤和愉悦。大地女神（Earth-goddess）有两种情绪和特征，冬与夏，死与生，黑暗和光亮。加德纳教授在他的文章中给出了这个爱奥尼亚艺术的纪念碑的照片。

这个纪念碑中快活和忧伤的情感的对比，证明了它并非是伪造的，并使它成为一个杰出的艺术作品，它不仅技艺精湛，而且体现了某种思想，这使它成为一个重要的古代遗迹。没有现代人能重新创造这种古代的苍穹，创造一个在那个苍穹里运转的世界。这个观念是古代的、安纳托利亚人的，它在本质上与欧洲希腊的艺术完全不同。它从来没有被任何现代作家捕捉到，甚至没有被设想过。这个杰作体现出了伟大的观念，即世界充满冲突，要使这个观念在现代人的心目中具体化，就需要纪念碑。

斯特雷特刊出了与上面的铭文（图4）中提到的那些祭司相类似的祭司团体（*Epigraphcal Journey*，1888，p.91，No.59），在其中，有个门尼斯（Mênis）给宙斯的祭司们奉献了一个祭坛。整个祭司团体人数是6个。花费被附加上，但钱币的数量被抹掉了。祭司们是门尼斯的同僚（$συνιερεῖς$），而门尼斯明显是大祭司和这个团体的头儿。上面没有提到每一个祭司专门的职责，但是赫耳墨斯的祭司、狄奥尼索斯的祭司、得墨忒耳和萨澳阿佐斯（Saoazos）的祭司，可能都属于这个团体。[4]奇拉尼亚的铭文或许是继承这个团体中的一席之地的祭司创建的。祭司职位可能是任职一年，列出一份从大约公元199年到260年的祭司名单不难，不过由于石头破损了，可能有一些小的遗漏。在铭文中的地产被叫作奇拉尼亚或克里亚·密鲁阿迪卡（Choria Miluadika）或哈德良纳（Hadriana）（毫无疑问它们是被那个皇帝重新组织的）。有三个单独的地产承包给三个不同的承包人（$μασθωται$），帝国的利益被一个代理人所监管，他们通常是帝国的一个自由民和三个actores，即皇帝的奴隶。在普林尼的《使徒书》（*Epist*. III. 19）中的一段文字表明，一个代理人和奴隶应该是意大利高卢的一大批地产的合适的管理员。[5]斯特雷特确定了一个人的名字，他是公元207—208年（*Cities and Bisk*. Pt. I. p. 281）的克里托布罗斯（Critoboulos），他是帝国所有者安尼亚·福斯蒂娜（Annia Faustina）和提比略·克劳狄(Tiberius Claudius)(年代可能为公元207—208年)的一个自由民,但是其他人可能是骑士代理人。

这组铭文对于我们的重要性在于:它们记载的是在亚细亚省份的边界处的帝国地产的情况,帝国的主人是神和上帝在尘世上的代表,他的代理人则代表拥有至高无上的权威的他。代理人负责维持公共秩序,那里有一队治安人员(παραφυλακῖται),还有边境守卫者(ὁρο φύλακες, saltuarii)。他们是一个区域甚至是一个城市的治安队伍。

当我们于1884年回去的时候,在从寇拉(Koula)到斯马伏(Simav)、埃赞尼(Aizani)和普利姆涅索斯向北和向东进行了一个短途旅行后,我们选择了从南由不同的道路穿越卡拉-塔什。在靠近希泰(Saittae)城市附近的地区,我们发现了铭文,已经将其刊登在《古典评论》(*Classical Review*, October 1905, p.370)。

在307年(等同于公元219年?)戴西厄斯(Daisios)月的第7天,鲁弗斯(Rufus)的儿子巴托斯(Battos)是希泰的公民,在宙斯·阿格拉伊俄斯(Zeus Agoraios)的神庙,他和他的父母一起进献了阿斯克勒庇俄斯的(雕像)和阿里安德斯(Ariandos)的海吉亚(Hygeia)(雕像),他是阿斯克勒庇俄斯的祭司。[6]

在重新修订的奥古斯都历法里,为了适应儒略年(Julian year)(阳历),月份的名字依旧保留马其顿年(一直是阴历的)。戴西厄斯月被确定为4月23日到5月23日。这个奥古斯都历月份的第7天被选定举行这个庄重的行为,这毫无疑问与月亮有一些联系。但是没有复杂的天文学计算,这一点无法确定。毫无疑问的是,为亚洲省份所设置的奥古斯都历法,普遍适用于罗马行省,也在希腊被使用。

307年可能是(如同上面所陈述的)从亚洲和弗里吉亚(在苏拉统治下所设置的一个省份)成为一个统一省的那年作为纪元得出的年份。这个统一的省也包括吕底亚、卡里亚、西布拉提斯(Cibyratis)、赫勒斯滂等在内。然而,卡

第十五章　天堂与尘世

拉-塔什地区根据最后的帕加马王阿塔罗斯三世（Attalus III）的意志，[7]可能在一开始就被包括在这个省份里，他没有留下继承者，因此在阿里安泽斯（Arianzos）有可能有其他的选择（准确的形式还不被知晓）。这个亚洲省纪元，即公元前133年，已经被使用，这将使得铭文的日期确定在公元174年。

第三个可能的日期是根据塞琉古王朝纪元来确定，即公元前305—前304年。在那种情况下，日期将会是公元2—3年。要确定在那些弗里吉亚和吕底亚或卡里亚之间的边界地区使用什么样的纪元是极其困难的。[8]实际上，在同一个地方，在不同的时代也使用几种不同的纪元。

在当前的例子中没有可参照的标准，它没有提到任何罗马皇帝的名字，它的日期可能更早一些。

卡帕多西亚的阿里安泽斯与一个迈奥尼亚名字的一致性值得注意。阿里安德斯（Ariandos）明显是一个古代的安纳托利亚名字，实际上，它就是阿里安泽斯。阿里安德斯是迪奥凯萨拉-纳西安泽斯（Diocaesarea-Nazianzos）领土上靠近卡尔巴拉（Karbala 或 Kaprala）（现代的吉尔维尔［Gelvere］）[9]村的格里高利·纳西昂家的地产。当我们1882年在吉尔维尔的时候，村民自由地谈论纳西安泽斯是他们的圣城，现在它被称作纳尼兹（Nenizi）。这个事实暗示出，阿里安泽斯是一个拥有土地所有权的家族的一份地产，它在卡尔巴拉家族统治下，在迪奥凯萨拉城邦领土范围内。有两段文字这样清晰地描述它：(Mansi, *Act. Concil.* IX. pp. 256, 258)阿里安泽斯是一个农场（praedium），属于格里高利·纳西昂，他出生在那里。

"阿里安泽斯的一份地产"这个短语出现了。格里高利在《使徒书》（*Epist.* 25）中提到了一个神圣殉道者的节日，节日在达索萨（Dathousa）月（一个卡帕多西亚月份）的第22天。格里高利写信给卡帕多西亚的西孔德（Secunda）总督时曾说，如果他碰巧到纳西安泽斯的话，他就有机会与他当面交谈。很明显，格里高利那时已在阿里安泽斯，在他们家族的地产上居住。约公元376—380年，总督要将迪奥凯萨拉-纳西安泽斯剔除出城邦的行列，格里高利代表它与总督奥林巴斯（Olympius）斡旋，并获得成功。格里高利几乎不远离自己的家，当巴泽尔任命他为波丹多斯主教区的主教，并要求他居住在托罗斯山脉之间的深沟里时，他感觉受到了深深的伤害。

参照吕底亚的阿里安德斯与西部卡帕多西亚的阿里安泽斯的一致性，可以这样说，纳迪安多斯（Nadiandos）与纳兹安泽斯（Nazianzos）也是一样的（可以参见 Philostorgius *Hist. Eccles.* VIII. 11）。

在晚期拜占庭时代，土耳其语的名字被用来表示古老的名字。西纳姆斯（Cinnamus）有 Ακσιαρη（阿克-什赫［Ak-Sheher］）和 Πεγσαρη——贝伊-什赫（［Bey-Sheher］，更古老一些的是贝格-什赫［Beg-Sheher］）。拜占庭作家在提到阿吉勒·克洛尼亚（Archelais Colonia）时，经常用它现代的名字，但是尼塞塔斯·科尼阿特斯（Nicetas Choniates）说，它在 12 世纪被土耳其人称作塔克萨拉（Taksara），而阿克罗波利塔（Acropolita）提到它时称它为阿克萨拉（Aksara）（Acropolita，p.146）。卡尔科康蒂拉斯书（Chalcocondylas）把科尼亚称作托克尼翁（Tokoneion）（Chalcocondylas，p.243），尽管它更晚些。[10]

迪奥凯萨拉这个名字发现于托勒密，可能它是从图密善时期开始使用的。奥尔巴给出了图拉真时代的硬币上的一个名字迪奥凯萨拉，但更古老的硬币上没有这个名字。纳兹安泽斯被称为安纳提安格（Anathiango）（Jeruslame Itinerary），也被称为南提安努鲁斯（Nantianulus）（Antonine Itinerary）。这些名字表明，要获得这个希腊人在卡帕多西亚的殖民地名字正确的拼写是多么困难。安纳提安格（Anathiango）（带有"ab"的夺格被熟悉或被遗失）由一个前加元音"a"和"th"来代替"z"，安纳托利亚语结尾的"ang"有了变形，正如 lynx（lyk-os）、pharyng、laryng 和 iung 等很多其他例子一样。南提安努鲁斯（Nantianulus）在不同的地方有变形，"nt"变为"zi"，此处被放弃了，卡帕多西亚语中的"nz"或"nd"变成了"nl"，又插入了一个元音。

在迈奥尼亚的卡拉-塔什的铭文中，末尾的注释似乎是为了解释巴托斯是谁。很明显他是祭司团体中的一员，毫无疑问，每个祭司都有他专门的职责。[11] 类似的祭司团体，至少由七人组成，如图 4 中所标明的。一个类似的团体可能在斯特雷特那里找到（*Epigraphical Journey*，p.91，No.59），在那里，有个门尼斯为他的祭司同僚们设置了祭坛，整个团体包括 6 个人。花费列出来了，但是数目磨损了。其中的一大部分已经被发表出来，史密斯（A. H.

Smith)发表在 1887 年的《希腊研究杂志》(pp. 216 ff.),斯特雷特发表在他的《碑文旅行》(*Epigraphical Journey*,pp. 38 ff.),我在《弗里吉亚的城市和主教辖区》中(*Cities and Bishoprics of Phrygia*,Pt. 1. pp. 278 - 294 and 304 - 316)又加上了解释,并附了年表。

在卡拉-塔什的铭文中,鲁弗斯(Rouphos)(Rufus)可能是对一个安纳托利亚人名的翻译,就像隆格斯和德里克斯、麦斯等词一样。

Battos 和它的衍生词 Battakês 是佩西努斯的西布莉的祭司通常使用的名字。巴托斯(Bottos)也是昔兰尼(Cyrene)国王常用的一个名字,在大约公元前 630 年,有个地方的殖民地的建立者也是叫这个名字(证据很不确定,见 Meyer,*Gesch. des Alterthums*,II. 301)。希腊人把巴托斯变成了利比亚人名,为建立者创造了一个希腊名字,但是,它是一个真正的前希腊的、安纳托利亚名字。巴提亚(Battea)是特克莫利亚区的一个村庄或田产。[12] 巴托斯是一个神话中的牧民,他发现赫耳墨斯赶走了偷来的阿波罗的畜群,因此被变成了一块石头。巴托斯也是一个梅里特(Melite)的统治者,他热情地款待了狄多(Dido)的姐姐安娜。

有证据指出:巴托斯和巴塔克斯(Battakes)是前赫梯时期的安纳托利亚名字。许多希腊神话中的名字有同样的起源,虽然实际的传说通常被希腊人篡改。

在一些演讲中出现了巴提亚(Batieia),在神的谈话中,它被称作"舞动的米利纳(Myrina)的标记",特指特洛伊的斯卡亚门附近的一个小山丘,它在斯卡曼德(Scamander)和西摩伊斯(Simoeis)之间。

此外,芭提雅(Bateia)是[13]透克洛斯(Teucer)的女儿,达达诺斯的妻子,伊洛斯(Ilus)、厄里克托尼阿斯(Erichthonios)和扎金索斯(Zakynthos)的母亲(Dionysius Halic. *Antiq. Rom*. I. 50)。在这里,我们或许会发现自己处于赫梯的环境中,因为图克罗斯就是太阳神。

研究帝国的地产很重要,因为这些地产保留了神统治他的人民的古老的亚洲体制。在这些地产上的劳动者(coloni)几乎都是农奴。实际上,最初他们并非一定要靠土地生活并耕作土地,但是亚洲人不愿离开他们世代相传的地方，在欧洲，这种态度影响了越来越多的帝国地产上的劳动者（coloni）。然而，帝国政权逐渐侵蚀了这些出身自由的劳动者的权利。越来越多的帝国的领主攫取了他们的劳动力，而他们无权抵抗。土地逐渐为帝国领主所有，他不仅是主人和拥有者，而且是神的化身。在启示录（Revelation）中他被称作野兽。他的化身埃康（Eikôn）是一个神圣的形象，对所有人来说，崇拜他都是义不容辞的。私人地产逐渐归皇帝所有。在公元 1 世纪，皇帝通常把土地给予他的亲信，但是又逐渐将其重新收归他的权力之下。那些被认为是国家的敌人和对国家安全有敌意的人会被没收财产，这意味着他们拥有的土地转归皇帝所有。卡帕多西亚的大部分都是帝国的地产。在早期帝国时代，城市曾拥有数量可观的土地，不过也逐渐失去了它，随着城市体系的衰退，皇帝得到了所有的土地。

这样，帝国人口由领主皇帝、科洛尼农民（coloni）和士兵组成。那个古老的体制渐渐成为帝国的法律。最终，在 415 年，当主人对他的科洛尼劳动力的权利被法律所认可以后，地产上的科洛尼实际上都被变成了农奴。

660 年之后的长达三个世纪的阿拉伯战争重新鼓舞了这些农民。当这些农民逐渐学会保卫自己并反抗外来敌人时，他们赶走了阿拉伯人。对于农民来说，和平（甚至是天堂的和平）未必是好事，而战争未必是坏事。我们谈论尘世和天堂的区别时，安纳托利亚和它的帝国的含义在不同时期会有所不同。大地产在小亚细亚继续存在，并且在 9 世纪及之后都很重要。拥有者不是主人，而是好农民的一个友好的领导，主人和农民彼此需要，二者都感到各自就应该这样。

在早期帝国时期，国家被基督教徒仇恨和抵制。他们是政治舞台上的一个改革党派，最好的皇帝比最坏的皇帝更加不遗余力地阻挠和迫害他们。图拉真充分认识到了这支难以避开的敌对派。他不喜欢它，但又无法阻止它，于是，他便试着与它缓和关系。

对非基督教徒而言，天堂建立在尘世之上。对基督教徒而言，它是超越于尘世，完全与其相隔离，处于尘世之外的。

第十五章 天堂与尘世

注 释

1. "Cities and Bishoprics of Phrygia", in *J.H.S.*, VIII. Pt. II. § cvii.; *Historical Geography of Asia Minor*, pp. 211, 432; 迪斯特先生 (Colonel Von Diest) 认为 Koula 和 Koloe 是一样的 (参见他的 *Von Pergamon liber den Dindymos zum Pontus*, p. 48, 这是一份杰出的旅行记述)。我在战争之前开始熟识他。或许阿拉伯语中的 kala 这个词是从土耳其语中借鉴而来的,最终可能起源于安纳托利亚语。
2. *J.H.S.*, 1918, p. 145.
3. 它只有在一个高度哲学化的观念里才能成为厄洛斯,正如在柏拉图那里一样。
4. 斯特雷特的铭文 (Nos. 38–76) 都是关于皇帝的奇拉尼亚的地产,也由 A. H. Smith 独立发表 (J.H.S. vol. VIII)。自从那之后发现了很多相似的名单和捐献。
5. Schulten, *Röm. Mitt.*, 1898, pp. 225ff., 他认为 actores 是比较合适的选择。关于 pragmateutai, actores, 参见 *Arch. Epigr. Mitt. Österr*, 1896, XIX. pp. 127 ff.。从蒙森 (Mommsen) 在 *Hermes*, (XV., 1880, p. 403 f.) 的说法, 很自然能推论出, 科洛尼 (居住本地的劳动者) 的租金直接付给监督委员会, 即行政长官和代理人。我很久以前翻译成"代表"而不是"代理", 这种翻译被大学者奥特·希尔施费德 (Otto Hirschfeld) 在 *Sitzungsber*. (1891, p. 874, note 122) 中认可, 管理的问题仍然没有很好地得到解决。
6. 一个 Battos 的定义被附加上。
7. 它遭到一些现代罗马历史学家的讥讽,但是在别迦摩的德国人的挖掘所发现的一份铭文证实了它。事实上,从公元前189年以来的别迦摩的皇帝都不过是罗马元老院的委托国王,罗马有权力和法律权利在它愿意的时候对其进行干涉和变革。这样一种意愿的存在是一个自然的结果。罗马可以自由地接受这个意愿,如果它想要这样做的话,或者如果它更喜欢的话,甚至可以提名另一个委托的国王。
8. 变化在卡里亚边界引入了 (*City and Bish. of Phrygia*, Part I. p. 37) 在西庇拉迪克和奇拉尼亚地区和迈奥尼亚更北边的地区使用了若干不同的纪元。
9. 在1882年被希腊的居民叫作 Καλβαρή。在那时,它部分是希腊的,部分是土耳其的。在开阔的平原的纳尼兹是土耳其的。吉尔维尔是一个靠近哈山-德芙 (Hassan-Daph) 郊区的避难所。
10. 这个 το 或 τ 明显地呈现了希腊语的面貌, 是希腊语的定冠词。可能现代塔佩亚 (Tapae) 是古代的吕底亚城镇西帕依帕 (Hypaipa), 或者它可能只是虚饰 Papae 的。
11. 没有列举出特别职责。这六个人是兄弟祭司 (συνιερείς)。斯特雷特铭文组 No. 38 到 76 的整组铭文或许是祭司们所制造的。在一些例子中, 都指出制造者据说是祭司, 但是祭司任期通常是有限的, 或许普遍是一年。我把他们都复制下来, 通常同史密斯和斯特雷特的铭文相联系。这三个奇拉尼亚地产是帝国的。关于能够从帝王家族中反映出的日期和名字, 参见 *Prosopogr. Imp. Rom.* III. p. 470。它们被哈德良重新组织, 有时被称作哈德良纳。
12. Sterrett, *Epigraphical Journey*, p. 338 f. 我首先试图把它视为 β Ἀττεανός, 但这么做是错误的。
13. Bateia 和 Batieia 同古老的安纳托利亚语 Battos 的联系是值得怀疑的。

第十六章
订婚与婚姻

我们只知道一个订婚典礼的例子,它出现在普鲁塔克(Plutarch)权威著作中提到的一个故事里。[1]

伽玛(Kamma)是西纳图斯(Sinatos)的妻子,西纳图斯是统治3个高卢人部落的最具影响力的领主之一。这些高卢人定居在小亚细亚,并在加拉太扎根。伽玛是一位和蔼的、具有优秀品性的美丽女人,深受她统治下的臣民热爱,这些臣民就是被征服的弗里吉亚人,他们构成加拉太部落人口的大多数。因为高卢人是征服者部落,他们经历长途跋涉和接连不断的战争,从高卢到加拉太,经历了胜利与失败,很少有人能够活下来。当他们试图在希腊稳固地盘时,在一次对德尔菲高地的战争中失败。于是他们进入亚洲,一路征战。他们在几次战斗中被小亚细亚西部的帕加马国王击败,被迫转向弗里吉亚的东北部和卡帕多西亚的西北部。他们的3个部落依然独立,但是紧密地联合在一起。然而,当他们占领他们的新的国家时,只有一个领袖还活着,因为疾病、失败和胜利都让他们付出沉重的代价。帕加马国王迫使他们远离帕加马的领土,在别迦摩的一个巨大的祭坛上庆祝他们的胜利,祭坛是献给宙斯的,装饰了很多雕塑。德国人将其发掘出来,现在陈列在柏林的一个专门的博物馆里。

高卢人逐渐融合在这个国家的大多数人口之中,并迅速地将当地宗教接纳进他们自己带来的高卢宗教,形成了一个混合的宗教。现在我们只发现了一个纯粹的高卢神明的例子,这个例子是J.G.C.安德森发现的。[2]

高卢人在迁徙中拖家带口,在征战中被家庭所拖累。妇女,尤其是孩子,

第十六章 订婚与婚姻

将在长征、战斗和失败中遭受极大的苦难。他们成为一个薄弱点，总是需要保护，战斗必须从他们向外围或是从他们向前进行。

胜利者融入了本地的弗里吉亚人。在亚洲他们被吞没了，但是杰罗姆提到，迟至公元4世纪，他们保留了自己的语言，那种语言与东高卢的特雷维里人（Treviri）的语言相似。这个事实证明，高卢人和本地人之间的融合进程是缓慢的。毫无疑问，最初，他们居住在各自独立的村庄里，没有很大程度上的融合。他们本土的姓名在数个世纪里仍然使用，并超越了部落间的实际界限向外传播。它们于公元1世纪被铭刻在安卡拉的奥古斯都神庙里，在更晚些时候被记载下来。

甚至在定居加拉太之后，在公元前167年，高卢人曾在一个名叫阿德沃塔斯（Advertas）的酋长的带领下，再次与别迦摩作战，他们与比提尼亚结盟，几乎成功地摧毁了尤米尼斯（Eumenes）的势力。他们甚至秘密地接受了罗马的支持，因为罗马人不愿看到在小亚细亚出现一个太过于强大的国家。在公元前191年的麦格尼西亚，罗马人已经破坏了西亚半希腊的塞琉古国王的力量，不想在小亚细亚又出现另外一个强大的半希腊化国家——别迦摩。在亚洲，对抗这个国家的新战争需要罗马的干涉和一支罗马军队。

然而，尤米尼斯战胜了这支联军，并于公元前165年缔结了合约，加拉太获得自由，它曾受到强烈压制，甚至可能被征服，或者至少在公元前185—前169年之间被卡帕多西亚国王法纳西斯（Pharnaces）强制纳为盟友。[3]

西诺里克斯（Sinorix或Synorix）是3个高卢部落的12个领主或酋长之一。他的名字以常见的高卢语元素"rix"结尾，而拉丁语应该是"rex"，这标志着从民族成分上说他是一个高卢人。他爱上了伽玛，背信弃义地将西纳图斯杀害，然后向守寡的伽玛求爱，并对她炫耀说，他杀死她的前夫只是出于对她的爱，并非是因为他憎恶西纳图斯。西诺里克斯是一个很有影响力的人，因此，伽玛的家人急切地催促她接受这份金玉良缘。她假装遵从家人的意愿，接受了西诺里克斯，并邀请他在女神的见证下订婚，即在神庙里，在神像前。在那里，作为女祭司，她拿起一个酒杯，在祭坛之前倒下一杯祭酒，喝了一点儿以后，把酒递给西诺里克斯。当他也喝下酒之后，她叫女神阿耳忒弥斯见证,她已经为西纳图斯报了仇,仅仅是因为这个目的,她才在她的丈夫死后苟且偷生,现在她就可以随他而去了。然后,她对西诺里克斯说道:"而你,就让你的家人为你准备一个坟墓,而不是一场婚姻。"这个高卢人感觉到毒药开始发作,跳上马车,希望用力驾车和剧烈运动能够消除毒药的药效。在加拉太没有好道路,需要较好的驾车技术并小心驾驶才能在颠簸的路途中保持平衡,但是他很快从马车上换到了担架上,并于当晚死亡。伽玛听到他的死讯后,便欣然死去。

普鲁塔克确实是取材于一个很好的素材,在这个故事中,有高卢贵族和被统治的弗里吉亚民族之间明显的对比。伽玛是人们的女祭司,对她的人民很好。西诺里克斯是一个刚烈、风风火火的纯粹的高卢人,伽玛也因有着同样的血统而有着同样的性情。她不会因丈夫死去而苟活于世,但是她会首先报仇。

在这个故事中,有证据表明订婚和结婚之间存在着差别。它们都是在女神面前举行庄严的仪式,因此,它们都是在高卢人到达前的安纳托利亚当地的仪式。范·格尔德(Van Gelder)[4]认为结婚前的仪式,即正式的订婚,是这对新人在众人陪伴下,在女神面前许下婚姻誓约,共饮一杯酒的仪式,它一定是高卢人的仪式,而不是东方的。但是,如果那样的话,为什么他们要去拜见安纳托利亚女神,要去她的神庙呢?为什么选择到阿耳忒弥斯面前许下誓言而没有选择他们本土众神中的一位?关于这一点,我咨询了牛津大学古凯尔特(Celtic)礼仪研究很有权威的莱斯教授。他答复说,凯尔特人在订婚仪式上没有新人要同喝一杯酒的仪式的风俗,但是,虽然有一种说法并不确定,但却很可能表明,在结婚时,他们吃同一盘菜,举行一种像古罗马宗教婚姻中共食婚(confarreatio)的仪式。莱斯(Rhys)提到,在库尔瓦(Kulhwah)和奥尔温(Olwen)传说的开头是一个王子渴望有一个与他共食的妻子。这种说法或许指的就是一种共食婚仪式,但是更可能是暗指与他是同族、具有同等地位的妻子,可以平等地与他一起进餐。据我大胆猜想,甚至更可能是用从罗马时期的不列颠就传承下来的不同风俗和饮食习惯,将自由的凯尔特威尔士人(Welsh)与被征服的英国土地上的罗马化的不列颠人加以区分。这在加拉太

第十六章 订婚与婚姻

不可能存在。

到今天为止,同饮一杯酒是现代希腊婚姻仪式的一部分,我们可以认为它起源于安纳托利亚。伽玛是神的世袭女祭司,在普鲁塔克的叙述中传达了这种印象,即她进行的这个仪式是她的女神祭祀仪式的一部分,这个仪式对西诺里克斯而言是很新奇的。[5]

伽玛作为阿耳忒弥斯的主要女祭司,将会穿上她的女神的漂亮长袍,而且将会是一个显眼的人物。在每年的宗教游行中,女神会去探查、测量并标记她的领土的所有权,她将会扮演普鲁塔克所言的主角,吸引西诺里克斯的眼球,点燃他的激情。

不难理解,这个高卢女人是本地的神灵阿耳忒弥斯的主要女祭司。征服者必须遵从宗教,敬畏掌控这个国家的神明。在佩西努斯,祭司集团由 10 个祭司组成,其中包括 5 个高卢人和 5 个本地人,高卢人分别是第 1 个、第 3 个、第 5 个、第 7 个和第 9 个。相似但可能不是完全相同的习俗盛行于加拉太。征服者与被征服者之间对土地、财产甚至权威进行这样的划分在小亚细亚是很平常的。[6] 两个民族平分天下。

高卢人接纳希腊语比接纳拉丁语更慢一些,因为后一种语言及与它相联系的特性和习俗似乎与他们的习性更加相似。甚至在公元 4 世纪,我们才听到他们在希腊语方面取得了一些进步。在奥古斯都时代,神庙的铭文中出现了一种拉丁语而非希腊语的倾向。

在古老的安纳托利亚仪式中,实际的结婚仪式还不为人知。莱亚德(Layard)说耶西迪人(Yezidis)(古老异教的少量残余)没有结婚仪式,实行一夫多妻制。但是,男人与女人之间结成的这种关系与神庙仪式紧密相连,并被认为是一种重要的宗教事宜。虽然还未经证实,但很可能有某种仪式在神庙里,在当地神明,特别是大母神(Mother-goddess)的祭坛前举行。实际上,共用盛酒的酒杯是弗里吉亚秘仪中的一个特点,主持仪式的祭司分享这杯酒。"我从吉姆巴隆(Kymbalon)中饮水"是参加秘仪的每一个人都要讲的神秘的惯用语,正如亚历山大城的克莱门特(Protrept. 2)和尤利乌斯·弗米卡斯(Julius Firmicus)所提到的那样。那些参加秘仪的人所使用的一个套语是

"我已经逃离邪恶,我发现了更好的一个",[7]在雅典结婚仪式中,也宣读同样的惯用语。

在安纳托利亚,结婚确实是一种宗教仪式。它是"神圣婚姻"的再现。根据神圣婚姻的古老的权威所说,结婚是庆祝宙斯和赫拉神圣婚姻的仪式。[8]这明显适用于阿提卡,在那里,古爱奥尼亚的和安纳托利亚的习俗影响较大。或许马尔斯和尼瑞尔(Nerio)的婚姻具有同样的意义。马尔斯(Mars)出生于3月1日,根据神圣的传说所言,他迅速地成长(在这里,他杀死他父亲的细节或许应该被复原),在3月15日,他试图与密涅瓦(Minerva)结婚,但所有的努力都是徒劳的,他被安娜·佩伦娜(Anna Perenna)(她假扮密涅瓦,欺骗马尔斯)的计谋打败,每年罗马的少女以恶俗的歌曲和嘲笑庆祝他的失败。在3月23日,马尔斯和尼瑞尔一起被祭拜,很明显是作为夫妇被一起祭拜。19日的五日节(Quinquatrus)转而祭拜密涅瓦(Minerva),古老的意蕴可能被忘记了,庆祝宴会持续5天,直到3月23日举行庆祝马尔斯的宴会(维里乌斯·弗拉库斯[Verrius Flaccus]用的是帕莱斯特里纳[Praenestine]历)。[9]

神圣婚礼的传说是很重要的,与雅典那些关于结婚时得墨忒耳和阿里安娜(Alliena)女祭司的行为的传说相比它更重要。乌西诺(Usener)认为前面提到的来自《修辞词典》(*Lexicon Rhetoricum*)的例子属于雅典仪式。我们关于古意大利宗教的知识很匮乏,罗马征服所扫除的仪式与希腊习俗所扫除的仪式一样多,正如贺拉斯(Horace)所说,被征服的希腊人最终俘虏了罗马人。在罗马社会里,喜好希腊语而不是拉丁语成为一种时尚,意大利的事物则被认为是粗俗不堪的。

在意大利,马尔斯(Mars, Marmor 或 Mamers)是一个古老的意大利神,他不单单是战神,也是农业神和生命之神。阿尔瓦尔兄弟会(Arval Brother)的赞美诗中提到了他,这在现在几乎是难以理解的。他的妻子尼瑞尔(Nerio, Neriênis, 或 Neriene)的名字类似于希腊语中的 ἠνορέη,即男性之美,名字尼罗(Nero)是翁布里亚语的"ner",也就是 vir。同样的词干出现在奥斯坎语(Oscan)中,但是几乎从拉丁语中消失了。马库斯(Marcus)是罗马人的族名,等同于马莫库斯(Mamercus),是马尔斯(Mars)的重叠词。马莫库斯只有在罗马人的一个埃米利安（Aemilian）氏族中被用作族名。Mavors 就是 Mamers，把"m"变成"v"也是一种安纳托利亚语的语言现象。马博拉斯（Marbollas）这个名字意为"马尔斯的参谋"，可能是马尔斯的一个安纳托利亚亲戚，重叠是安纳托利亚语的一个典型特征，正如在 Marmor 里出现的一样。我们追溯的越远，能够了解遗失了的早期拉丁语、罗马语和埃特鲁利亚语，我们就离古安纳托利亚语越近。

经历过这种启蒙仪式的人步入人类生活的完美场景，社会便是以此为基础。这是神和女神的神秘婚姻，是尘世婚姻的象征。神的生活是人类生活的模型，在尘世中所行的正义之事，同时在神的居所里被实践，这是神对人类的教导。正如前面所引用的套语——共同从吉姆巴隆（kymbalon）中饮酒，后面紧接着的句子是："我已经成为阿提斯的密斯提斯（mystes of Attis）。"

毫无疑问，在阿提卡的婚庆仪式中会说"我已经逃离邪恶，我发现了更好的东西"，宗教和婚姻以此来取代想象中的更早些时候充满暴力和欺诈的结婚仪式。在雅典，不再有掠夺婚，而是有一种神秘的婚姻仪式，得墨忒耳的女祭司给新婚的夫妇指点迷津。

在克拉罗斯，无疑也在以弗所等地，古代的神秘宗教仪式不像阿提卡的神秘仪式一样每年或两年举行一次。只要有任何组织或是个人愿意承担费用，这种庆祝活动就会举行，庆祝活动中有一个由歌手、青年人和少女所组成的合唱队。来自国外的使团带来了这样一个合唱团（hymnodoi）。在一个例子中这样描述到，合唱队依照神谕而来。吕科斯的劳迪西亚派遣了不止一个使团到克拉罗斯。在北部弗里吉亚普瑞派尼萨（Prepenissian）的皇室领地上，有一个神坛为克拉罗斯的阿波罗而建，他所给出的神谕被铭刻在神坛上。[10] 在吕底亚的特洛克特（Troketta）（特洛克［Troko］或太阁村），在萨迪斯的西边，[11] 有一份给救世主阿波罗的献辞，它与雕刻在一个神坛底部的克拉罗斯神谕一致。

这样的神坛描述了为神谕而来的使团在克拉罗斯的工作。使团是赛奥普洛奥斯（Theopropoi），即"问询者"，为了得到神谕的建议而来。据现在所知道的，克拉罗斯的的铭文从来没有给出回答，仅仅是提到了使者和合唱队的名字。

一些到克拉罗斯的使团承担了启蒙仪式的费用，启蒙仪式即是一种特殊的秘仪庆典。记载这个仪式的词语发生了变化。在一个例子中，问询者"也参加神秘的仪式"（除了咨询神谕之外）。这是一个非常普通的记载。在两个其他的事例中，问询者在启蒙仪式之后，又进行一种叫作"进入新的生活"的行为，即被神所教导的生活，他们领悟了神的教导，便迈出了走向更好生活的步伐。

这一幕是启蒙仪式的高潮，受过启蒙之后，就可以拜见神了。在另一个例子中，他们接受了神圣的神秘东西，然后进入神圣生活的殿堂。[12]

启蒙仪式象征着由人到神的途径，是人与神认同的过程。净化和启蒙时需要发誓，"快乐而神圣，你不是凡人而是神"。在神秘仪式中，男祭司和女祭司扮演男神和女神的角色。人类生活的目标同神和女神的生命目标是一致的。幸福地死去能够实现那一目标，正如许多安纳托利亚墓志铭表明的。死者回到母亲的怀抱，[13]每年，在他的祭日时，他的后代都会祭拜他，他像神（或女神）一样，进入了新的生活。

向读者指出马科里德（Makridi）的文章（*Österreichische Jahreshefte*，1906 and 1912）是有用的。合唱团的主体部分（毫无疑问用公费维护）在西帕依帕（Hypaipa）和阿克蒙尼亚（Akmonia）那里被提到（参见 Keil and von Premerstein, *Österreich. Jahreshefte*, 1908, p. 105，以及我的 *Cities and Bishoprics of Phrygia*, vol. I. Part II. pp. 630, 646, 359）。

在结婚仪式之后，接下来自然是宴会。我们只发现了一个直接提到这样一个盛宴的例子。在朵拉（Dorla）附近，一块扁平的石头在自然状态下被磨损，形成像一个大浅盘的形状，大致说起来是圆的，它的直径大约18英寸，2到4英寸厚（可能被称作陶片），上面刻着下面的这些铭文，它已被考尔德出版：

那些在格拉斯（Goullas）的婚庆中[14]
正参加宴会的人
将胜利女神（Victory）奉献给他

第十六章　订婚与婚姻

这是一个乡村节日中一群寻欢作乐的人刻下的原始纪念碑,它为我们呈现了一幅乡村的喜庆与狂欢的场景。它是乡村文学发展的初步阶段的成果,之后,这种乡村文学从不同的方向,在不同的地方发展出提奥克里图斯(Theocritus)的诗、维吉尔的《田园诗》和粗俗的意大利淫秽诗歌。(我相信)它现在在科尼亚的博物馆里,我们将它放在了那里。[15]

当这些村民们在草地上享用盛宴时,一个人偶然在那里找到了一块石头,把它们刻在上面,留下了这块纪念碑。把一个神的雕像献给另一个神是很常见的(见图3)。在这里,胜利女神的雕像被献给新郎,在神秘的婚姻中,他代替了男神,而胜利女神主持了这个宴会。考尔德教授认为耐克(Nike——胜利女神)可能是新娘的名字,这将会给铭文更多的意义(在现代西方思想中似乎是这样)。但是我认为,将神献给神的宗教观念更多地是亚洲乡村里的一种精神,甚至在这种情景下,亚洲人几乎总是把神记在心中。每一个宴会或是朋友的聚会都是伴随着对某个神灵的崇拜,在耐克的例子中,格拉斯暂时成为主神。

一段婚姻甚至引发出一条德莫的法令。人们的集会几乎没有任何真正需要处理的事务。帝国政府做了阻止城市之间或者部落之间的政治联系所需要做的一切事情,并且禁止这种直接的联系。在罗马时期的硬币上出现的著名的"联盟",实际上只是参加比赛或节日时组成的一个团体。在一个例子里,[16]霍曼纳迪斯民族的一个德莫举行了庆祝比亚诺(Bianor)的婚姻仪式,他是一个重要人物,通过这段婚姻,他给整个民族带来了荣耀。整个德莫在婚姻的欢宴和节日活动中连成一体。[17]这个铭文很难理解,除非基于这样的假设,即这个重要人物在他的儿子尹吉纳斯(Ingenas)的结婚典礼上举办了极好的宴会,[18]然而铭文中却没有新娘的名字。

在很多情况下,雕刻这样的法令所需要的费用都是由那些有头有脸的人物来支付,每一个小国都试图维持它良好的财政秩序。

在吕底亚的桑克托斯(Xanthus)出现了一个值得注意的陈述。[19]萨杜阿铁斯(Sadyattes)有一个合法的儿子阿律阿铁斯(Alyattes),是他的妹妹所生,是他的继承人,他还有两个私生子阿特里斯和阿德拉尼斯(Adranys),是由其他妇女所生，那两个妇女是姐妹关系。这就要牵涉到一些安纳托利亚或吕底亚的婚姻习俗，根据这种习俗，遗产和王位是通过女系来传承的，因此萨杜阿铁斯的妹妹的儿子是合法的继承人。这种习俗导致了那些令人厌恶的婚姻，凯撒利亚的巴泽尔在公元4世纪抨击这种婚姻，并针对它进行立法。在小亚细亚，关于某些异教派别宗教聚会的奇怪传说一直流传着，尤其是在塔克塔基(Takhtaji)，它们被真正的穆斯林所憎恶。

另一个关于公元2世纪的婚庆典礼的例子出现在圣阿伯西乌斯(Abercius)的传说里（他在历史上被称作阿维西乌斯·马尔塞鲁斯[Avircius Marcellus]），它具有传说或半传说的性质。在真实的历史中，阿维西乌斯·马尔塞鲁斯是弗里吉亚一个区的主教，这个区的基督教化程度较好，叫作彭塔波利斯(Pentapolis)。他所在的时期是公元2世纪。他的历史重要性在于他是一位孟他努主义(Montanism)强有力的敌对者，是一名正统信仰的拥护者，这令他在攸西比乌斯(Eusebius)的《基督教会史》(Ecclesiastical History)中占有一席之地。在距离普利姆涅索斯不是很远的一个地方，有一个碑铭，在上面，给出了一个人名阿波基厄斯(Aberkios 或写作 Abirkios)，他被想象成可以把纯粹的异教国家转化为基督教国家的一个圣徒。在围绕他的名字[20]和墓志铭产生的传说中，有很多几乎（但不是十分）在细节上与历史相吻合，其中有一个引起我们的关注。皇帝马库斯·奥勒利乌斯(Marcus Aurelius)有一个叫作露西尔(Lucilla)的女儿，他很想将这个女儿嫁给他的幕僚 L. 维鲁斯(L. Verus)。根据埃克尔(Eckhel)的描述，露西尔出生于公元147年，在164年嫁给了维鲁斯。维鲁斯在东方，她的父亲把她领到布尔迪西(Brundisium)，从这里她航行到了以弗所，在那里，东方可以远眺西方，维鲁斯在这里迎接她。而在一个传说性的传记里提到，16岁时，也就是公元163年，她突然生病。皇帝召维鲁斯到罗马为她治病，他治好了她的病。接下来描写了她的旅途和她164年在神庙里嫁给了他。

这个传说与历史契合得很好，但是这部传说性的传记的作者描写得过于翔实，以至于不能被视为真正的历史。可能他仅仅是杜撰一种传说以适合于这个碑铭，我们在弗里吉亚发现的这个碑铭残破不堪，现在在罗马的拉特兰基督教古迹博物馆（Lateran Museum of Christian Antiquities）。

这个碑铭提到圣徒（Saint）的许多旅行，向西边至罗马，向东越过幼发拉底河（Euphrates），到达尼西比斯（Nisibis）。在罗马，他看见一位国王（也就是传说中的皇帝）和一位王后（或许是教徒）穿着金袍金靴。这位皇后就是历史上臭名昭著的福斯蒂娜（Faustina），她为了感谢这个圣徒治愈她的女儿，每年向他的城市赠送 3000 蒲式耳的黍（正如这位圣徒所要求的一样），这种捐赠一直持续到公元 363—365 年，尤里安将其终止。

这个传记和圣徒的传说在公元 363 年之后完成。但是它有一些历史的依据，对于这一点儿我们甚至几乎不能怀疑。历史人物阿维西乌斯·马尔塞鲁斯命令将他的墓志铭刻在祭坛样子的石头上，这种事情在这个时代很常见，这个石头现在还存在。他站在旁边，看着上面所镌刻的六步诗的墓志铭，在诗里，叙述了他的主要事迹和正统信仰的主要教义。

图 5

但是一切都是用一种含糊的形式表达出来的，以便异教徒也很容易给出一个符合他们信仰的合理解释，但又呈献给基督教徒一种很不同的意思。任何旅行者都可能去罗马，可能见到一个皇帝、一个皇后和一个纯洁的贞女，都可能会进入这个故事。一个带着金光闪闪的印章指环的人可能被解释为一个罗马贵族。这个圣徒所携带的"信徒的信件"[21]对基督教徒而言是信件或是凭据，无论他到什么地方，都有助于他进入该地的教堂。但是任何人都可以为朋友带信，这位圣徒在每个地方都能发现正教的朋友。他四处分享圣餐。在石碑上，贞女将（神圣的）鱼抓在胸前，鱼在安纳托利亚和叙利亚的许多地方都是神圣的。没有东西反映出明显的基督教的痕迹，但是每样东西都有一种深奥的意义。正是欧克辛南乌斯(Euxenianus)这个名字(在传说中使用)在吕底亚－弗里吉亚(Lydo-Phrygian)边界地区不远的地方以欧克辛翁(Euxenion)的形式被使用着(见图2)。

在这些情况下，当异教信仰仍然在挣扎中求生之时，露西尔的婚姻甚至可能被自然地理解为发生在神庙里，甚至考古学家也会这样认为，如果有这样的情况的话，就像伽玛和西诺里克斯的订婚一样，并且被认为暗示了一种神秘的仪式。它对于异教徒和基督教徒一样充满神秘。

在圣徒阿波基厄斯的传说中暗含了历史人物(阿维西乌斯·马尔塞鲁斯)，这一点有事实可以证明。教会委员会(Concils of the Church)中出现了这个名字，在索伦(Seulun)(普利姆涅索斯)铭文中也出现了这个名字，这个铭文刻在波斐利厄斯(Porphyrios)的儿子、教会执事阿波基厄斯和他妻子的墓碑上。B和OT在3世纪的安纳托利亚语的希腊语拼写中几乎是可以等同的。

这个名字是一个很稀有的名字。我曾经认为它可能来自高卢(山南高卢或山外高卢)，因为这些音节能被分别追溯到凯尔特语系里。但是一个凯尔特语学者不认可这一点，现在他过世已久，我不敢反驳他。自此以后，一个德国学者也持有同样的观点。

注　释

1. *De mulierum virtul*. 20, *Amat*. 22；也参见 Polyaenus VIII. 39, 在我的 *Historical Commentary on Galatians* 第 87 页之后引用的。
2. Boussurigios, *Journal of Hellenic Studies*, XVIII, 163.
3. 参见 Van Gelder, *Galatarum res in Graecia et Asia*, p. 257 f., 以及这位作者的文章"The Galatia of St. Paul and the Galatic Territory of Atcs"(Sanday, *Biblical Studies*, vol. IV)。
4. 参见前面已引用的他的著作的第 199 页。
5. 这个 kubarra，或者是现代婚姻里的助手，伴郎和伴娘喝同一杯酒，被视为一种亲密的关系，如果新娘成了一个寡妇的话，伴郎不允许娶她；伴娘和鳏夫新郎也是如此。这是 50 年前的规定，但是随后是否有一些放松，我不知道。我们听说，在 40 年前，这就是一个严厉的习俗。
6. 我必须提一下 Hastings' *Dict. of Religion and Ethics* (vol. IX)，以及他的 *Dict. of the Bible* (vol. II 83 f., V. 129)。
7. ἔφυγον κακόν εὗρον ἄμεινον.
8. *Lex Rhetor*. p. 670(Pors.), P. 345 Nauck. 参照 Usener, *Rhein*, *Mus*. XXX. p. 227 中的"Ital. Mythen"。

第十六章 订婚与婚姻

在 *Annual of the British School at Anthens*（1911 - 12，pp. 37 ff.）中，我已尝试着说明圣婚在整个彼西底安条克的秘仪的礼堂中所占的位置。

9. Mommsen，*C. I. L. I.* p. 388 f.
10. 皮特里（A. Petrie）教授将它发表在我的 *Studies in the Eastern Roman Province* 第 128 页。
11. 布雷施（Buresch）发表于他的 *Claros*。更正确的一些发表于 Keil and Von Premerstein，*Reise in Lydia*，参见 *Österr. Jahreshefte*，1910，pp. 8 ff.。
12. 在每一个例子中ἐνεβάτευσαν都作为一个新殖民地的英雄奠基者踏上船远走，或者是踏上将会建立新殖民地的那片土地。
13. *Iliad*，II. 865 提及吕底亚首领。
14. Goullos 是一个可能的形式。我认为 Goulas 除了有时证明它本地发音以外，拼写是无关紧要的。
15. 它是被我、雷姆塞女士和考尔德教授所复制的。
16. 参见 Sterrett，*Wolfe Expedition*，p. 140。
17. ἑορτή 是使用在这个以及之前的那个例子的词汇。
18. 或许是一个错误的建构——Ingenua（拉丁语形式是 ingenua）。于是这个儿子没有被命名。
19. Müller，*Frag. Hist. Graec. I.* p. 40.
20. 关于它的最完整的讨论见我的 *Cities and Bishoprics of Phrygia*（Part II）。弗里吉亚萨鲁塔里斯的彭塔波利斯是桑杜克鲁峡谷，有 5 个城市，希洛克罗斯（Hierocles）在他的 *Traveller's Companion* 中首次提到。
21. γράμματα πιστά.

第十七章

四个爱奥尼亚部落

在1920年的《希腊研究杂志》（p. 200 f.）中提到四个爱奥尼亚部落，它们在爱奥尼亚城市和殖民地被广泛知晓，它们作为阿提卡早期的社会机构也为大家所熟悉，我提出却又错误地丢弃了一种解释，这种解释在接下来对爱奥尼亚-安纳托利亚词语的研究中已经逐渐表明是最可能的。

当然，在这部书中，除了赫西基奥斯或是其他某个值得信赖的权威做出明确断言的事情之外，其他的只是我们通过研究推测出的可能的事实，而不是确定无疑的事实。[1]希罗多德或其他作者偶然的一段文字对我们来说是有用的，例如，欧里庇得斯（Euripides）的《伊翁》（*Ion*）中女神雅典娜（Athenaia）所作的最后的演讲。

毫无疑问，这四个部落起源于亚洲，通常被列举为格勒昂特斯人（Geleontes 或 Gedeontes）、艾吉科瑞斯人（Aigikôreis）、埃伽德斯人（Argadeis 或 Ergadeis）和霍普利泰人（Hopletes）。一些权威人士在这四个部落的名字和它们的顺序问题上存在着很大的分歧。在古代，阿提卡人被分为四个部落（宗族）是一个基本的事实。欧里庇得斯将其归结为伊翁（即在阿提卡的爱奥尼亚的殖民者）的四个儿子。亚里士多德在《雅典政制》（*Athenaion Politeia*, ch. XII.）中提到它们，将其作为最初和最早的一个体系，他没有将其称作部落，而是把它们与统一阿提卡的伊翁和他的同僚联系起来。[2]

提修斯的许多壮举都是在阿提卡以外地区进行的，虽然在传说中，他是阿提卡伟大的创建者，但是在某种意义上说，他是一个真正的外国英雄。在提修斯统治时期，曾试图引进三分法的体系，但是三分法只用于划分等级，而不划分部落。这种欧洲的三分法体系将阿提卡人分为欧巴特里戴（Eupatridai）、乔莫洛伊（Geômoroi）和德米欧格伊（Dêmiourgoi），与其说它是一个发展，不如说是一种干扰，[3]它的创始人提修斯经常被说成是波塞冬和埃特拉（Aethra）的孩子，埃特拉是来自特罗曾（Troezen）的一个外国公主。[4]它带有伯罗奔尼撒影响的痕迹，没有永久存在下去。

第一部分，四分部落体系和三分部落体系：在传说中，阿提卡的四个部落的制度与伊翁和他的四个儿子联系在一起（也就是与早期的爱奥尼亚在那个国家的殖民相联系），[5]很多地方表现出它起源于亚洲。

印度教里的四个种姓的制度是一个非常古老的制度，但是，在国家处于战争中时，这些种姓很大程度上融合起来。然而，在军队及对这些民族的统治中，依然保持着职业的划分：牧师、士兵、农业经营者和工匠（正如艾格林［Eggeling］教授所主张的）。[6]婆罗门（Brahmins）、刹帝利（Kshatriya）、吠舍（Vaisya）和首陀罗（Sudra）受到四种不同职业的限制，不过，有的现代学者则认为吠舍种姓包含了各种职业，因为随着文明的发展，四种职业在类别上过于狭窄。柏拉图在他的理性的阶层划分中，将猎人、牧羊人和从事农业的人划归一个阶层。[7]无论柏拉图在多大的程度上受他的哲学原则的影响，四个部族致力于四种职业和四种生活模式的观念在他的心灵中已根深蒂固，以至于他无法忽视它。然而，在他那个时代，社会在长时间的发展中已经变得太复杂，不能被简单地限定在这样的条条框框中。我们必须假设，在爱奥尼亚、欧洲希腊、安纳托利亚高原和印度，的确存在着那样一个社会，它适应于四重的生活方式，战争、种族差别、部族对部族的统治等等，所有一切最终都归入那个远古的社会体系中。

另一方面，在多利亚人中，殖民者和征服者获胜，他们的政治体制包含了三个部分，征服者是两个结盟的部落，它们是统治者，而当地被征服民族成为一个被统治部落，每一个部落的数量有极大的差别，但是这种三分法的体系取得了成功。这是一种欧洲人的观念。

在阿提卡，政治变革比在斯巴达人和其他的多利亚人部落迅速和彻底的多。在克里特，太多民族寻找避难所，以至于没有建立一个永久的统一部落。[8]多利亚人只是许多新的和老的殖民者中的一个部族，他们难以征服这个对手，对他们来说,由山脉、河流和海洋所组成的地理屏障是难以逾越的。在亚洲西海岸,部落体系也被证明是短暂的,在那里有一种明显的趋势,即不同部族和不同城市联合起来,把一个城市的人口向其他城市转移,以便增加其人口。

第二部分,四个印度种姓:很显然,在印度,(见第一部分)尽管牧师至高无上的观念把祭司种姓推上了最高的阶层,但是,他们的保守性阻止了人类的发展。在爱奥尼亚和阿提卡的四分部落体系中的祭司很少被描述为最高阶层,如我冒险地设想,在遥远的小亚细亚和爱奥尼亚-阿提卡部落体系中,都将土地的耕作者视为是最高阶层的人。在伊布利兹,祭司崇拜农民神,但是农民神是工作的、辛劳的形象,比祭司更重要、更有能力。

在亚洲,宗教影响一直比较强,而在欧洲,党派间的政治斗争(通常起源于部族的分歧)是最重要的事情,只有在柏拉图的观念中(Critias and Timaeus)将祭司放在首位。在雅典和罗马,部落仅仅是用于投票的政治机构的组成部分。罗马的四个城市部落是 35 个部落中最低下的,所有的自由人都编入这些城市部落。

这种远古的划分方法可以追溯到伊翁,他统一了阿提卡,并且把阿提卡人分入四个宗族,12 个胞族或部落(Trittyes),360 个家族(γένη)和 10 800 个家族成员(γεννηται)。这描述了一个传说,它蕴含了古爱奥尼亚人在阿提卡的殖民。阿提卡分散的部落被山脊和相互的敌视分割开来。早期爱奥尼亚殖民者将所有人划归四个部落(φυλαί),这些部落有必要再进行细分。胞族的数量可能暂时确定为 12 个,但是家族和个人的规定数目也不过是短暂的、临时的安排。随着人口的增长,再加上向外移民还没有开始,这些数目必然会稳定地大量增长,而超出原来规定的数目。

对胞族进行划分的方法很古老,荷马在《伊利亚特》(III. 362)中曾经记载了这种方法,但是他一定使用了部落联盟(phyla)这个术语,而不是专门的术语"部落"(phylae)。提修斯(Theseus)同古老的亚洲和爱奥尼亚体系相偏离的唯一一点是明显地采纳多利亚人的三分体系——士族(Eupatridae)、农民(Geomoroi)和工匠(Demiourgoi),而不是爱奥尼亚和亚洲对部落的四分体系。但是他的士族阶层似乎既包含了祭司又包含了士兵,似乎拥有所有的公

第十七章 四个爱奥尼亚部落

务和宗教职务,已经成为法律的阐述者(法律仍然没有成文的)、宗教权利和惯例的宣告者。其他的两个阶层必须接受贵族阶层的这种解释,贵族阶层所占有的在于解释的原则。

第三部分:伊康的四个部落。伊康是小亚细亚内陆高原中唯一一个能够以确定的事实来证明存在四个部落的地方,正如图6的铭文中显示出来的。这个复原图很大程度上是以汉米尔顿的一个粗糙的摹本为基础猜想出的。可能在他那个时代,刻有铭文的石头已经破损得很严重了。确实,汉米尔顿的专业和兴趣在于地质学,而不是碑铭,但是他的铭文的手稿几乎一直都比较好,因为他做每一件事情都谨慎和周密,力求获得真理而非荣耀。我经常称他为"小亚细亚的旅行王子",我认为他在经过许多年的游历之后,完全配得上这个称号。

这个铭文被置于代表四个部落的四个花环之间。[9]不幸的是,这些部落为了向罗马皇帝致敬,已经改变了它们的名字。在花环中题写部落的名字是一种常见的惯例,正如这里的铭文上一样,有时"元老院"和"德莫"也会被以这种方式刻在上面。

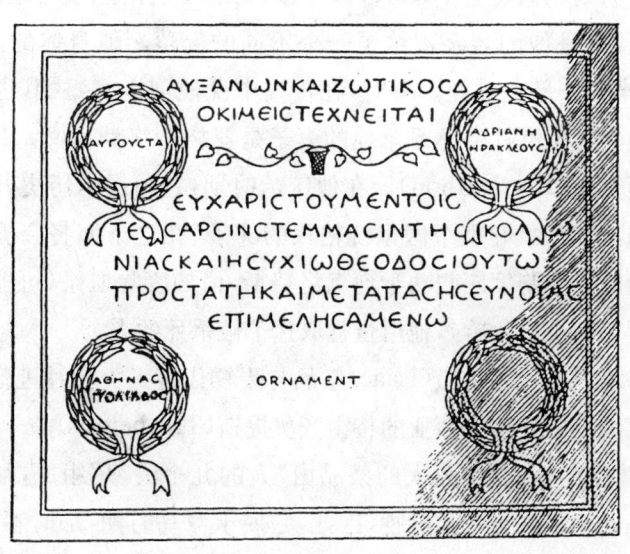

图 6

从其他的铭文中我们知道三个名字，但是在这里的四个花环中，却刻有四个部落的名字。一个是奥古斯塔（Augusta），它可能代表了迪亚斯（Dias），因为奥古斯都被当作宙斯崇拜。另外一个是赫拉克勒斯的部落，他是辛劳之神，因他征服地球为他们所用而成为人类的恩人，它被称为哈德良纳。

第三个是雅典娜的部落，还有有一个以 P[10] 开头的第二个名字，但是名字的其他部分现在都丢失了。第四个完全被毁坏了，但是推测它是赫淮斯提亚斯似乎是合理的（Hephaestias），即手艺人的部落，或者它可能得名于信使赫耳墨斯，作为宙斯的仆人和他的传声筒，他经常与宙斯联系在一起（参见 Acts XIV. 12）。对于部落，沉醉于设想是徒劳无益的，花环和其他装饰品在汉米尔顿看见它们之前明显地已经被凿掉了，有三个或四个字母已经无法辨别。

第四部分：阿提卡。根据传说，阿提卡的原始人口是土著。波吕科斯讲到，阿提卡部落一直是四个，在神话中，在刻克洛普斯（Kekrops）时代被叫作刻克洛比斯（Kekropis）、奥特克森（Autochthon）、阿克塔亚（Aktaia）和帕拉利亚（Paralia）。刻克洛普斯是阿提卡的第一个国王，在那时，一个地方以他的名字命名为刻克洛比亚（Kekropia）。刻克洛普斯出生于大地，论出身，他是一个土著，但是他的名字被给了一个不同的部落。他身体的上半部分是人，但是下半部分是龙或蛇。有时，在传说中说他创立了婚姻，也就是说，他在阿提卡建立了家庭社会体系。他的妻子是亚格劳洛斯（Agraulos），他的儿子是埃律西克通（Erysichthon）。在他统治时期，在阿提卡历史开始时，发生了雅典娜和波塞冬争夺整个国家统辖权的斗争（在这下面将会提到）。其他阿提卡原始的社会制度应归功于刻克洛普斯，诸如废除血祭（可能是人血，因为动物祭祀从来没有废除），他用蛋糕取代了被杀死的人。[11]

可以将雄绵羊代替以撒（Isaac）祭品与蛋糕代替人类牺牲进行对比，我的朋友卡兰德教授描述西里西亚的特雷齐奥提斯（Tracheiotis）的一个铭文时提到，在那个野蛮的地方，给死人的祭品由"人的九个灵魂"组成，很明显，是指用动物祭品代替了九个人类牺牲，因此，它属于罗马时期，那时不允许有人做牺牲，对于罗马人而言它只是迷信，是大错特错的。[12]

在阿提卡的其他传说中，刻克洛普斯与埃瑞克修斯（Erechtheus）（见本章

第十七章　四个爱奥尼亚部落　　197

的下面部分)和雅典的母亲女神雅典娜紧密联系在一起。[13]雅典娜将装着一个孩子(厄里克托尼阿斯[Erichthonios])的盒子托付给他的三个女儿(大女儿亚格劳洛斯继承了她母亲的名字),并命令她们不要打开这个盒子,但是她们没有遵从命令,当她们打开盒子时,看见了一条蛇,因而被吓到了。蛇是土地的守护神。

在后来的神话中的另一个国王克拉纳厄斯(Kranaos)统治时期,那四个部落的名字被改为克拉奈斯(Kranais)、阿提斯(Atthis)、麦索盖亚(Mesogaia)和迪亚克里斯(Diakris)。然后,在国王和首领厄里克托尼阿斯统治之下,它们的名字变成迪亚斯、雅典娜伊斯(Athenais)、波塞冬尼亚斯(Poseidonias)和赫淮斯提亚斯(Hephaistias)。在埃瑞克修斯时期,它们被称作(来自伊翁——雅完的儿子)格勒昂特斯、[14]霍普利泰、艾吉科瑞斯和埃伽德斯。

Euripides, *Ion*, 1579 f,伊翁的儿子	Plato, *Crit*. 110	Plato, *Tim*. 24	Herodotus, V. 66,伊翁的儿子	Strabo, VIII. 7.1	Plutarch, *Solon*, 23
格勒昂特斯	祭司	祭司	格勒昂	列奥比奥伊	霍普利泰
霍普利泰	德米欧格斯	德米欧格斯	艾吉科瑞斯	狄米翁里奥伊	埃伽德斯
埃伽德斯	农耕者	牧羊人 猎人 农耕者	埃伽德斯	希尔罗波伊厄	格勒昂特斯
艾吉科瑞斯(埃吉斯的佩戴者)	士兵	士兵	霍普利斯	费拉克丝	艾吉科瑞斯

这些传说中的名字明显指的是阿提卡和雅典的原始时代的部落名字,它们也说明了伊翁(雅完)的亚洲儿子在那里逐渐定居下来,"海洋的陆地和岛屿被他们分配和占领"(Genesis X. 4)。

刻克洛普斯时期的最早的四个部落有的得名于国王,有的得名于土著居民,有的得名于国岬角,有的得名于海岸。四个部落的人是纯粹的土著和当地人。但是对岬角和海岸的重视表明那些古爱奥尼亚航海者的殖民地是建立在一个蛮荒之地上的。

克拉纳厄斯时期的阿提卡社会比起刻克洛普斯时期的几乎没有表现出任何发展了的迹象，但是阿提斯部落可能在总体上已经代表了这个国家（如同更老一些的奥特克森那样）。古爱奥尼亚的参照资料已经完全丢失。事实上，克拉纳厄斯代表了一个几乎比刻克洛普斯时代更早的阶段，但是与他的时代联系很少。两个国王都是这个国家的本土人，二者都代表了这个国家的原始状态。

波吕科斯，(Pollux, VIII. 109)	波吕科斯	波吕科斯	波吕科斯：取名于伊翁的儿子	斯蒂芬纳斯拜占庭 (Stephanus Byz)
刻克洛普斯时代	克拉纳厄斯时代	厄里克托尼阿斯时代	埃瑞克修斯时代	
刻克洛比斯	克拉奈斯	迪亚斯	格勒昂特斯	艾吉科瑞斯
奥特克森	阿提斯	雅典娜伊斯	霍普利泰	埃伽德斯
阿克塔亚	麦索盖亚	波塞冬尼亚斯	艾吉科瑞斯	格勒昂特斯
帕拉利亚	迪亚克里斯	赫淮斯提亚斯	埃伽德斯[15]	霍普利泰

到埃瑞克修斯时代阿提卡社会出现了快速发展的迹象，出现了一个家蛇形式的土地守护神，社会生活开始了，神灵作为土地的给予者而定居下来。

第五部分：阿提卡的四个爱奥尼亚部落。虽然波吕科斯在他的一份名单中用卡迪斯（Kadeis）代替了埃伽德斯，不过，关于早期爱奥尼亚-阿提卡部落的数量，所有的权威都是一致的。

此外，波吕科斯根据他们的保护神的名字（迪亚斯、雅典娜伊斯、波塞冬尼亚斯和赫淮斯提亚斯）给出了一份更原始的雅典部落名单。他的两个名单一定有联系，上面列出的部落具有同样的性质和数量。第一个名单列举出作为四个宗教组织的四个部落，它们被四个专门的神保护着，而另一个名单则使用技艺的或部落的称号将其列出。迪亚斯是宙斯·格勒昂的部落，欧里庇得斯把艾吉科瑞斯同雅典娜和她的埃吉斯联系起来。这两个分别是在尘世劳作的辛劳阶层和祭司阶层，祭司阶层致力于为阿提卡统一国家的女神——雅典娜——服务。

波塞冬尼亚斯被排在雅典娜伊斯之后，这种排列顺序是基于雅典娜和波塞冬争夺这个国家保护神的位置的结果。

波塞冬究竟代替了哪个神圣的形象仍然是不确定的，但是雅典卫城上的双重名字波塞冬-埃瑞克修斯表明他更可能代替了作为土地守护者的埃瑞克修斯-埃律西克通（Erechtheus-Erydichthon）[16]。这个守护神是神圣的蛇，这一点儿几乎没有任何疑问，它住在房子里和土地下。它会给家庭带来好运，绝不能杀害，[17]因为它的死亡会带走整个家庭的好运。虽然地神平常被设想成母神，但是波塞冬确实是土地之神。刻克洛普斯就是半蛇半人的形象，并且他是阿提卡的第一个国王。

赫淮斯提亚斯自然是工匠阶层，正如我们已经知道的。波塞冬尼亚斯是霍普利泰部落或者霍普利泰士兵，士兵们在原始时代自己制作箭弓，而且亲自测试它们，他们也检测自己所有的作战工具。他也是马神，因为在战争中，马也是一种作战工具。

这样，出现了对雅典娜和波塞冬之间的争端的解释，即谁应该是这片土地和它的命运的最高守护者。雅典娜创造了橄榄树并把它作为竞争获胜的砝码。橄榄树是和平和安逸之树，[18]它可以产出橄榄油，成为雅典平原一项巨大的财富来源，它是一种成长得很慢的树。橄榄树的种植者在他的劳动有所收获之前，必须期盼长期的和平。波塞冬的竞争砝码是马，马是一种战争动物，它必然会给那种漫长的收获的期盼和由种植橄榄树而来的财富带来致命的影响。实际上，两个神的竞争问题最终就是选择战争还是和平的问题。贵族阶层是骑马和使用马的阶层，正如在公元前 5 世纪的雅典历史所展现的。农民使用牛，贵族使用马。农民想要和平，虽然不是所有的贵族实际上都渴望战争，但贵族完全不反对战争。

柏拉图把猎人、农耕者和牧羊人放在一个阶层（参见 *Timaeus*，24 和 *Critias*，110）。猎人最终的目标是食物，而不是屠杀。现在，在安纳托利亚，除了为了食物外，杀害任何动物都被视为一种犯罪行为。柏拉图受到古代观念的影响，并没有创造出新鲜的东西，他的观念通常能够在安纳托利亚或更远的东方被发现。[19]在《克里同篇》（*Critias*）中，他陈述了克里特的一些情况，但是他的讲述却带有幻想的色彩(虽然他认为那些情况都是事实)。他喜欢在最后提到士兵,士兵在他的评判中是最低级的一个阶层,但是,在这一点上,他却与阿提卡官方的顺序一致,也与斯特拉博给出的顺序一致(如下面所陈述的)。

根据一个优秀的现代学者的观点(我查不到他最初的著作),[20]在阿提卡,四个部落的官方的和正式的顺序是:格勒昂特斯、埃伽德斯、艾吉科瑞斯、霍普利泰。据我所知,最接近权威的是伯克在《希腊铭文集》第二卷($C. I. G.$ II. 3665,p.928)的评注,在那里,库梓科斯的顺序是:格勒昂特斯、埃伽德斯、艾吉科瑞斯、霍普利泰,但是在那里,在霍普利泰前面,又多出了波利斯(Bôreis)[21]和翁诺比斯(Oinôpes)。他可能打算用这两个部落容纳额外的古爱奥尼亚人口(可能是本地人)。正如斯特拉博所言,这种划分基于不同的职业和不同的生活方式。他和波吕科斯认为这四个部落的历史中存在很多阶段,正如亚里士多德在他的《雅典政制》(*Athenaion Polileia*,ch. XII)中所言。普鲁塔克给出了这种印象,在更早的时候,先有了四个部落,随后他们又选择了四种不同的职业。但是,这源自他的著作的一个猜想,而他这个猜想几乎是不可能的。不过,我认为他的这个做法是好的。我们必须先设想一个原始的阿提卡社会,在那个社会中,有四个主要的、基本的职业:农耕者、工匠、祭司和士兵。如斯特拉博所言(VIII. 7.I,p.383),伊翁首先把阿提卡的人划分为四个部落,其后,依据四种生活方式进行分类。然而,毫无疑问的是,根据许多资料得出的综合证据来分析,这四个部落和四种生活方式是一致的。四个部落有专门的名字和古爱奥尼亚的名字,正如上文所列举的。但是,斯特拉博从他们的生活方式给它们命名:农耕者、有技能的工人、从事宗教事务的人、守卫者,这与本段中引用的官方的排列顺序是一致的。

我们赞同斯特拉博的观点及前面提到的最可信的官方排列顺序。柏拉图可能从哲学角度出发,倾向于把祭司放在首位,他们必须处理神圣的事务,必须向人们解释神的意愿。真的很难弄明白,为什么亚洲的社会中没有采取同样的看法(第一部分)。安纳托利亚人将祭司排在农业耕作者和工匠之后,这一事实对我们认识古代安纳托利亚人和古爱奥尼亚人的观念具有重要意义。

另外，在《克里同篇》(Critias, 120)中，柏拉图似乎表明了一种与斯特拉博的观点相一致的倾向。他把埃伽德斯叫作有技能的工人，与他们归于一类的是所有从土地中谋生的人，他把作战阶层放在最后，它是一个秩序良好的国家中用处最少的阶层，但是传说和古老的风俗则证明，哪怕是在一个贤明的国家它也不是完全没有必要的。在《蒂迈欧篇》(Timaeus, 24)中，他在有技能的工人、牧羊人、猎人和农耕者之间做出了清楚的划分。当柏拉图不再被一种古阿提卡或爱奥尼习俗所束缚，而是作为一个以追求真理为目标的哲人而发言时，他就不再完全忽视古代亚洲的生活方式，而是根据那种实际的生活方式将它们分成了四类。如果从他的哲学思维出发，他不会把农耕者排在最高的位置，但是他不能忽视现实的生活：土地必须被耕种，耕种土地的人比只做士兵的人更有用。还有一种可能就是，他把格勒昂特斯视为祭司，而把艾吉科瑞斯视为牧人。拜占庭的斯蒂芬纳斯(Stephanus)似乎就把艾吉科瑞斯视为来自伊翁的四个部落中的第一个，其他的依次为埃伽德斯、格勒昂特斯和霍普利泰。

发现欧里庇得斯的排列顺序既不同于"官方的"，也不同于斯特拉博的顺序令人失望。斯特拉博是所有与小亚细亚相关或是源自小亚细亚的事情的一个杰出的权威。然而，欧里庇得斯清楚地认为艾吉科瑞斯穿着土地女神雅典娜的山羊皮，因此，一定是她的祭司。他的排列或许因为韵律上的考虑而有所改变，并且可能认为雅典娜将她的祭司排列在最后，是为了凸显和强调她们的地位。因为在像这样的一个诗歌的列表中，最后的位置往往是强调语气的，[22]就像第一位的一样，中间两个是发音含糊的，而且不是那么重要，"然后，第二个是霍普利泰和埃伽德斯"。欧里庇得斯也把他们同伊翁的四个儿子联系起来，隐含着那个流行和公认的传说，在公众面前所演出的戏剧不能很严重地亵渎它。

在我们的权威著作中，格勒昂这个名字（在欧里庇得斯的著作[Ion, 1579 f.]和普鲁塔克的著作中是特勒昂[Teleon]，它是一种错误的形式）通常被放在第一位。当斯特拉博使用希腊单词γεωργοί，即那些在土地上工作以使它对人类有用的人的时候,他指的是格勒昂特斯。[23] 欧里庇得斯和希罗多德(Herodotus, V. 66)把格勒昂变成了伊翁的长子和用来给四个部落命名的英雄中的第一个。但是欧里庇得斯接下来的顺序是:霍普利泰、埃伽德斯和艾吉科瑞斯,[24] 而希罗多德这样排列伊翁的儿子:格勒昂、艾吉科瑞斯、埃伽德斯和霍普利斯。

在《梭伦传》(Solon, 23)中,普鲁塔克出于一个非常自然的错误,把霍普利泰或士兵放在第一位。[25] 士兵在一个征服者的部落中居于首位。然而,没有证据表明爱奥尼亚人是作为征服者在阿提卡定居下来的,相反,他们是作为那个野蛮国家的教化者来到这里。然后,他提到了工匠阶层——埃伽德斯,耕作者——格勒昂特斯,致力于放牧和饲养羊的阶层——艾吉科瑞斯。

拜占庭的斯蒂芬纳斯把艾吉科瑞斯放在第一位,但是,同普鲁塔克一样,他认为他们是牧羊人,犯了这个错误后,他的顺序混乱了,变得不可信赖,他的顺序是:埃伽德斯、格勒昂特斯、霍普利泰。

普鲁塔克的排列依赖于一个古代传说,这个传说提到了格勒昂特斯和埃伽德斯。在雅典宪法逐渐发展起来时,在相当早的一个年代,这四个部落就不被使用了。一部分是由于某些权威的偏见,一部分是知识的实际缺乏(因为对于过去的体制没有进行大量的精确的探寻),理由是相互冲突的。希罗多德(Herodotus, V. 66)提到,这些名字源自伊翁的四个儿子,欧里庇得斯和亚里士多德也如是说。一个值得注意的巧合是,在《创世记》(Genesis X. 4)中,雅完(伊翁的闪米特形式)也有四个儿子,但是除了这种四分法之外,他们之间再没有相似性。雅完的四个儿子是四个单独的国家或城市,它们只能够将居住在不同地区的爱奥尼亚人划分为四类。

雅完(伊翁)的儿子与这种四分法有一些契合,但是在不同的殖民地,这四个部落自然会具有不同的特征。可以肯定的是,四个阿提卡部落或是分类一定与古爱奥尼亚人在阿提卡的殖民有关,那时,他们把自己的社会体系强加给了一个未开化的国家。

在阿提卡的传说中,伊翁的四个儿子有亚洲的起源,他们代表了四种职业和生活模式。斯特拉博是这样说的,而且他可能是我们最好的权威。普鲁

第十七章 四个爱奥尼亚部落

塔克[26]以模棱两可的方式认同他的说法,但他完全忽视了祭司,误解了Aigikoreis(艾吉科瑞斯)这个词。这四个职业是祭司、士兵、工匠和农耕者,在这些职业中,虽然农耕者看起来可能是最谦卑的,但他们是真正最重要的,尤其是在一种早期的社会状态中,他们必然也是数量最为众多的。当这种阿提卡的分类用于政治实践中时,那里还没有诸如大众的选举和计算个体投票的数量等事情。公众在表决时,他们会用其他的方式表达出自己的意见,例如通过掌声或拥向一个表达出普遍观点的演讲者。另外,政府处于酋长或国王统治中,领导人物或长者也会组成一种咨询机构。阿提卡部落的名字以两种形式出现,格德昂特斯(Gedeontes)和格勒昂特斯(Geleontes)。[27]现在,在我看来,最有可能是因为爱奥尼亚和安纳托利亚语言发展过程中,出现了从"d"到"l"的这种转变(如同在拉丁语中一样)。Gedeontes 可能是是更加古老的形式,它具有同 Da 或 Gda——土地——相联系的所有表象。[28]Gedeontes 是Gadavantes(在两个辅音之间插入了一个元音),即土地上的人,是辛劳的农民,是供养着这个国家的人。他们的神是宙斯·格勒昂,在雅典,他享受到一种古老的、朦胧的祭祀仪式。"农民神"是国家的统治者,他清理土地、整理土地并使它对人类有益。他有点儿像辛劳的赫拉克勒斯,他的"劳动"几乎都是为了人类的利益,例如勒尔那泥潭的九头蛇(Lernaean Hydra)、尼米亚的狮子(Lion of Nemea)等,事实被掩藏在虚构和神秘的外衣下。在卢克看来,"农民神"在安纳托利亚是一个"伟大的道德形象"(*Luke the Physician and other Studies in Religious History*)。在伊布利兹著名的赫梯雕塑中,他被打扮成一个农民的样子,与崇拜他的祭司的华丽长袍形成鲜明的对照,但是他带上了象征权力的帽子。

在波吕科斯的文本中,四个部落的名字有很大的变化。他给出的早些时候(即伊翁前后)的部落是四个(贝克支持他的观点)。他们的名字被不同的国王改变,例如刻克洛普斯、克拉纳厄斯和埃瑞克修斯(他们以伊翁的四个儿子的名字称呼它们),最后,因为政治上的原因,经过阿尔克迈翁(Alcmaeon)和克里斯提尼(Cleisthenes)的改革,当德尔菲的神谕选出了那些古老的名字的时候,他们变成了 10 个。[29]

埃伽德斯[30]是有技能的工人、工匠，而且他们的名字同希腊词语ἔργον（技艺）联系起来，这个词既适用于妇女所进行的家庭技艺，也适用于男人所做的建设性的技艺。荷马和后来的弗里吉亚挽歌（第九章）都赞美了一个女性，因为她的美貌和娴熟的家庭管理技能（ἔργα）而赞美她。他们的神是赫淮斯托斯，他是所有巧妙的东西和节省劳力的器具之神。[31]安纳托利亚的村庄曼纳格〔Manarga，即男人的厄加（Erga）或阿加（Arga），或许"arga"是正确的安纳托利亚语形式，而非"erga"。〕或许保留了这个名字的一种记忆。

在罗马时期的许多安纳托利亚铭文中，"有技能的工人"这个词几乎被用作一种荣誉称号，被添加到从事某种重要职业的人的名字上，例如tekton——木匠和房屋建造者[32]（这两种职业通常联合起来，因为一个房子的墙，既需要木料，又需要石头，如同现在的小亚细亚的情况一样），chalkeus——打造青铜或铜的工人，诸如此类。

"tekton"这个词引出了一个常常被讨论的问题，即耶稣和他的父亲约瑟夫（Joseph）是我们所理解的"木匠"，还是"泥瓦匠"。事实上，约瑟夫既是木匠，又是泥瓦匠，而且他的"儿子"在通常版本中是继承他的衣钵。但是他们的工具远没有今天那么精确。建筑师（ἀρχιτέκτων）的含义应该没有什么问题，那为什么tekton的含义就有问题呢？在那时，一个人只能做这两种行业中的一种的话，几乎没有什么用处。建筑师要安排所有的建筑物和材料，包括木料和石头。

正如欧里庇得斯所说，艾吉科瑞斯是穿着山羊皮（埃吉斯）的祭司。他们是第七章所讲到的山羊祭司，佩西努斯的阿塔波卡奥，[33]是在一个将山羊的养殖当作头等大事的国家中传授山羊文化的祭司，在小亚细亚中央高原，在延伸至佩西努斯南部的大平原上的情况都是这样。对艾吉科瑞斯（Aigikoreis）这个术语的误解滋生了许多难题，我们会发现，在古代诸权威中对它的解释也出现了很多分歧。由于把艾吉科瑞斯误解为山羊养殖者而非"山羊祭司"，给古人造成了极大的困惑，这个错误极大地影响了他们所流传下来的部落名单。

霍普利泰一定是士兵，一定表示一个专门的社会等级。霍普隆（Hoplôn）

第十七章 四个爱奥尼亚部落

在彼西底是一个通用的人名,在彼西底的群山中,古老的安纳托利亚习俗和名字保留的时间最长。这些人是士兵、强盗和抢劫者,都是好战的人,肥沃平原上的土地耕作者仇恨和畏惧他们。Hoplôn 这个词源自安纳托利亚语,它通常的含义是工具,有时专门表示战争武器。

第六部分:部落和它们在以弗所进一步地划分。在以弗所,部落经历了许多结构的改变或重建,就像在希腊和吕底亚接连发生的那样,根据《大不列颠博物馆铭文》(*British Museum Inscriptions*, Part III. p. 68 f.)编者的说法,那里有六个部落(宗族):(1)以弗西斯(Epheseis)(阿提卡殖民者在这块土地上发现的最初的本地人口);(2)塞巴斯特(Sebaste)("它拥有自己的名字,可能源自奥古斯都");(3)泰厄斯(Têioi)(从泰厄斯[Teos]引入的新殖民者,来补充以弗所在一场战争中的巨大损失);(4)卡伦纳厄斯(Karenaioi)(具有同样的特征,来自在米希亚[Mysia]的一个城镇);(5)欧尼摩斯(Euonymoi)(早期阿提卡殖民者);(6)拜穆比奈厄斯(Bembinaioi 或 Bembeinaioi)。

从这种罗马时期的分类中只能了解到很少早期以弗所的真实情况。从奥古斯都与宙斯经常是一致的来看,塞巴斯特部落可能是宙斯(Zeus)的部落。这个分类表中的名字的拼写和形式常常是罗马晚期的,并且经常出错。

更加重要的是把部落划分为叫作"千人"(chiliastyes)的团体。在部落1以弗西斯中,有埃伽德斯、波利斯(如同在库梓科斯一样)、勒波蒂厄斯(Lebedioi)(他们主要是一群来自勒波多斯[Lebedos]的殖民者,没有足够的数量来组成一个部落)和翁诺比斯(Oinôpes);在部落2塞巴斯特中,有拉邦戴厄斯(Labandêoi)(或许是来自卡里亚的殖民者,或是双斧神的崇拜者)、西伊斯(Sieis),另外一个是以-mêoi 结尾;在部落 3 中,有泰厄斯、Eurypom-[pou?]、俄科普特勒姆斯(Echeptolemeus)、赫格托里厄斯(Hegetoreioi)和[Gel?]eontêoi,至少还有另外一个不知道的。

在部落4卡伦纳厄斯中,阿尔塞门努斯(Althaimeneus)或许源自克里特一个传说中的英雄,他逃到罗德斯并在那里受到崇拜(Diodorus Sic. V. 59)。根据斯特拉博(X. 479, 481, and XIV. 653)的说法,他从阿哥斯(Argos)来到克里特,然后到了罗德斯。在罗德斯的卡米洛斯(Camiros)有一个叫阿尔塞门尼斯（Althaimenis）的部落（*Inscr. Brit. Mus.* II., ccclⅲ.：也见 Pausanias VII. 2.3）。部落4中也有叫作厄奇里奥斯（Echyreos）、比奥斯（Peios）、西蒙尼奥斯（Simôneos）和克隆尼奥斯（Chelôneos）的"千人"团体。比奥斯是当地的，因比翁山（Pion Mount）而命名。

在部落5欧尼摩斯中，可能会有古老的名字，但我们知道的只有格劳刻俄斯（Glaukêos）和Poly[klê?]os。

在部落6拜穆比奈厄斯中，我们知道的只有两个"千人"：艾格提奥斯（Aigôteos）和皮拉斯基奥斯（Pelasgêos），后一个名字暗示了一种古代的分类法，前一个暗示了一种早期的山羊崇拜。

在《希腊铭文集》（*C. I. G.* 2855）中，伯克设想（没有依靠任何可靠的基础，只是靠可能性）四个古爱奥尼亚和阿提卡部落曾经存在于米利都、泰厄斯和库梓科斯，也许是这样的。韦根（Wiegand）在迪迪马（Didyma）遗址的挖掘可能会发现证据，但是在目前，这种设想只是猜测而没有任何价值。

以弗所的宪法和部落在所有的爱奥尼亚人中是非常著名的。大约公元前400—前350年的历史学家埃佛罗斯（Ephoros）给出了一个与它们有关的记载，拜占庭的斯蒂芬纳斯对其进行了总结[34]（不幸地是过于简短）。在罗马帝国时期就已确定的宪法被许多铭文证实，这些铭文被已故的希克斯主教出版出来（*Greek Inscr. of Brit. Mus.* Pt. III. pp. 69 ff.）。这座城市经历了无数的变迁。新的公民被引入，必须为他们建立一些新的部落。在大约公元前580年，这座城市被吕底亚王阿律阿铁斯征服了，或者更应该说是被他和平地占领。后来，它又被马其顿王雷西马克（Lysimachus）更猛烈地征服，他们彻底改变了它的法规。毫无疑问，以弗所最初是一个吕底亚村庄，归女神所有；然后成为一个自由的爱奥尼亚城市；后来成为女神监护下的一个吕底亚城镇；再后来它成为一个希腊城市；最后它又成为罗马的城市。在罗马时期，它的部落的数量增加到6个，部落的古爱奥尼亚名字消失了。但是埃伽德斯和格勒昂特斯[35]保留下来，成为在某个部落中的"千人"的名字。可能在每一个部落中有5个"千人"，总共30，但是这不是很确定，其他的古老名字可能保存了下来，但是"千人"的名单缺失了很多名字。

第十七章 四个爱奥尼亚部落

之后的一段时期内，拜穆比奈厄斯在部落名单中列在最后，但是这个顺序可能以不同的方式发生了改变。Bembinaioi 或许是 Bennaioi 的一个重叠形式，就像查尔-欧瓦（Tchal-Ova）的 Salouda 和 Salsalouda，只是一种变形，在卡帕多西亚的 Pasa 和 Paspasa 也是这样。[36] 然而，希克斯主教认为，有一个阿哥斯人的村庄叫拜穆比纳（Bembina），它靠近尼米亚（Nemea），在赫拉克勒斯回归（the return of Heracleidae）后向以弗所派遣殖民者，这些人在以弗所组成了一个专门的部落。但是，据我判断，那似乎是不可能的。尽管如此，极有可能的是，在多利亚人入侵中，安德鲁克里斯（Androclus）统治下的雅典人与许多古伯罗奔尼撒人从阿哥逃离，这就是所谓的"赫拉克勒斯回归"。

以弗所的部落名单

罗马时期	埃佛罗斯时期
1. 以弗西斯	以弗西斯
2. 塞巴斯特	
3. 泰厄斯	泰厄斯
4. 卡伦纳厄斯	卡伦纳厄斯
5. 欧尼摩斯	欧尼摩斯
6. 拜穆比奈厄斯	拜恩奈厄斯（Bennaioi）

从约公元前 400—前 350 年的埃佛罗斯那里引用的这些词语之间的关联是很重要的。安德鲁克里斯是雅典国王科德罗斯（Codrus）的儿子，据说他领导了一次从阿提卡到小亚细亚的移民，并建立了希腊城市以弗所。但是他在普利恩发动了悲惨的战争，以弗所失去了很多人，以至于幸存下来的人反叛安德鲁克里斯的儿子们。新的殖民者从泰厄斯和卡里纳又来到以弗所。这些人被编进了两个新的部落，他们到来时看到的以弗所原来的居民被称作以弗西斯，新引入的殖民者的两个部落被叫作泰厄斯和卡伦纳厄斯，然而最初建立希腊人的以弗所的那些阿提卡人被叫作欧尼摩斯，得名于一个阿提卡德莫。[37] 在这个说法中所暗示的是：以弗所古老的本地人可能组成了一个部落。他们可能没有被驱逐，也没有先例说明他们被屠杀了，在那个时代，更古老的

人口总是被接收并纳入新的城市。尤其是在以弗所,古老的人口在本地的神灵的保护下,非常强大,以任何形式贬低他们,都会冒犯统治那块土地的神圣力量。因此,他们被安排在第一个部落,他们中一个光鲜的人物就是女神的世袭的大祭司,例如出身于吕底亚王的坎道勒斯(Kandaules)(参见第十二章B部分)。

很明显,在历史上,以弗所是所有爱奥尼亚城市中最少希腊化和具有最多真实的吕底亚特征的城市。在大约公元前400年的五个部落中,古吕底亚人的重要地位表明了这一点,在罗马时期也是如此。他们把持祭司职位,在吕底亚,神庙是在最重要的地方,神庙、圣约翰(St. John Theologos)基督教堂和古老的塞尔柱清真寺都集中[38]在这里,女神和她的祭司的巨大的权力也被集中在这里。当阿律阿铁斯把他的女儿嫁给一个以弗所富裕公民米拉斯(Melas)的时候,他看中的是米拉斯和他的部落所体现出的吕底亚元素,他想通过这个婚姻加强这种元素。

极有可能的是,在这座城市的希腊部分和吕底亚部分之间根本就不和睦。希波纳克斯是一个爱奥尼亚希腊人,他曾非常无礼地抨击大祭司基肯。据说,这个大祭司被波斯人称作麦加布泽斯(Megabuzes),这可能是在波斯统治之下给他的一个波斯称号,但是,可能buzes或bozes是一个表示神的代言人的安纳托利亚词语(参见我的 Cities and Bishoprics of Phrygia,Pt. I. p. 152 f.,No. 52,在那里,我已经指出Bazis-Bozis表示"神的地产"[在泰安那和吕底亚-弗里吉亚边界])。[39]

在这里,更进一步研究以弗所的"千人"是不可能的。它们暗含了卡里亚元素以及爱奥尼亚、希腊和吕底亚元素。在部落2塞巴斯特中有一个拉邦戴厄斯(Labandêos)[40]的"千人","b"后面的"r"的消失是一种安纳托利亚语的特性。[41]在部落6穆比奈尼斯中有两个"千人"——艾格提奥斯和皮拉斯基奥斯,艾格提奥斯(Aigôteos)可能指的是根据宗教的法规饲养山羊的人的一种早期名字。女神最早的家可能在以弗所南面的群山之中,那时,她是一个山羊女神,也是蜜蜂女神(参见第七章)。然而,希克斯将艾格提奥斯与一个古老的阿卡地亚城市艾古斯(Aigus)相联系,把皮拉斯基奥斯(Pelasgêos)与伴随阿

第十七章 四个爱奥尼亚部落

提卡移民的阿卡地亚的皮拉斯基人(Pelasgians)联系起来。

在"千人"中有一种本地的元素,例如比奥斯得名于比翁,[42] 随着对以弗所的"千人"、部门或区划等更多的了解,可能会给出其他的一些例子。

在以弗西斯部落中的两个"千人"团体是波利斯和翁诺比斯,它们的名字明显是安纳托利亚语中的名字。它们也与四个古老的爱奥尼亚部落一起出现在库梓科斯。在上安纳托利亚(Upper Anatolia),唯一还存在四个部落的城市是伊康,在这个古代城市,古老的洪水传说和南纳科斯(Nannakos)的哀悼的传说被地方化。虽然它们给出的是四个部落,但只有三个被知晓,正如来自《希腊研究杂志》(1918,p.183)的图 5 中所显示的。根据在《希腊铭文集》(*C.I.G.* 2855 and 3064)中的伯克的意见,在米利都和泰厄斯,最初有四个爱奥尼亚部落,后来在米利都,又增加了两个。希克斯支持他的观点。

注 释

1. *Etymologicum Magnum* 来自古代注释者的一个小集子,它的用处不大。波吕科斯和苏达斯的太概括了,但是包含了有用的信息。狄奥多罗斯所关注的除了偶然情况之外,仅限于罗马,约瑟夫则限于犹太古迹。
2. Ἴωνος καί τῶν μετ αὐτοῦ συνοικησάντων:这些词汇证明,爱奥尼亚殖民者造就了阿提卡作为一个独立国家的成长过程中的第一个阶段,把它的人口划分为四个部落。
3. 它没有被亚里士多德的 *Polit.* 所提及。
4. 或者他是阿提卡国王埃勾斯和埃特拉的半合法的儿子。
5. 我与恩斯特·库尔提斯(Ernst Curtius)一起把在欧洲希腊的早期殖民,主要是在阿提卡的殖民,视为早期希腊历史的伟大事件之一。
6. *Encycl. Britannica*, ed. XI. vol.13, p.502 f.
7. 参见这一章下面的第四部分。
8. 虽然我遵从兰、利夫和迈尔斯的权威,接受他们的翻译,"戴波浪形羽饰的多利亚人",但是我个人倾向于相信这个意见,"有三个部落的多利亚人"是正确的翻译,也是真正欧洲人的观念。
9. τά τέσσαρα στέμματα τῆς κολωνίας.伊康被哈德良变成了罗马的殖民地,但是没有拉丁人或是罗马人被派到那里去了。头衔是一种荣誉。参见 *J.H.S.*, 1918, p.183;Boeckh, 3995b。但是伯克的出版物以汉米尔顿的为基础,是难以理解的。我的修复是推测性的,但是似乎已被证明了。
10. 根据韦根的看法,可能是 Π[ολιάδος] Ἀθηνᾶς。我不喜欢这个,但是它可能是正确的。
11. Pelanoi 是给神的献祭,由肉、蜂蜜和油混合而成。
12. ἐννέα ψυχάς ἀνθρωπίνας.
13. 雅典娜母神(Athenaia-Mother)的祭祀仪式确实存在,但是我们对它几乎一无所知,因为后来它被贞女雅典娜(Virgin Athenaia)的观念胜过。
14. 欧里庇得斯在 *Ion* 中用 Teleon 取代 Geleon,波吕科斯也这样使用,但是那当然是一个错误,这说明传说和文献是多么的不确定。

15. 是坎特（Canter）的修正，在贝克尔的文本中被使用，我遵循这种观点。
16. 虽然两个名字是分开的，但在我看来，这两个名字表示了同样的英雄气质，像珀尔修斯柏勒罗丰（Perseus Bellerophontes）一样，他杀了怪物，带领爱奥尼亚人在小亚细亚南部海岸殖民。这些首批殖民者对闪米特人而言是雅完的四个儿子。
17. 实际上，在希腊和安纳托利亚没有毒蛇。我从来没有听说或是知道任何人因被蛇咬伤而死，虽然在一个或者两个例子中指出被蛇咬伤是危险的，或者甚至是致命的，但是我认为这是大众的迷信所致。Erechtheus，Erichthonios，Erysichthon，都表示救世主（Saviour of Land）。
18. 我可以冒险提到我将橄榄树作为一个文明要素进行的研究，*Pauline and other Studies in Religious History*。
19. 柏拉图受到东方观念强烈地影响是众所周知的。他的 *Republic* 结尾的半哲学、半宗教的神话或叙述是阿米纽斯（Armenius）的儿子厄洛斯的叙述。
20. 参见 Pauly-Wissowa，*Real Encyclopaedie* 之中多泊费（Toepffer）的观点，他把 Meier，*De gentil*. *Art*. 4 视为权威。
21. 关于 Boreis，参见本章下面部分。
22. 只提到了结尾处的艾吉科瑞斯和开头的格勒昂特斯，对二者有一些描述，但中间的两个只给出了名字。
23. Strabo VIII. 7.I, p.383.
24. 欧里庇得斯以雅典娜之口说出这个名单，为了完成这个名单，她在最后添加上她自己的艾吉科瑞斯，"得名于我的神盾，名为艾吉科瑞斯，将要加入到这个族谱中"，参见 *Ion*，1579 f。
25. 这种"开化"一个野蛮民族的过程通常在所有国家都是以战争和征服开始。然而，古老的希腊人通常可能是从一个和平的贸易开始："在海滩上解开他捆扎的货物"，但是我们没有恰当的值得信赖的证据。
26. *Solon*，23.
27. Teleon 出现在欧里庇得斯的 *Ion* 和斯蒂芬纳斯那里是一个无关紧要的错误（参见 *Pollux* VIII，109）。普鲁塔克给出的是 Gedeontes。
28. 取代 Da 的 Gda 可能是更古老的安纳托利亚语，不是原始爱奥尼亚语，而是从亚实基拿的内陆国家的民族借鉴而来的。
29. 在刻克洛普斯的名单中，库恩正确地把 τρία 改变为 τέως。坎特在埃瑞克修斯的名单中把卡迪斯改为埃伽德斯。刻克洛普斯的名单包含了四个名字。在埃瑞克修斯时期的名单中，伊翁的儿子是四个，Argades 或 Ergades 是最后一个。这四个部落中的每一个都被划分为三个部分。
30. 普鲁塔克所使用 Ergadeis 的形式。
31. 参见 *Iliad*，I. 607-608；XX.12。
32. 在 1880 年士麦那的大地震中，这些用石头建成的房屋，在墙里面镶嵌了木制框架，没有什么损失。然而，在 1881 年的斯西奥（Scio）的地震中，大多数用石头建成的房子，像纸板房一样倾倒。第二天，我在斯西奥看见一些巨大的、高耸的、现代房屋，几乎屹立不倒，然而那些可怜的老式的房屋成为一堆倒塌的石头。甚至在主要用太阳晒干的泥砖修筑房屋的安纳托利亚，在更高级阶层的家庭房屋中也有大量的木质结构。
33. Attago 是普通的形式；但是巴克勒向我指出，在希波纳克斯著作（编辑拒绝修订）里 Kubeke 的解读是一个很好的对比：Kubeke-Kubebe，如同 Attago-Attabo 一样。有其他的安纳托利亚语的变化的例子，Mobolla 现在是 Mougla。在辨别安纳托利亚辅音的发音上我总是遇到一些困难。
34. Stephanus，*s.v.* Benna。不幸的是，斯蒂芬纳斯在压缩他取自埃佛罗斯的记载的时候，在一些方面使它相当模糊。或许斯蒂芬纳斯不是真正的很好理解这个体制，但是他尽力准确，并且相当成功。
35. 根据希克斯大主教的一个设想：应该是［Ged 或 Gel]eontes。
36. 参见 *Historical Geography of Aisa Minor*（index）。

第十七章 四个爱奥尼亚部落

37. 希克斯(Hicks)对这些事件的很好的讨论(正如上面所引用的)。这本库尔提斯(E. Curtius)所写的旧书(*Beiträge zur Gesch. und Topographie*)是根据其亲自对当地的研究所写,比起从没有看见过这个地区的人的研究,它更值得多加关注。其他的权威由希克斯在上述引文中给出。
38. 它们全部在 *Letters to the Seven Churches*（Pl. III., facing p.216）中的一张照片里。
39. 参照斯拉夫(Sclavonian)词语 bogu,即神。后来的拜占庭名字弗巴斌迪希拉波里斯(Phobabindi Hierapolis)代替了博嘉(Boga)。
40. 词尾-ηος可能是-ιος或-ειος的一种不正确的形式,有许多相似的例子。
41. 拉布劳恩迪斯(Labraundis)是卡里亚的米拉萨(Mylasa)的一个部落。
42. 希克斯更喜欢把它同安东尼·比乌斯(Antoninus Pius)皇帝联系起来。

第十八章

安纳托利亚妇女

很久以前,格洛斯特的主教(Bishop of Gloucester)试图确定一些安纳托利亚一般习俗中母系血统的例子(正如 Herodotus [I. 173]所提到的吕底亚的风俗),考尔德教授对一些例子进行了削减。在霍曼纳迪斯(Homanadeis)王后身上可以发现一个相关但不一样的习俗的例子,她打败并杀死阿敏塔斯(Amyntas),也可以在西里西亚特雷齐奥提斯史上赫赫有名的艾巴(Aba)公主身上发现这样的例子。[1] 自由定居在山间的部落,在特殊情况下允许一个女人统治它们,这很清楚地证明,在国家的早期习俗中,妇女被赋予很高的权威,这些地区是保留古代安纳托利亚习俗的大本营。妇女的影响形成了这片土地上最明显的一个特征。我们发现了介于寓言和历史边缘的阿玛宗人,普里阿摩斯讲述了他作为桑格里厄斯河岸的弗里吉亚的同盟者对抗阿玛宗的战事,那暗示了我们几乎设想不到的古老的特洛伊和安纳托利亚的情况(*Iliad*, III. 189)。我们听说,在罗马帝国统治下,妇女可以担任地方法官、委员会主席,享有很多荣誉。这个国家的风俗甚至影响到了犹太人,至少在士麦那的一个例子中,他们选一个女人作会堂长。士麦那是一个繁忙的商贸城市,自然会有很多犹太人。一些罗马时期的妇女地方法官的例子已经被 M. 皮埃尔·帕里斯(M. Pierre Paris)收集起来。[2]

没有人比他提安(Tatian)更大胆地提倡以同样的方式对男性和女性进行普遍教育。他提安是一个叙利亚人或亚述人,他创办了异教宗派与禁戒派(Encratites)及其他中部小亚细亚普通教派(特别是在弗吉尼亚的教派)的联盟,正如考尔德教授在《安纳托利亚研究》(*Anatolian Studies*, pp. 68 ff.)中

第十八章　安纳托利亚妇女　　　　　　　　213

所指出的。那些弗吉尼亚的异教派别被东正教残酷地压迫,较之君士坦丁堡的统治,它们更喜欢土耳其人的统治,它们对于约翰·科穆宁破坏或削弱塞尔柱人势力的企图构成了永久的威胁。[3]

孟他努派教徒(Montanist)"异端学说"在某种程度上是喜旧厌新,偏爱古代安纳托利亚方式,反对对其彻底的变革。孟他努(Montanus)有女预言家马克西米拉(Maximilla)和普里西拉(Priscilla)作他的下属,她们的突出地位很可能是引起"天主教"教派日益强烈地反对妇女显著地位的一股强大推动力。然而,我们发现,在北部吕卡奥尼亚的早期基督教铭文中,将女执事作为显赫人物而提及。此外,大致看一下考尔德在《安纳托利亚研究》(pp. 71 ff.)中关于"安纳托利亚异教"的实用的论文,令我们印象深刻的是那里的妇女的突出的与被给予的特殊地位,她们被称作女工匠和其他的代表了严格禁欲主义的称呼。

此外,圣斯科拉的整个故事展示了一个女性人物,塔卡里山之神(阿拉伯语Dakalias)——平衡,她最初叫作特克拉(Tekla)(一种经常在罗马时期的铭文中使用的形式)[4],在伊康当地的传说中,最先被禁欲派采纳,而后,随着最鲜明的异教和非天主教的特征渐渐淡去而被天主教从他们那里接管过去。例如,她被描写成具有施洗礼的权利(这含蓄地表达了她掉进一个水渠的事实,并宣布她认为这就是洗礼)。

在发生在彼西底安条克的一幕中,斯科拉不只是基督教妇女的代表,而是作为所有妇女的代表发言。对她的审判触犯了所有妇女的权利和尊严。那些狂热支持她的妇女和所有异教徒都与她持有同样的观点,她的事业就是她们的事业,[5]她们把她视为一个被不寻常条件所约束的信徒。她对她们来说是一个"苦修教士",安纳托利亚妇女在这件事上享有和男人同样的权利。一个流亡王后,本都的特里菲娜(Tryphaena),寡居于安条克,她支持斯科拉,为她担保,并把她安全地送回自己家中,[6]在那里等待审判的那天。

在斯科拉的传说中,悔婚,甚至在订婚后悔婚的权利是一个标志性的事件,童贞和禁欲被考尔德教授恰当地视为异端教派最大的特点。根据伊苏里卡阿帕(Appa)的铭文,在异教与罗马帝国联合对抗新教的最后斗争中,又出现了一个强调女性这种权利的奇怪例子,"马(Ma),帕帕斯(Pappas)的女儿,贞女,世袭的女神的女祭司和圣徒,自己花钱用瓷砖来修复寺庙并盖上屋顶"。[7]在那个铭文中,术语"贞女"和"圣徒"被马女士从基督教延借用过来,她拥有大母神之名。"贞女"这个称谓在安纳托利亚宗教里用来特指圣殿中的女奴,但是实际上,它从未被异教徒用一种简单的不太清楚的模式来表示类似僧侣的一个阶层。动词性短语"在一段时间,作为一个未婚的圣殿的奴隶来行动和生活"比简单的"贞女"这个术语具有更多异教的特征。在早期基督教会中,"贞女"适用于没有再婚的寡妇和少女,强加的条件是她们应该献身于慈善工作。

寺庙已经衰败,然后被马重建,那意味着寺庙被遗弃。现在,她世袭成为女祭司,并重建寺庙和恢复神职事务是合法的。发生在尤里安时代,即公元361—363年之间的一个事实是:罗马皇帝企图把旧的宗教信仰注入到新生活中去。斯温伯恩(Swinburne)的话适用于这个时期:

> 不是你的,不是你的,是我们的母亲,花海之中的一朵,
> 包裹在世界欲望之裳里,美如泡沫,
> 敏捷胜过燃烧的火焰,一位女神,罗马之母。
> 少女为你的母亲变得苍白而悲伤;但是我们的母亲
> 她浓黑的发丝布满鲜花的色彩和香味,
> 如白玫瑰水般,银色的光辉,一团火焰,
> 我们恳求她俯下身子,土地同她的名字一样变得甜美。

但是这个异教复兴只持续了很短的一段时间,尤里安死于对抗帕提亚最后的战役中,当他死去时,只能说:"耶稣,你胜利了。"他独自战斗,战斗随他的死去而停止。一些罗马贵族和元老及伟大的城市仍然信仰异教,他们没有被罗马皇帝扰乱,虽然偶尔会有一次反抗他们的基督教狂热信徒进行的暴乱。

有一件事情发生在晚至凯撒利亚的巴泽尔时期,我们从他的信件中得知此事,有一个叫格利塞里乌斯(Glycerius)的执事,他煽动用古老的异教风格

第十八章　安纳托利亚妇女

进行狂热宗教信仰活动,一群妇女,其中主要是年轻的和所有容易感情用事的女人,离开家追随他去举行宗教仪式。我们只从巴泽尔那里了解所发生的一切,而且他表明他自己的观点。这很显然是一个非常危险的行为,可能导致很多罪恶,但是巴泽尔坚决地进行干涉。然而,他施加的唯一的惩罚是让格利塞里乌斯和他的贞女们安静地回他们自己的家,别再做这样的事了。

当我们把这些与巴泽尔所宣布的在其教区内反对违法婚姻的严厉法律,以及他的严苛所引起的对立情绪联系起来可以发现,很明显,到公元371年,古安纳托利亚妇女自由行事的风俗以及对她们这样做的权利的维护并没有中止。

注　释

1. 霍曼纳迪斯的皇后,Strabo, XII.7.6, p.569; Aba, Strabo, XIV.5.10, p.672。
2. 参见他的论文 *Quatenus feminiae in the Asia Minore res publicas attigerint*。同样的问题在我的 *St. Paul the Traveller and the Roman Citizen* (pp.67,161,345,360)也有所涉及。给妇女以优越性是异教的特点而非基督教的,是异端的而不是天主教的。它同希腊和罗马的影响都是相反的,在它们影响最弱的地方它是最强的;但是在影响强烈的时候,妇女在法律和公共权力中的地位在名义上受到了一点点影响,只是在荣誉和头衔地位上被降低。在希腊和罗马法律中,一个女性需要教导者(κύριος或*tutor*)。
3. 参见 *Historical Geography of Aisa Minor*, p.389。
4. 参见第五章。
5. 参见 *The Church in the Roman Empire*, pp.399,407,412 f.,等等。
6. 现在,我们已经在不远的距离看见了确切的位置,那里的山脉敞开怀抱接纳特克拉并拯救她免于订婚者或强盗的追逐。
7. Παρενεύειν.

第十九章
卡比罗伊

在特雷齐奥提斯使用了一个人名卡比利斯（Kabeiris），正如在一个卡兰德教授发现的著名铭文中所呈现的，这个铭文可以追溯到公元200年左右，在铭文中，一对叔侄都叫卡比利斯，即卡比罗伊（Kabeiroi）众神的子民。这个家庭数代的家谱被复原，上面满是古老的安纳托利亚名字。[1]

在彼西底的硬币上，经常显示出对卡比罗伊的崇拜。他们以多种形象出现：(1)一对战士，武装的、裸体的，例如在彼西底的安条克被崇拜的奥古斯都纪念碑上裸体的霍曼纳顿斯（Homanadensian）战士；(2)一对战士，战士之间有一个新月形的标记，新月是月亮女神的象征；(3)一对下了马的骑士，每个骑士牵着他的马，他们之间站着一个女神；(4)无形的形象，由两个祭坛代表，每个上面有一颗星。[2]

彼西底硬币上的双子神被希腊人称为狄奥斯库里（Dioskouroi），他们中间的女神被称为海伦娜（Helena）。这些名字被钱币收藏家接受。然而这对双子神叫作卡比罗伊更恰当。[3]他们是神，被赫梯国王的护卫卡比利斯所崇拜，也被他们所代表，在亚述的铭文里，也叫作萨加斯（Sagasi），即刽子手。

希尔（Hill）曾提到（*Cat. Brit. Mus.* p.c Vii），"狄奥斯库里"（卡比罗伊）"在彼西底是最普遍的典型之一"（萨迦拉索斯［Sagalassos］到特摩索斯）。被萨克逊-科堡（Saxe-Coburg）的王子描述为"两个皇帝卡拉卡拉和盖塔"的可能是狄奥斯库里（*Rev. Numism.*，1891，p.248）。这两个英雄（我更喜欢用神这个词）的祭坛，"在很多硬币上均可以看到，它们之间有一个柱子，它可能是用来献祭的，或者更可能是代表寺庙。在一个例子中，两个祭坛之间有一个神庙,而不是柱子"(这些都在萨迦拉索斯)。

如果这两个皇帝被确认为狄奥斯库里,将证明他们确定的身份不仅仅是英雄,而是神。在那时,一个皇帝通常被视为一城的主神。

在图7中,卡比罗伊之间的女性人物代表伟大的女神。在这里,他们被描述为骑士,列于至高女神两边。右边的人肩上扛着战斧,左边的人是骑士,他残缺不全,但毫无疑问应该与另一个一样。

图 7

在萨摩色雷斯(Samothrace),这三个卡比罗伊被叫作阿科西奥克索斯(Axiokersos)、阿科西奥克萨(Axiokersa)和阿科西俄罗斯(Axieros),他们是两个兄弟和一个姐妹。[4]对这三个人物的解释是卡斯托耳、波吕科斯和海伦娜,在这里,海伦娜不太合适,因为第二个姐妹克丽泰梅丝特拉(Clytaimestra)被遗漏掉了。与这三个人物相关联的是卡斯米勒斯(Kasmilos),他被称作亚洲之王和卡比罗伊之王,[5]被视为他们的父亲。塞斯认为卡斯米勒斯与一个赫梯形式的名字卡萨米里斯(Khasamilis)是一致的,这个观点很诱人,卡萨米里斯是古代的一个国王,是后来的国王们的祖先,他死后被敬为神,并为他的后人所崇拜。

在图7中,两个男性形象面向中间的女神,在外形上,她几乎和以弗所的女神一样,有蜂王的身体,即一个大的卵巢,她两臂伸开,手在两边分别扶着令牌或法杖,在掩盖着的长长的锥形身体下端微微露出一双人脚。

这个粗陋而破损的浮雕说明了一种宗教特性,对于这个仪式的起源没有留下任何疑问,这个仪式与赫梯时代一样古老,或比它更为古老。图上的铭文只是一个残片,它的开头或许可以恢复如下:

摩西尼斯(Mo[ssyneis])的德莫
根据石碑上的法令……[6]施加影响
(这里有带有辐射状装饰的头)和一个王冠(浮雕破碎)……

科西奥克索斯和阿科西奥克萨名字中的 kersos 元素让我们回忆起吕底亚的科尔索斯(Kersos)的奇怪传说,他是小偷、土匪、求婚者和蓄意谋杀者,他与赫拉克里德王朝和塞索斯(Thyessos)的传说有关(见梅勒 Mailer, *Fragmenta Historicorum Graecorum*, III 和 Radet, *La Lydie et le monde grec* 中的 Nicolas of Damascus)。拉德特太过鲁莽地试图将其归入真实的历史,但那只是一个传说,科尔索斯很可能是赫耳墨斯的吕底亚名字,即偷盗者之神。

几乎毫无疑问,图 7 是一个纪念碑,最初它非常类似于第十四章中提到的兄弟会的纪念碑。那个兄弟会是一个胞族,在这里受到敬重,就像在邻近的西奥温塔受到敬重一样。尽管古老的战士的形象被保留在硬币上,但是在西奥温塔,在公元 1 世纪早期,胞族已经变成纯粹农业性的了。然而在摩西纳(Mossyna),战士形象仍然保留到那个时候,但它所影响的区域是有限的。西奥温塔和摩西纳的村庄在高地上紧挨在一起,高地在通往迈安德峡谷处断开。在迈安德峡谷对面的高原上的是莫特拉村庄(现在仍然保留它的名字)。[7]

关于卡比罗伊的神圣观念不断发展变化,最后被人们公开承认,这一点是毫无疑问的。最初,卡比罗伊只不过是野蛮人,是赤裸的战士,逐渐变成一个农业兄弟会的神,然后被变成万神殿中的神,与其他神及至高之神宙斯列在一起,在各种各样的神圣活动中占有自己的一席之地。只有在仪式中,才坚持旧的秩序。

在埃斯库罗斯(Aeschylus)的《厄默尼德》(*Eumenides*)的第一部分台词

中，我们可以找到类似的神圣观念发展变化的最好例子。佩提亚女祭司最先崇拜的是大地女神——盖亚，她是最早的预言者，然后她们又崇拜忒弥斯（Themis）（法律和公正），她取代盖亚的地位，并给粗俗的、简单的观念以道德形式。后来，在忒弥斯和福波斯·阿波罗之间插入福柏（Phoebe），她们崇拜的神的性别也发生了变化，阿波罗成为佩提亚祭司崇拜的神，成为以后所有时期德尔菲的神谕之神。

由神祇到神祇的变化被女执事明确地陈述为一种和平发展的过程，而不是暴力或一个神对另一个神的权利和权力的入侵。埃斯库罗斯以最强调的方式陈述了这个事实。阿波罗来自提洛岛，从东方向西行进，在途中雅典人加快了他的行进速度。

无视性别的差异是安纳托利亚的一个特性，在那里经常出现可笑的、甚至丑陋的形象，例如卡里亚的双性神（Hermaphroditic）。在德尔菲，从女神到男性神的变化是通过把一个极其不重要和毫无意义的福柏放在忒弥斯与阿波罗之间来实现的。在福波斯·阿波罗出生后第9天，他被带着绕行祭坛，并给他命名时，她把那种神圣的能力作为出生礼物传给她的孙子。

一个训诂学者坦率地断言，福柏是勒托的姐姐，她将预言能力和帕纳塞斯山（Parnassus）上的坐席给了她的侄子，即勒托的儿子。诗人将这一切都描写为自愿的行为，一切都是和平进行的。然而这个巨大的改变是从古老的提坦（Titanian）体系到新的奥林匹亚（Olympian）体系完成的，盖亚和她的道德化身忒弥斯和福柏属于提坦神体系。

在雅典人的帮助下，阿波罗到了德尔菲。他们通过一条相当弯曲的路线开辟出一条圣道（Sacred Way），山和森林中几乎无路可寻。正如一个训诂学家所说，在历史时代，当一个使团从雅典到德尔菲去求神谕的时候，为了让道路顺畅些，只能是让斧头先行。从地理上来说，雅典人适合护送阿波罗；同样从文学上说也适合，他们在悲剧故事中赞美他；最后，从神学上说更适合，他们是厄里克托尼阿斯的后代，厄里克托尼阿斯的父母是地母和赫淮斯托斯。

欧里庇得斯相信另一个不同的传说，或是修改了它，在他给出的传说中，在德尔菲的这种转变是通过武力方式完成的。

注　释

1. 除了在一个例子中给出了伊马迪斯(Immatis)(在伊康是马迪斯[Mateis])的名字之外,妇女的名字没被给出。在一代人中,给四个儿子命名了,而没有给四个女儿命名。对这个家族的恰当的处理将会占据一整章,卡兰德的论文在美国正要发表。
2. (1)艾达达(Adada)、拜狄利索斯(Pednelissos)、萨迦拉索斯;(2)拜狄利索斯、普罗斯坦纳(Prostanna)、沃波(Verbe);(3)阿卡利索斯(Akalissos)、阿里阿索斯(Ariassos)、卡德罗拉(Kodroula)、特莫索斯、斯比敦达(Sibidounda)。最后一个通常选择弗里吉亚,但是在准备出版的 Orient 第二版的一篇文章里,将它同现代施温特(Zivint 或 Sivint)联系在起来,它在特莫索斯稍微北边一点。Sivint 如同 Sibidinda 一样,是 Sibidounda 的变化形式,在发音上被缩写为 Sibindi。Sibid 和 Sibda 是安纳托利亚语中表示红石榴的词。海德(Head)宣称斯比敦达的硬币没有弗里吉亚硬币的任何标记,但是同彼西底的硬币在类型上相似;(4)萨迦拉索斯,它声称是"彼西底人的第一个城市"。
3. 当卡比利(Khabiri)在大约公元前 2 000 年首先在楔形铭文中被发现的时候,有个观点流传了一段时间,即他们是在出埃及(Exodus)之前很久就居住叙利亚和巴勒斯坦的犹太居民。他们的真实性格已经被弗雷尔和塞斯构建出。我们复制了一个彼西底的献给宙斯之子($\Delta\iota o\sigma\kappa\acute{o}\rho o\iota\varsigma$)的浮雕,它已经被巴克勒发表于 J.H.S.(1924, pl. I. ,5)。
4. 我采用了在我看来是最可能的一种描述。
5. 在 Pauly-Wissowa, s.v. Kabeiroi 中引用权威的观点。
6. $\Sigma\tau\acute{\eta}\lambda$-$\lambda\eta$是正确的形式,被分在两行中。在 1.I 中所丢失的动词是[$\beta\varepsilon\beta\alpha\iota$]$o\acute{\iota}$ 或[$\kappa\upsilon\rho\iota$]$o\acute{\iota}$。
7. Cities and Bishoprics of Phrygia, Pt. I. p.141.

第二十章

安纳托利亚的月亮女神

1884年,雷姆塞女士在泽姆(Zemme)完成对普利本尼希斯帝国地产上的三个浮雕的绘图,并对其进行复制。它们占据祭坛的三边,在这样的地产上,这种形象有独特的教导性,因为帝国的农耕者不被鼓励,甚至不被允许接受文化教育。皇帝是他们的主人,他们几乎是他的农奴。在巨大的帝国地产中农民的这种不正常状态是导致罗马帝国衰落的原因之一。

浮雕的一面明显地表现了月亮女神。新月形的月亮几乎占据她大部分身体,她的身体上还有一个类似于以弗所女神卵巢的东西,她是一个复杂的人物。在她的头上有一个角状的帽子,有点儿像常见的牛头。

在彼西底安条克的弗里吉亚城市,迈恩是伟大的神。他似乎独占了神和女神的所有特性。在圣殿的挖掘中发现最少的是女神痕迹。安条克被重建为希腊要塞之城和罗马军事殖民地,用以抵抗彼西底人和霍曼纳迪斯人的进攻,自那之后,士兵们崇拜男神几乎到了排除所有女性神的程度。此外,性别的差异在神的本性中很少被考虑到。因此他容易被认为是月亮之神,他的肩上总是带着新月,脚放在牛头上。

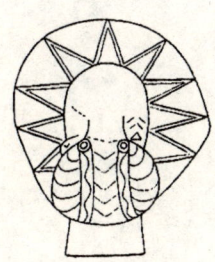

图 8

然而,我认为他最初应该是赫梯或安纳托利亚的梅斯尼斯(Masnes),他的名字变成曼尼斯和摩尼,在希腊语中成了迈恩。最初,在他的肩上竖起的是翅膀,而不是新月状的角。

在另一边是一个损毁严重的浮雕,它是一个放射状的头和半身像,很显然,它是太阳神,图像变得太模糊以至于无法据此进行推理。[1]

在中间的(与包含着的铭文相对)是大母神的半身像,她戴着高高的头饰,面纱轻轻垂挂于肩上。她比其他两个雕像稍微小些。在人们的生活中,最高权力显然未必比更多不重要的权力显得大。在亚洲,活跃不是高级头衔的证据。在伊索利亚和吕卡奥尼亚,赫耳墨斯是神的信使和主要发言人,它却服从于宙斯。

注 释

1. Luke XIII. 20.

第二十一章
总　　则

A. 欧洲和亚洲的希腊语。把安纳托利亚语同希腊语进行比较,甚至与古爱奥尼亚语比较,我们必须清醒地认识到,欧洲的希腊人和亚洲的古爱奥尼亚人是同一个民族。他们相互联系,他们之间经常的、日益增多的交往孕育并增强了大致相似的起源。

他们都有一个长长的、犬牙交错的海岸线[1],迫使他们做航海者,而不是做陆地上的徒步旅行者,岛屿众多的爱琴海吸引着他们向西和向东去。他们是真正亲密的邻居,因为海上有规律的几乎可能完美准确地计算的海风,不但没有分开他们,反而为他们开辟了一条道路。[2]它不是一个"疏离他们的海",而是一条通道和一个联系纽带(正如被雅典民主政治在米提利尼[Mitylene]进行的蓄意的大屠杀所证实或推翻)。他们有同样的敌人,因为他们都受到来自内陆亚洲(Inner Asia)的侵略者的威胁,并最终被征服。后来的墨姆纳德(Mermnad)王朝的吕底亚人和弗里吉亚人(很可能也有卡里亚人)从马其顿和色雷斯引入了一个武装的征服队伍,他们也是威胁他们的敌人,高卢人同样也是如此。

同样的教训在历史中上演,并在多个世纪里徒劳地一次次重复。在亚洲沿岸建立一个欧洲希腊霸权的企图都导致了灾难和毁灭。公元前5世纪的雅典帝国是短命的,它仅仅削弱了文明化的力量并令雅典的发展停止。斯巴达在亚洲沿岸短暂的霸权不过是一段流逝的插曲,它对相关的任何一方都没有好处,更不用说对斯巴达了。毫无疑问,在特洛伊战争后的时代中,关于从欧洲希腊向亚洲沿岸移民的半历史性的描述中存在事实,因为关于科德罗斯的儿子们、佩利亚的奥伊奇斯特（Pylian Oikistai）和色萨利的瑟姆布拉索斯（Thymbraros）等的准确陈述实在是太详细了，以至于不能仅仅将其视为神话。它们令斯特拉博感到满意，他是一个好裁判，他掌握了[3]很多的历史材料，不过，现在遗失了。它们可能也能够很好地满足我们的需要。但是那些希腊的殖民者不是作为征服者，而是作为贵族的难民移民到亚洲沿岸去的，他们所寻求的是避难所而非霸权。他们建造的是城市，而不是帝国。

希腊人恰当的角色是和平的贸易渗透者和占有者。当他们试图去战斗并建立国外霸权时，他们便被毁灭了，并且也带来其他国家的毁灭。巴尔干半岛的民族、马其顿人、色雷斯人以及后来的高卢人，征服了那里并建立了新的国家，但是他们却逐渐融入被征服的民族，并采用混合的希腊-亚洲（Graeco-Asiatic）的社会和政府制度。高卢战士执着地坚持高卢部落体系，但是，他们的首领很快就命令和教导他们遵从本土的宗教和风俗，人们都一致服从本土习俗，后来，又都被基督教化。[4]

特洛伊战争引起了移民，它的一个很大的成果就是打通了达达尼尔海峡与黑海的自由贸易。在这很久之前，"雅完的儿子"（也就是亚洲的希腊人）就与亚洲西部的亚洲人主动交往，交流地点在爱琴海群岛（如被收录在《创世纪》第10章［Genesis x］中的古老的文献所指出的）。东西方之间的安纳托利亚桥已经成为亚洲和欧洲的文明之路和相互影响之路。

中部安纳托利亚高原已经成为爱奥尼亚（雅完）和内陆国家的亚实基拿之间交往、作战与和平贸易的通道与场地，就像爱琴海在欧洲希腊人和亚洲希腊人之间扮演的角色一样。小亚细亚产生的社会体系总是既非亚洲的也非欧洲的，而是一个半希腊、半东方的混合文明，是真正的希腊-亚洲体系。[5]要避免误解，最好总结一下，闪米特术语"雅完的儿子"所指的是所有亚洲的希腊人。《创世纪》第10章中留存的伟大的历史记录一直呈现在我们面前。雅完这个名字（也就是伊翁）只被亚洲希腊人中的爱奥尼亚人保留着，他们被证明是所有亚洲希腊人中最先进和最有进取心的一部分。然而最终，在《创世纪》第10章中，亚洲的伊奥利亚人和亚洲的多利亚人都被视为"雅完的儿子"。在历史时期，他们的方言之间产生了差异，但这种差异更多地来自爱奥尼亚语的更为迅速的发展,相当肯定的是,比起希罗多德时期已经发展了的方言形式,最早的爱奥尼亚语更接近东北海岸的伊奥利亚方言。以希波克拉底为主要代表的伟大的多利亚学者采用爱奥尼亚语而不是多利亚语来表达他们不断发展的科学见解。

欧洲的希腊人统治小亚细亚西海岸的企图不仅失败了,而且在短暂的胜利期间,他们在古爱奥尼亚民族中激起了反对欧洲的希腊人的激愤之情,这种憎恨引起了以后的纠纷甚至战争。在欧洲希腊人统治持续的地方,它激起了亚洲希腊人的反抗。希腊因素在小亚细亚的仅有的影响以这种方式被削弱和放弃了。鼎盛时期的罗马帝国总是视希腊主义和希腊语为其最有用的统治亚洲的助手和工具,这也证明战争只会是坏的、分裂的影响力。罗马在亚洲所作的一切有用的事情都是和平的,例如为了发展经济或科学而进行的和平贸易、和平交往,以及疏通交通等工作。除了暂时需要去阻止一些诸如米特里达特(Mithridates)的野蛮人的进军,以及后来阻止来自中亚(Central Asia)的部落的冲击之外,对它来说,战争几乎是纯粹邪恶的事情。奥古斯都一直注意着来自外部的威胁,贺拉斯说他甚至注意到中国可能的行动以及它们对帝国的影响。

B. 拼字法的多样性。安纳托利亚语所具有的代表性的风格和欧洲化希腊语所具有的代表性的风格相互权衡是必然的。甚至亚洲部分的爱奥尼亚、伊奥利亚和多利亚希腊人的方言也带有安纳托利亚和非欧洲语言的特征。西方的希腊语在发摩擦音"w"和"y"上是弱读(而在安纳托利亚语中经常使用它们),并且没有希腊语符号来表示它们。该怎么做呢?希腊语有清晰的鼻音和符号,但是没有鼻音化的原音,希腊语不能在开头清晰地或迅速地发出送气辅音,并且它们不使用齿擦音。

这些不足逐渐地或从一开始就影响了他们的字母表(从亚洲借用的),多余的符号被废弃或用于表示新的含义。摩擦音"F"的发音类似于我们的"w"或"v"的发音,很早的时候就在大多数希腊方言中被废弃了,它是一个遗失的古希腊字母。摩擦音"y"似乎从没有任何专门的符号,只不过有时以"i"代表,在最近的铭文里偶尔以双倍的符号"ii"来表示,因为这个发音只出现在"I"和紧接着的一个元音之间。古希腊字母"F"的影子保留在首字母的送气音中,送气音很难与不送气音区别开来,它仅仅是一个形的残存物。[6]在希腊语中,发鼻音的元音实际上从不被轮廓分明地表现出来(除了可能在某些小亚细亚方言中以外)。从希腊字母表中消失的符号和它们确切的含义被遗忘了。在欧洲希腊的许多方言中,齿擦音简化成西格玛(sigma)和双西格玛(Σ)。在阿提卡,$\sigma\sigma$ 经常变成 $\tau\tau$,在书写时也是这样,这表明形式上的显著变化与某些发音的变化情况一致。然而,一个古老的符号的不同形式 T,φ 或 ψ 在偏远的半希腊地区被长期使用,代表了一个对于典型的希腊文明所在地来说比较陌生的一个齿擦音。我们必须用"sh"代表它,而且我也无法给出一个准确的科学定义。[7]

在晚期的安纳托利亚铭文中,摩擦音"w"或"v"一般以 ov 或 β 表示,或者在某些例子中被完全除去。在现代希腊语中它除了以笨拙的 $\mu\pi$ 来表示外,还以 β 表示,然而,它绝不表示英语中的字母"b"。

在安纳托利亚口头语言中的情况怎么样,是不是也有这些麻烦或者可能会有更多麻烦呢?然而,我们现存的所有权威都是用希腊语写成的。受过教育的安纳托利亚人在希腊化时代和罗马时代学习希腊语,在书写安纳托利亚人名和地名时经常遇到这些困难,并且无法克服。ov 或 β 或 v 甚至几乎任何东西都不能任意地代表我们的"w"或"v"。发音在某些情况下被省略,例如在用 $"I\sigma\alpha\rho\alpha$ 代替 $"I\sigma\alpha v\rho\alpha$ 的例子(参见 Miss Ramsay, *Studies in the Eastern Roman Provinces*, p.47)。

拉丁字母表比希腊字母表更适合表示安纳托利亚语发音,因此,在前面的内容中,我经常将安纳托利亚词语用拉丁字母书写出来。尤其是希腊字母 Y 不能很好的表示安纳托利亚元音"u"时,更应该选择拉丁元音字母。

希腊语的重读体系是一个较晚期的发明,为的是帮助外国人学习希腊语。虽然有时在书写希腊词语时,我保留一些重音,但是在书写安纳托利亚词语时必须放弃它,甚至我用那些希腊权威解释过的希腊字母书写时,有时也会省略重音。

当用希腊字母写安纳托利亚词语时,字母"r"以复杂的方式出现和消失。浊音"r"可能在小亚细亚被使用,就像在英语单词 pretty 中一样。无疑,在安纳托利亚语中不止一个"rho"音,尽管它们现在不能被区别开来。在希腊语中,"rho"音更粗哑,除了在伊奥利亚语中之外,都被写成 ῥ(伊奥利亚语类型上更是安纳托利亚式的)。在阿提卡,ρρ 代替了古老的 ρσ,例如,θάρρος 代替了 θαρσος。在希腊语中,ρ 在词首,跟在一个以短元音结尾的介词、阴性的 α 和增音后面时,要双写。为了加长前一个词末尾的短元音,词首字母"rho"发音加长。在伊奥利亚语中很重要的西格玛(Σ)在拉丁语中变成了"rho"音就是相同(或是相反)的例子。在拉丁语中,最初的元音间的"s"变成"r",在公元前 3 世纪,著名的词语 Papisius 变成了 Papirius。

C. 阿都达城。在前面我曾提到过,它位于一个温泉地区,有热的泥浴,有从经过踩踏的地面喷射出的滚烫热水,有美丽清澈的深热水池等。劳迪西亚、阿都达和麦诺克姆(Menokôme)等地区,是许多病人的疗养胜地,也是一些用附近现有的各种方法来治疗病人的医生们汇集的中心,它也是一个能使未见起效的疗法见效的地方。在最近的几个世纪里,温泉和热水不再被大量用于治疗各种病痛。

我在吕科斯峡谷探险时,只有土耳其人居住在里面,有一个希腊人村庄坐落于科纳斯山陡峭一边的歌罗西之上,这些希腊人为避免阿拉伯人在公元 660 年到公元 964 年的袭击而扎根在那里。一些希腊商人开始定居在诸如萨拉里-奎(Sarai-Keui)和代尼兹利(Denizli)("充满水")这样的城镇里,后者是这个地区的主要城市。在萨拉里-奎(大厦村)我们被告知,这个村庄是现代的,以前在阿都达附近有一个市场,在整个中世纪,那市场都存在。这明显地是留存下来的一个古老的国际间和部族间的市场,它对爱琴海和安纳托利亚世界的文明发展具有重要影响。在这个国家广阔的范围内,这样的市场和交易所是商人的圣地。安全和公平交易是市场的必要条件,这些是由女神保护的。商人们聚集起来祭拜她,她如同迪卡或涅美西斯(Nemesis)一样,制定公平交易的法规并惩罚所有破坏法规的人。市场是她的节庆,在那样的聚会里充满欢愉,也有贸易和宗教仪式。那里聚集了鱼龙混杂的人群(见 Strabo, XII. 8.17, p.578; also Chapter V)

在荷马给提洛岛的阿波罗的赞美诗中,早已提到这样一个市场和宗教盛宴。提洛岛的阿波罗的势力延伸远至克里特岛、埃吉纳、雅典、色萨利、萨摩色雷斯岛以及特洛阿德、利姆诺斯、勒斯波斯岛、克拉罗斯和萨摩斯，换句话说，他的崇拜者作为商人来到爱琴海世界所有海岸和岛屿的中心市场。在塔诺斯（Tenos）的圣母玛利亚的帕纳吉亚（Panagia）节，是提洛岛市场留存到现代的遗迹。

D.《伊利亚特》中的目录。我必须承认在第十章中的描述很困难。荷马编撰的目录是否是公元前1200年的真实历史记忆？答案肯定是否定的。它可能是更古老的游吟诗人以叙事诗的形式描述的一个传说，他知道联合起来的希腊人被集合起来并决定打开从黑海（Black Sea）流向爱琴海群岛（Archipelago）的咸水河的航行，以便通过它进行贸易。希腊人知道他们的生活依赖与黑海的贸易和分享它丰富商品的自由度。然而，目录描述的是荷马所生活时代希腊的情况，而不是公元前1200年时的事实。也有一个例外，亚该亚人和阿基维（Achivi）历史记忆真正保留下来。"人类之王，阿伽门农"是他们的首领。然而，亚洲的希腊人遭遇了什么？谁会如此热衷于战争呢？这场战争从一个打开亚该亚人航道的战争变成了欧洲对抗亚洲的战争，正如希罗多德提到的希腊和波斯之间的大战一样。

神话总是提到伊翁（就是雅完）和阿凯俄斯（Achaeus）是兄弟。毫无疑问，确实有一个真正古老的神话，它是关于欧洲和亚洲之间不可避免的战争的神话传说。荷马甚至认为，米利都与希腊是对立的。在他那个时代，伊奥利亚人的士麦那和米利都之间弥漫着忌恨，因为米利都几乎成功垄断了黑海贸易。所以，对于他来说，米利都与"巴巴"说话的卡里亚人是一类人，他们不是希腊人，而是联合起来对抗希腊的一个亚洲的同盟国。

在另一方面，目录很少介绍关于黑海及其港口的情况。色雷斯是特洛伊的同盟国，打破了战争是在亚洲与欧洲之间的战争的理想设想。在荷马时代，色雷斯已经靠希腊足够近，足以使它成为希腊的敌人，因此他们被列入特洛伊的朋友的行列。

E. 阿喀琉斯和海伦娜。阿喀琉斯不仅仅是《伊利亚特》和特洛伊战争中真正的英雄。他是希腊世界中被最为广泛知晓和崇拜的神或英雄之一，也是东西达达尼尔海峡和特洛伊的神,一一列举出崇拜他的地方是没有必要的。从西方的克罗同(Kroton)到最远的黑海深处,他都被祭拜着。黑海沿岸周围有很多以他的名字命名的地方,在锡诺普的南部海岸和彭塔波利斯的西部沿岸(现代罗马尼亚),都将他视为阿喀琉斯·彭塔科斯(Achilles Pontarches)而崇拜。他是黑海之王,给早期的水手带来了黑海的奇观和本都的财富。在鲁克(Leuke)岛有他的一个神庙,它远离多瑙河的河口。飘摇在风暴中的水手在这里找到了一个休息的避风港。关于这个无人居住的小岛有一个神奇的传说,阿喀琉斯和海伦娜经过漂泊和疲倦的生活之后,来到对英雄和水手来说是幸福的栖息地的地方,一起居住在那里。

安纳托利亚人认为,人死了之后就变成他的后代的神,他的坟墓是他们举行仪式的神庙,主要的仪式是每年在他忌日那天举行宴会。因此,英雄阿喀琉斯成为所有崇拜者的神。唯一值得注意的是他的祭拜仪式的巨大规模。在伊利斯(Elis),他的坟墓通常是他的神庙,妇女们以东方式的痛哭来哀悼他。他是一个英年早逝的神,他的生命被炽热的太阳烤得枯萎。坟墓和哀悼是对他的祭拜的两个关键特征。

在某种意义上,荷马就是希腊主义的《圣经》(the Bible of Hellenism)。当亚洲的希腊人以他们自己的方式独立发展时,他已经超越了那个阶段,他被认为是整个希腊世界的诗人。然而他出生并生活在安纳托利亚,虽然希腊主义发展起来经历了很多个世纪,并且很快像英雄阿喀琉斯一样凋谢了,但是我们可以将荷马视为希腊主义精神的开端。

海伦娜是胜利的奖品,女英雄和英雄共同居住在黑海的小岛上,海员一起祭拜他们。对于一个漫长和难忘的战争来说,这是一个令人快乐的结局。在基督教时期,锡诺普的圣福卡斯(St. Phocas)是水手在黑海宣誓的对象,就像圣尼古拉斯(St. Nicholas)在东地中海扮演的角色一样。圣尼古拉斯是迈拉的一个主教,在他的巴里(Bari)的大教堂中,去东方的意大利海员许下誓言并兑现他们的誓言。亚得里亚海和阿尔巴尼亚(Albania)与意大利之间的入口通常很危险,对于陈旧的小帆船来说,在绕着希腊南部海岸、克里特岛和小亚细亚航行存在许多危险。圣尼古拉斯是在那条航线上航行的海员们所求助的救世主。

在特洛伊时代与荷马时代之间，爱琴海世界已发生了很多变化。在赫梯铭文中，亚该亚人被描写成小亚细亚西部海岸的一个庞大的势力。在特洛伊战争中，亚该亚人在他们的国王阿伽门农的带领下，成为来自爱琴海的商人的领导者，这些商人们决定打通他们通往黑海的通道，并抵制强盗之城特洛伊强加在他们贸易中的苛税。特洛伊战争之后，明显出现了文明潮流的逆转。爱奥尼亚人被描述成从希腊到小亚细亚的殖民者，但是任何这样的回归运动肯定是无足轻重的。

古老的爱奥尼亚人，即雅完的子孙，无疑是这样一个民族，一开始便在小亚细亚定居下来并进行贸易和殖民扩张。在《创世记》第 10 章中他们被描写为一股伟大的势力。通过他们，西部的地区才开始文明化，部分地区才有人定居。他们代表闪密特人所了解的希腊民族的一切。他们在西里西亚、塔尔苏斯、罗得岛[8]有自己的殖民地，并与闪米特人进行接触。现在，或直到第一次世界大战的结果引起如此巨大的变化之前，西里西亚都是东西方之间、希腊人和叙利亚亚洲人之间的汇集地，那里有一种操叙利亚语的民族与操土耳其语和希腊语的民族混合体。当旅行者通过西里西亚门从中部高原到西里西亚低地时，他感到自己是从一个世界和民族到了另一个世界和民族。它正是发生在《创世记》第 10 章所写的年代。

然而，在《伊利亚特》中，爱奥尼亚人扮演了一个很次要的角色。当亚该亚人剥夺了他们向东部运动的领导权时，他们被描写得有些软弱。在那里，所谓的从欧洲希腊回归小亚细亚的爱奥尼亚人的移民，几乎并没有被看得如同现代历史中所描述的那样重要。这应归因于一个被称作"赫拉克勒斯回归"的事件，它实际上是来自巴尔干半岛的希腊人的一次入侵。但是神话通常为侵略寻找到一个道德的借口，便将它描述成古代英雄后代的回归。神话总易于把往事视为是法律、公正和古代正义的主宰。有一点很清楚，一些爱奥尼亚人首领被驱逐，他们向东方进发，来到爱琴海沿岸，并由于他们的古代世系而受到尊敬，成为他们殖民城市的领导者。大约 1830 年，在马哈茂德二世（Mahmud II.）的中央集权政策实行之前，整个安纳托利亚历史是由主要的地方家族推动着,他们领导一个坚定的小农阶级并受到他们的爱戴。

F. 传奇故事和骑士精神对希腊人来说是外来思想。它们涉及到希腊人从未有过的无私甚至忘我和自我牺牲的因素。希腊人中有爱国主义,但它不是对一个全体希腊人的共同国家的爱国主义,而是一个局限于对某些峡谷或地区的城邦的爱国主义。在这里,他们的爱国主义与对自己城邦之外的邻国的仇恨和斗争非常一致。彼奥提亚憎恨阿提卡,阿提卡轻视并讨厌彼奥提亚,其程度几乎与他们仇恨和嘲弄西徐亚人一样。雅典人主要靠西徐亚人供给生活所需物品。雅典人完全靠来自黑海(罗马尼亚)肥沃土地的谷物做的面包、金枪鱼和在本土种的一点蔬菜维持生活。

在希腊历史上,唯一的骑士精神的遗迹可能体现在卡利克拉提达斯(Callicratidas)的行为和品质中,他是一个斯巴达将军,他坚守在阿吉纽斯岛(Arginussae)的阵地。他的身上不仅仅有爱国主义,还有其他良好的品德。他拒绝占敌人的便宜,坚持公平战斗,他是一个值得崇敬的好战士,是一个勇敢的人,他自己的军民和敌人都将他视为一个值得尊敬的朋友。

风景中的浪漫情调从未被希腊人赞赏。他们热爱舒适和闲逸的风景,令人感动的东西不合他们的口味,也不受他们欢迎。在荷马那里可以看到欣赏风景中的浪漫情调的痕迹,在他那里,甚至风暴也不是可怕的东西,在公元前500—前400年,它却不被这个真正的希腊时期的希腊人所欣赏。

关于欣赏浪漫的、令人感动的景色的例子几乎只有一个流传了下来,当亚洲的一个国王薛西斯到达塞姆斯-塞萨洛尼卡(Thermus-Thessalonica)时,他被奥林匹斯山和著名的坦佩谷(Tempe)两边山上的奇妙景色迷住了,为了更好地享受美好的风景,他登上了一个三层桨船,以便更亲近这美景。人们不能想象,这个伟大时期的一个希腊人会去做或感受这样的事情。

当薛西斯允许三艘希腊粮船通过他的海勒斯波特(Hellespont,达达尼尔海峡的旧称)上的桥时,他可能是出于一种超越希腊人所能领会的动机。他们认为他只是一个傻瓜和吹牛大王,但是在他无私的行动中可能存在一种渴望一场公平的对决和清白胜利的情怀。对希腊人来说,不占便宜纯粹是愚蠢的,在战争中的情况则是,爱国主义要求他们必须利用时机所提供的任何对自己一方有利的条件。

比起寻求每一个有利条件的人来说,我们更崇敬公平的战士。我们中的一些人会对这样的人和他的指挥官说:"这很崇高,但这不是战争。"但是古代的希腊人可能将其视为"愚蠢的",而非"高尚的"。

G. 荷马史诗的年代。最好的权威是希罗多德(他搜集了在小亚细亚和阿提卡港口流传的传说)和帕罗斯岛的大理石(Parian Marble),他们所给出的时间是(大约)公元前820年和公元前900年。一个朋友更倾向于公元前1000年。

当我们考虑到如第六章中所介绍的亚洲的传说,诸神插手战事以及人类对他们这种行为随意的、不虔诚的回应都说明,我们必须承认,在这场战争中存在一个长期的间歇。

当然,戏谑古老的神话传说和将神置于很滑稽的境地中是亚洲的希腊精神的典型特征。诸神不仅分别加入战争中对阵的双方,他们也互相作战,互相伤害,有时他们讲和并调节相互间的争吵,有时他们甚至遭到凡人的攻击。

在《伊利亚特》和《奥德赛》中,最神圣的秘仪——神和女神的"圣婚"中最神圣的场景都被以讽刺的手法进行描写。在《伊利亚特》中,它变成特洛伊战争行动的一部分,被女神用作诱惑男神的一种手段,使其不再注意战争双方的冲突,从而让希腊人获得创造有力条件的时间。在伊达山上盛开的鲜花,在适宜的时节[9]铺满大地,它们则变成战争中的一个插曲,即帮助赫拉诱惑天神,让他忘记了自己掌管人类的战争天平的职责。

在《奥德赛》中,阿瑞斯和阿弗洛狄忒在圣婚中被赫淮斯托斯捕获,并被众神嘲笑。在凡间举行神秘的仪式时那神秘的、神圣的、不允许被看的东西被赫淮斯托斯在天上公之于众。在这里,天上的道德秩序比凡间更差一些。

像这样的变化肯定是逐渐的,但是到底用了多久,我们无法猜测。我们只能遵照传说的说法。

H. 弗里吉亚秘仪的本质。1914年,在科尼亚的时候,我和雷姆塞女士在一个希腊人的领地看见一个极其粗糙的浮雕,这个浮雕表现出很多僧侣的特性,它明显是普通乡下人的作品。在浮雕上,女神坐在中央,以通常的样式戴着面纱,她两手握着一个大火炬放在她的左边,火炬几乎从地面高至其肩。

在她旁边,也就是观看者的左边,是一个男人像,他比她矮半头。他更小的尺寸无疑表明他是一个男人,要么是祭司,要么是崇拜者。在女神的另一边是一尊坐着的男像,很明显,他是神,他的左手握着一个杯子,在他前面是一个桌子或祭坛,上面立着两个杯子。在浮雕的下方有一棵树和一只山羊,山羊在吃树上的叶子。浮雕的上面和下方分别代表着上天和尘世(第十五章)。

这个浮雕中的两个特征值得注意:(1)女神手中握着一个大火炬。火炬的重要性在祭拜西布莉的仪式已经表现出来。在彼西底的安条克附近我们发现了大约公元300年的一个铭文,它描述了被称作安特伦(antron)的人造密室的设备,设备的一部分是大火炬($δάος$);(2)在离安条克北部不远的地方,一些神灵的祭司叫作拉姆帕德弗罗斯(Lampadephoros)。在现在的这个浮雕中,我们所看到的女神被描述为持火炬者(daophoros 或是 dadouchos),持火炬者可能被等同于拉姆帕德弗罗斯,女神做了她祭司要做的事情,可能正在教他如何进行神圣的仪式。

在东部弗里吉亚的西布莉祭祀仪式中,我们现在至少知道三个主要的祭司的名字,持火炬者、祭司和圣师,可以确信它们来自已经出现了几次的女祭司头衔。

浮雕上的铭文大部分都消失了。在浮雕上面只保留了一行,浮雕下面还有一两行。

坐在女神旁边的神,在某种意义上讲与女神是平等的,但实际上却从属于中间的女神。表现饮酒仪式的杯子可能被视为圣婚的象征,在圣婚中,同杯共饮是一个特征。拥有浮雕的希腊人曾说这个浮雕是在亚利-拜亚特(Yali-Baiyat)附近被发现的。过了一会儿,他又提到,他亲自将浮雕从泽布尔带了回来,并说5年[10]前他在泽布尔附近看见考尔德教授,但是没有允许教授看那石头。然而,考尔德证实了浮雕的主人在那个地方周围见过他的说法,但是却反驳了他其他的说法,即征得主人的同意,他复制了那块石头上的东西。

我和雷姆塞女士于1914年在科尼亚看见一份来自泽布尔的相似的粗糙的乡间铭文。[11]尽管是以最粗糙的方式写成的,但是这份铭文的阐释不容置疑。它是一位妻子和她丈夫献给安蒂拉的(Andeira)大母神的献辞。普林尼提到，安蒂拉是弗里吉亚的古城之一，当我们将其与出现在莎莉-加耶（Sari-Kaya）[12]和吕卡奥尼亚的劳迪西亚铭文中的安蒂拉村庄进行比较时，我们可以确信这个普通的村庄名字安蒂拉（Andeira）带着一般的鼻化音。我们可以推断这个古城是塔塔湖（Lake Tatta）西部的大平原崇拜女神的古老地方之一。这位女神是她的人民的保护者和山羊饲养技术的传授者。她向人类传授驯化山羊的技艺和一些培育这种动物优良品种的方法。现代的安哥拉山羊很可能是在神圣的教导者指导下培育出来的一个特殊品种。

我们也注意到有趣的一点，在这里先提到女士，然后才提他的丈夫，显然这个丈夫摩尼被说成是诺娜（Nonna）之子，只给出了他母亲的名字而没有父亲的。[13]这个例子将我们置于一种非常原始的安纳托利亚社会状况中，这种原始的社会状况可能在大平原的游牧民族中比在这个国家的任何其他地方都要持续得长久一些。在这个浮雕中，女神的图像非常粗糙，以至于很难确定它表示的是男神还是女神，除非那里有铭文进行说明。

我认为，将安哥拉山羊和它如丝般的美丽羊毛引入这个国家的应该是游牧民，并且在很大程度上，这些羊的饲养和看管无疑是掌握在他们手中，里特尔（Ritter）在他的不朽之作（Kleinasien）中曾提到这一点，其他一些作者也支持这种观点。但是如果认为游牧民带着羊群进入这片土地，并且现在掌管了最多的羊，这样的观点也同样是有道理的。我要更好的证据才能接受这个高原上的古代居民确实不知道安哥拉羊的观点。有一个类似的例子，可以肯定，在罗马帝国或更早时候著名的劳迪西亚绵羊光滑的黑色羊毛和歌罗西绵羊紫黑色的羊毛现在不再被生产了。在18世纪上半叶，波寇克（Pococke）看见了许多黑羊。在19世纪早期，钱德勒（Chandler）就只看见少数毛皮光滑的黑羊。我游历那里的时候，没有看到一只黑山羊。很明显，这两个山羊品种在人们的疏忽中退化和消失了。羊毛的独特特性无疑是通过某种杂交来维持的，而不是像某些人说的那样，通过水或草的独特特性来实现。同样的，在安哥拉羊毛的例子中，在1886年，我在安哥拉遇见的一个英国人（一个长期从事贸易的细心的观察者），他告诉我，羊毛独特特性的真正秘密在于适当的繁殖。他断言，漂亮的、毛如丝绸般的山羊必须坚持很多世代与普通黑山羊和红山羊进行定期交配(与一种两次,另一种一次),他认为这是事实,不过我无法给出准确的统计资料。他宣称每次人们驯化了安哥拉山羊后,它都易于退化,其原因在于繁殖的秘密不被人所知。人们在山羊的繁殖上刻意追求纯种繁殖,而不是通过定期与一般的山羊进行交配、繁殖。

因此,可以肯定地说,安哥拉山羊、劳迪西亚绵羊和歌罗西绵羊的繁育是土耳其人从小亚细亚的古老民族那里继承而来的秘密。我发现了佩西努斯的两篇铭文,它们提到一个加拉太妇女把束腰外衣、袜子等礼物送给图拉真皇帝,[14] 她认为值得送给罗马皇帝的袜子,很可能与那些在希弗利-希萨尔(Sivri-Hissar)仍然在卖的柔软漂亮的安哥拉羊毛袜相似,[15] 因为除非它们有一些非凡和独特的地方,否则她不会送那样的东西给皇帝。

圣杰罗姆提供了一个奇特例子,它说明从前土耳其时代直到现在的风俗的延续性。他将阿拉伯人与弗里吉亚或本都的土著居民进行了对比,阿拉伯人吃蝗虫,而弗里吉亚或本都的土著居民则认为被强迫吃蝗虫是一件反常的事情。[16] 在现代,在那里游览的游客也会注意到这种现象,安纳托利亚人认为蝗虫或吃蝗虫的想法是很恐怖的,但是阿拉伯人却把蝗虫当作开胃小菜。多年前,查尔斯·威尔逊阁下(Sir Charles Wilson)就向我指出过这种明显的不同。最初,土耳其人不一定也像现在一样憎恶这种无害健康的食物,那时,他们是来自食物缺乏的国家的野蛮人。这个典型的特点令那些熟悉小亚细亚的旅行者们得出那样的结论:安纳托利亚的所谓的土耳其民族,从根本上说就是古代的安纳托利亚人,土耳其征服者已经融入他们之中。无疑在他们融入安纳托利亚的过程中,在某种程度上也影响了它,但是在影响它的同时,他们自己也消失在其中。

在研究科尼亚的铭文和纪念碑时,我特别注意将那些属于城市的作品与那些乡村的作品加以区分。我已经临摹下在不同地区发现的原始铭文,它们中的一些来自西南方的艾达利亚(Adalia)和伊斯塔诺兹(Istanoz);一些来自东部的萨瓦特拉和阿里萨马(Arissama);一些来自东南方的齐比斯特拉-厄莱格里(Kybistra-Eregli)和泰安那;一些来自南部的伊绍拉-诺瓦;一些来自北部的泽比兹和那个地区。我购买并存放在科尼亚博物馆的纪念碑(甚至在斯坦布尔的帝国博物馆)现在已经出版,或者已经作为未知的或科尼亚的纪念物而出版了。

I. 荷马史诗中神和人的语言。在《奥德赛》中,喀耳刻能用人类的声音说话。在《伊利亚特》中,阿喀琉斯的马克桑托斯(Xanthos)曾经用人类的声音说到,一个神让帕特洛克罗斯(Patroclus)死于赫克托耳之手,并预言阿喀琉斯要死于一个神和一个人之手。赫拉曾赋予马几分钟说话的能力,厄里倪厄斯(Erinyes)立刻阻止它说话(XIX. 47)。当阿波罗鼓励赫克托耳抵抗希腊人时,赫克托耳听到了神的声音(也就是人类的话语,XV. 270)。

奥德(Aude)看起来很适合于一个人或用人的声音说话的神或动物。自然法则即厄里倪厄斯,给每一种动物设定了它们自己的表达方法。

特洛伊平原主要的河流被神叫作克桑托斯,被人叫作斯卡曼德;有一种鸟被神叫作哈尔基斯(Chalkis),被人叫作库敏蒂斯(Kumindis);特洛伊门附近的小丘被神叫作舞动的米利纳的标记,被人叫作巴提亚(Batieia)。这暗示出在荷马史诗中,使用着两种语言,一种为神所用,一种为人所用。它们不能被理解为希腊的、安纳托利亚的或特洛伊的语言。在十年战争中,希腊人不会给河流、鸟和特洛伊的地方重新命名。

荷马可能了解一些神圣语言。在安纳托利亚的赫梯铭文里有这样的语言,它被用来传达神谕。它还未被解读出来,弗雷尔已经给它一个前赫梯语的名称。

J. 杀一个驯养的动物。既然是女神传授给人们如何驯化某些动物,自然就会得出这样的推论,即杀害这些动物是错误的。我们没有确切的证据,但是保护这些被驯养动物对人来说很重要,如果杀死它们可能会受到最重的处罚。在弗里吉亚,[17] 杀害一头耕牛是重大的罪过。[18] 杀害一头山羊是对神的不敬,即使山羊是作为祭品而杀的,也需要补偿赎罪。[19] 普通祭品的肉由祭司和祭祀人员分享。很多这样的供奉过神的肉卖给了屠夫,然后再在他们的店里售卖。这给早期的基督教徒中的诡辩家带来了许多困难。一场欢宴上的肉都肯定已被用于祭祀了,对主人和宾客来说,他们是选择吃礼貌呢,还是选择不吃礼貌呢?科林斯人(Corinthians)向圣保罗询问时,他给出了处理这种情况的原则:如果他们觉得问心无愧,就应该吃,也就是说,他们不应该把这种顾虑强加给别人。但是,如果任何人公开提出质疑,宣称肉是用来供奉神灵的,那么他们则不应该吃。

　　雅典人是土生土长的皮拉斯基人,他们有一个古老的宗教仪式,它说明了早期禁止公牛作为祭品的习俗是怎样延续下来的。当驯养开始之时,保护最早驯养的动物是很必要的,只能像弗里吉亚那样靠宗教惩罚来进行保护。然而祭品是必需的,食物也是必需的。因此,古老的宰牲节(Bouphonia)出现了,这个宗教仪式被有些人深深地误解了。仪式开始后,一群牛被赶着经过一个洒满谷物的祭坛,第一头过来吃谷物的牛被主持仪式的祭司杀死并献祭。然后,犯了罪的祭司放下武器逃跑了。在他缺席的情况下,杀害神圣动物的武器被认定为谋杀者,代替他被指责并被扔进海里。之后,牺牲的肉被人们吃掉,它的外皮被填满稻草驾在一个耕犁上。

　　宰牲节的精确细节不能确定,但是这个仪式的大体特征是清晰、明确的。这个名字的字面意思是"与杀牛有关的仪式"。[20]牛被引诱到祭坛上做不敬之事,它因不虔诚而被杀,但是谋杀者也是凶手,然而谋杀罪的罪过留在武器上,最后制造出公牛仍然适合农耕的假像。这样一来,所有的罪过都被惩罚了。伪装在古老仪式中占有最高地位,它可以保证人们既不违反流传下来的古老的宗教法律,又可以规避它过于严苛的地方。[21]

　　荡涤罪恶的祭品被全部烧掉,它们归净化罪恶的神所有。但是一般来说,宗教活动被认为是一场交易。祭拜者献给神东西,也从神那里得到回报,这是希腊人的宗教契约。正如柏拉图所说,宗教是一场交易。根据赫西俄德所说,第一场交易发生在古代的西徐昂(Sikyon),在这场交易中,宙斯由于贪婪而被用普通的祭品骗了:内脏和外皮放在一边,最好的肉放在另一边,宙斯为他自己选择了表面上看起来更大的那一份。这就是希腊人关于上帝与人之间的约定的观念及上帝的承诺(Promise of God)的观念。

添加到希腊的浪漫和骑士精神的章节

　　在艺术和文学里,骑士精神和浪漫故事非常稀少。文明和野蛮之间的较量被描述成爱琴海两岸的男人和女人之间的斗争,在亚洲一边获得了胜利,但艺术家们却大力地渲染雅典因战争而变得贫困。

文学中有许多欢快的画面,但是在本质上,大多表现的是对家庭和国家的热爱,而不是那种浪漫的爱。索福克勒斯(Sophocles)著名的颂诗《埃阿斯》(*Ajax*)是一个饱含诗情和人情却又没有其他杂念的例子。在诗中,有对潘(Pan)神和库勒涅山(Mt. Cyllene)的呼唤。在荷马史诗中,许多地方表现了在美景中纯粹的欢愉,但是他们主要来自亚洲的雅完,而不是来自希腊的典型希腊人。在《伊利亚特》(XIII. 795 - 799)中,在强烈的北风吹拂下,翻转咆哮的海的画面非常壮观,展示了看见这个景色的诗人的大手笔。我只在冬天见过它,"当风吹起时,刺骨的寒冷"。在《伊利亚特》中,用明喻的手法描写特洛伊人的进攻。此外,它还描写到平原上的特洛伊军营里闪烁的灯光与月夜中的繁星交相辉映,展示了天地间美景中真正的纯粹的欢乐(*Iliad* VIII. 557 - 559)。然而,在最后,又出现了希腊人注重实用性的爱的格调:"牧羊人由衷的高兴。"当蒲柏(Pope)让牧羊人"赞美有用之光"时,恰恰符合了希腊精神的那种格调。

另一个亚洲诗人卡利诺斯在他仅有的残篇中表现了一种对浪漫的美好事物的纯洁之爱。

然而,从整体上说,在本质上缺乏无私和纯真之爱是希腊精神的特征,只有在爱琴海的亚洲一边发现了它存在的痕迹,在欧洲的希腊则没有发现。

图 9

注 释

1. 参见 *Histor. Geogr. Of Asia*, *Minor*, p. 24 f. 阿卡迪亚可能被排除在外。

第二十一章　总　则

2. 地中海季风(Etesian winds)经常被提到,是在每年的很大一部分时间有规律地刮起的很大的风,从早上开始主要从北边吹来,在晚些时候平静下来,在太阳下山的时候则变得死一般的平静,到了晚上,它向南吹。
3. 在爱琴海东岸的几个城市的宪法里有确凿的例证。
4. 是罗马时期加拉太的一个高卢的神祇。
5. 正如 *Mitteis* 所显示的。
6. 据我所听说的来看,送气音和不送气音在现代希腊的通俗发音中几乎没有区别。在1879年,一个希腊语教师告诉我可以在发音上把他们视为是一致的。
7. 在 *Journal of Hellenic Studies*,1880, vol. I. p. 242 f.,我将潘菲利亚的佩尔吉(Perga)硬币上的 □ΑΝΑΨΑΣ ΠΡΕΠΑΣ 翻译为希腊语Fαναssας Πρεγίας。这被普遍接受了,它的意思是"佩尔吉女皇,也就是阿耳忒弥斯的(一个硬币)"。
8. 来自 I Chronicles I, 7(Rodanim)而不是 Genesis X. 4(Dodanim)。
9. 沃尔特·利夫博士在 *Troy* (p. 10 f.)中对其进行了很好的描述。
10. 这个数没有什么重要性,但碰巧也没有大错特错。希腊人会极力夸大一块有价值的石头的价值。
11. 在1924年,我们看到在 H 部分提到的同一个希腊语,并得知了它的历史。它在 *J. H. S.* (1924, p. 3)和 Plate I 中的考尔德的拷贝中发表出来。我不认同它起源于3或4世纪,它就是简简单单的粗朴的乡村作品,不能追溯其起源。
12. 在1905年,我在莎莉-加耶发现了一个带有这个名字的铭文。
13. 希罗多德提到的通过母亲计算家系的习俗是一种吕底亚习俗。
14. 仍然未发表。
15. 参见 *Impressions of Turkey during Twelve Years' Wanderings*, p. 201。
16. "Compelle Phrygem et Ponticum ut locustam comedat, nefas pusabit," *Adv. Jovin.* III. 7.
17. 弗里吉亚人通常指安纳托利亚人,弗里吉亚征服者融合进了安纳托利亚人口中,尤其是在宗教事务上。在古典时期,弗里吉亚人几乎是与奴隶相等同的。
18. Nic. Damasc. in Dindorf, *Histor. Graec. Min.* I. p. 148.
19. 引自 *Cit. and Bish. of Phrygia*, Pt. I. pp. 138. 150 的铭文。
20. 复数的通常含义参见 Διός Γοναί,它们是一些同宙斯的出生相联系的典礼,可以在特拉里斯(Tralles)的硬币上看见,在仪式中,人们跳起柯鲁班特(Korubantes)舞,并撞击他们的武器来淹没他的哭声。
21. 参见 Frazer, *Golden Bough*, ed. 2, vol. II. p. 294 f.,也参见 Hastings, *Dictionary of the Bible*, V. p. 117, art. "Religion of Greece and Asia Minor"。

译 后 记

本书出版于1927年,距今有80多年的历史,但是时间的流逝并不能消磨掉它的巨大价值。它是一部探寻希腊文明之源的著作。在西方历史上,关于希腊文明的起源,有两种说法:自古代到启蒙时代,一直有种观点,认为希腊文明中的很多重要因素都来自近东地区,特别是埃及,这种观点被马丁·伯纳尔称为"古代模式",19世纪此观点遭到质疑,趋于没落;19世纪三四十年代,另外一种观点兴起,即"雅利安模式",认为希腊文化是由操印欧语的人创造的,西方文化自古以来就自成一个独立的文化传统,否认希腊文化与近东文化的联系。20世纪二三十年代,西方古典历史学者开始从根本上质疑"雅利安模式"。威廉·米切尔·雷姆塞的这部著作就是典型的代表作之一。

作者威廉·M.雷姆塞既对古希腊史有所研究,又擅长于基督教、土耳其历史等领域的研究,因此,他的这部著作融合诸多学科和知识于一体。本书主要是作者在爱丁堡大学吉福德讲座的内容,它主要从小亚细亚的神话、神的崇拜、法律、婚姻、习俗、语言等文化中追溯希腊文化的源头,运用了历史学、地理学、语言学等知识。虽然本书讨论的是希腊文明中的亚洲因素,但全书大部分内容都是以小亚细亚地区的考古、铭文、历史文献等证据进行论证。而我虽然读过一些古希腊著作,对古代希腊的历史知识有一点了解,但对于古代小亚细亚、土耳其历史和地理知识的认识有些肤浅。因此,对于我而言,这部著作掌握起来有些吃力,翻译过程也有些艰辛,在完成之际内心也不免有些忐忑,唯恐由于自己学识浅薄而犯下一些常识性的错误。若译文中存在问题,请学者和同仁谅解并批评指正。

译后记

  在南开求学之时，一位恩师曾经对我们说过，对翻译稿件的要求有三种境界：信、达、雅。在我看来，"信"是要求要准确，能够准确翻译出原作所要表达的含义；"达"是要求行文通顺；"雅"则是要求译文优美。在翻译方面，我还只是刚入行，因此对自己的要求也不敢太高。在翻译本书时，我力求达到翻译准确和行文通顺，至于"雅"则还不敢奢求。

  从着手翻译本书，转眼三年多过去了，我有幸翻译此书，并能顺利完成翻译工作，要感谢很多人。首先应该感谢上海师范大学人文学院的陈恒教授，正是他的指点，我才得以翻译此书。感谢为此书翻译提供帮助的朋友路光辉、刘凤环、叶欣明、康凯、李宏伟等人。更应该感谢的是我的家人，正是因为有了父母拖着年迈的身躯帮我照顾孩子，有了爱人的关怀与体谅，我才能有更多的时间、更从容地从事翻译工作。对于我的女儿，我首先要感到愧疚，她出生两年多来，我忙于各种工作和事务，没有更多的时间陪伴她。我也要感谢她，她乖巧可爱、活泼健康，给我增添了很多工作的动力。我还要感谢为译稿出版付出心血的编辑和朋友，感谢所有给过我帮助和支持的人。

孙晶晶
2011 年 6 月